Wirtschaftliche Interessen und juristische Ideen

MAX-PLANCK-INSTITUT FÜR GESELLSCHAFTSFORSCHUNG
MAX PLANCK INSTITUTE FOR THE STUDY OF SOCIETIES

Philipp Klages ist Postdoktorand am Graduiertenkolleg »Märkte und Sozialräume in Europa« an der Universität Bamberg.

Philipp Klages

Wirtschaftliche Interessen und juristische Ideen

Die Entwicklung des Aktienrechts in Deutschland und den USA

Campus Verlag
Frankfurt/New York

Schriften aus dem Max-Planck-Institut für Gesellschaftsforschung Köln, Band 71

Bibliografische Information der Deutschen Nationalbibliothek:
Die Deutsche Nationalbibliothek verzeichnet diese Publikation in der Deutschen Nationalbibliografie.
Detaillierte bibliografische Daten sind im Internet über http://dnb.d-nb.de abrufbar.
ISBN 978-3-593-39292-9

Diese Arbeit wurde am Institut für Sozialwissenschaften der Humboldt-Universität zu Berlin als Dissertation eingereicht.

Umschlagmotiv: Gebäude des Max-Planck-Instituts für Gesellschaftsforschung, Köln
Gedruckt auf Papier aus zertifizierten Rohstoffen (FSC/PEFC).
Printed in Germany

Besuchen Sie uns im Internet: www.campus.de

Inhalt

Danksagung

Dieses Buch geht aus einem Promotionsprojekt hervor, das ich als Doktorand der Max Planck Research School on the Social and Political Constitution of the Economy (IMPRS-SPCE) am Max-Planck-Institut für Gesellschaftsforschung zwischen Oktober 2005 und Januar 2009 durchgeführt habe. Die Ausgangsfrage, mit der ich das Projekt begann, lautete, inwieweit eine Untersuchung der Tätigkeit von Juristen etwas zum besseren Verständnis der Liberalisierung des deutschen Kapitalismus beizutragen vermag. Der Weg von der anfänglichen Intuition bis zum Buch war lang und an manchen Stellen auch steinig. Dass ich ihn zurücklegen konnte und schließlich am Ziel angelangt bin, habe ich zahlreichen Personen zu verdanken.

An erster Stelle bedanke ich mich bei Wolfgang Streeck für eine ausgezeichnete Betreuung und eine Fülle hilfreicher Anregungen. Mein Dank gilt zudem allen ehemaligen Kollegen am Max-Planck-Institut für Gesellschaftsforschung, die mir in anregenden Gesprächen zahlreiche nützliche Hinweise geliefert haben. Hierzu gehören Jürgen Beyer, Helen Callaghan, Martin Höpner, Sascha Münnich, Sigrid Quack, Britta Rehder, Martin Schröder und Benjamin Werner. Vieles leichter gemacht hat mir die Unterstützung durch das Bibliotheks- und EDV-Personal des Max-Planck-Instituts für Gesellschaftsforschung. Für die redaktionelle Bearbeitung des Manuskripts danke ich Thomas Pott und Jeanette Störtte.

Die Dissertation habe ich an der Humboldt Universität zu Berlin im Februar 2009 eingereicht und im Juli 2009 verteidigt. Ich danke Hans-Peter Müller für die Erstellung des Erstgutachtens, die mehrmalige Gelegenheit in seinem Kolloquium vorzutragen sowie die in diesem Rahmen geäußerten Hinweise.

Darüber hinaus danke ich Richard Münch, der es mir ermöglichte, das Buchprojekt während meiner Tätigkeit am Graduiertenkolleg »Märkte und Sozialräume in Europa« der Universität Bamberg fertigzustellen, und mir auch mit hilfreichen Anregungen zum Inhalt zur Seite stand.

Mein Dank gilt zudem Christian Joerges und Gunther Teubner, die mir sowohl in der Anfangsphase des Projekts als auch später in ihren Gutachten zum Buchmanuskript mit sehr nützlichen Hinweisen geholfen haben. Zudem bedanke ich mich bei Klaus Haberkern, Jonas Radl und Anja Röcke, die einzelne Kapitel meiner Arbeit gelesen und mir wertvolle Verbesserungsvorschläge hierzu gemacht haben.

Ein Kapitel dieser Arbeit ist während eines Auslandssemesters an der Harvard University im Sommersemester 2007 entstanden, das mir durch das Max-Planck-Institut für Gesellschaftsforschung ermöglicht wurde. Für die vorzügliche Betreuung an der Harvard University danke ich Frank Dobbin. Nützliche Hinweise erhielt ich während meines Auslandssemesters zudem von Guilhem Bascle, Peter A. Hall, Jiwook Joon, Georg Picot, Kyoko Sato, Dian Yang und Daniel Ziblatt.

Darüber hinaus möchte ich mich bei den Juristen in den USA und Deutschland bedanken, die es mir leichter gemacht haben, mich in die Welt des Aktienrechts hineinzufinden, und auch naive Fragen mit Nachsicht beantwortet haben. Zu diesen gehören Jon Hanson, Mark Roe, John Coates, Reinier Kraakman, Martin Gelter, Jan von Hein, Alexander Hellgardt, Thomas Raiser, Markus Roth, Matthias Siems und Holger Spamann.

Nicht zuletzt bedanke ich mich bei meinen Eltern und Kathrin und allen anderen, die mich immer dann unterstützt haben, wenn ich sie gebraucht habe.

Bamberg, im Mai 2010 *Philipp Klages*

Einleitung

Spätestens seit der ersten Hälfte des 20. Jahrhunderts wird das wirtschaftliche Geschehen in den entwickelten kapitalistischen Ländern von Großunternehmen dominiert. Als Arbeitgeber bestimmen sie über das Schicksal von Millionen von Beschäftigen. Als Großkunden entscheiden sie über das Schicksal mittelständischer Unternehmen. Besonders in den USA sind darüber hinaus weite Teile von Forschung und Bildung sowie Kultur auf das Engagement von Großunternehmen angewiesen. Schließlich üben sie massiven Einfluss auf das Handeln politischer Entscheidungsträger aus. Das Verhalten von Großunternehmen ist daher nicht nur relevant für die wirtschaftliche Entwicklung, sondern auch für die von Gesellschaft und Politik. Tendenziell nimmt die wirtschaftliche und politische Bedeutung von Großunternehmen sogar zu (für die USA siehe zuletzt Pryor 2002: 238–260).

Aufgrund der vielfältigen Abhängigkeitsbeziehungen und Auswirkungen des Verhaltens von Großunternehmen gibt es zahlreiche Akteurgruppen, die sich darum bemühen, Einfluss auf das Verhalten ihres Führungspersonals auszuüben. Die Corporate-Governance-Forschung untersucht vor allem, inwieweit es den *Minderheitsaktionären* gelingt, die Vorstände von Aktiengesellschaften zur Maximierung der Aktionärsrenditen zu bewegen. Bei den Minderheitsaktionären handelt es sich heutzutage vor allem um die Betreiber von Pensions-, Investment- und Hedgefonds. In etwas zugespitzter Form formuliert verkörpern die Minderheitsaktionäre *eine ausschließlich auf die Gewinnmaximierung ausgerichtete Wirtschaftspraxis*. Insoweit sie das Prinzip der Gewinnmaximierung repräsentieren, stehen die Minderheitsaktionäre in Konflikt mit all jenen Akteuren, welche die durch eine reine Gewinnorientierung zu befürchtenden Schäden zu verhindern versuchen oder andere, mit einer reinen Gewinnorientierung schwer zu vereinbarenden Interessen verfolgen. Ob es sich hierbei um Unternehmen handelt, die sich zu strategischen Zwecken zusammengeschlossen haben und deshalb eine unternehmensübergreifende Perspektive einnehmen, oder um öffentliche Körperschaften, Gründerfamilien, Beschäftigte, Kunden, Gläubiger, Zulieferer, Umweltschützer oder um ein kollektives Interesse an sozialem Frieden und gesellschaftlicher Stabilität, ist hierbei zweitrangig. Entscheidend ist an dieser Stelle zunächst nur die Tatsache, dass an der Machtstellung der Minderheitsaktionäre abgelesen werden kann, wie groß das Gewicht einer an reinem Gewinnstreben orientierten Wirtschaftspraxis gegenüber den gesellschaftlichen Kräften ist, die an dessen Begrenzung interessiert sind.

Seit etwa Mitte der 1990er-Jahre gibt es in den entwickelten kapitalistischen Ländern einen *generellen Trend zur Ausweitung der Rechte von Minderheitsaktionären* (Lele/Siems 2007; Siems 2005). Neben dem Auf- beziehungsweise Ausbau eines Kapitalmarktrechts, der Schaffung eines Übernahmerechts und der Verbesserung von Klagemöglichkeiten vor allem für kleinere Aktionäre ist es zur Ausweitung der Entscheidungskompetenzen der Hauptversammlung und der Stimmrechte der Minderheitsaktionäre gekommen. In ihrer Gesamtheit haben diese Maßnahmen die Stellung der Minderheitsaktionäre in den Aktiengesellschaften gestärkt und dazu geführt, dass diese ihre Renditeinteressen in den Unternehmen besser zur Geltung bringen können.

Bezogen auf die Makroebene lässt das relative Gewicht einer ausschließlich an der Gewinnmaximierung orientierten Wirtschaftspraxis Rückschlüsse auf das Verhältnis des wirtschaftlichen Systems zu den anderen Lebensbereichen zu. Betrachtet man das Gewinnstreben als Leitprinzip moderner Wirtschaftssysteme, gibt die relative Macht der Minderheitsaktionäre einen Hinweis auf den Grad der Autonomie des wirtschaftlichen Systems. Max Weber bezeichnet eine rein am Gewinnstreben orientierte und gegenüber sämtlichen anderen Einflüssen indifferente Wirtschaftspraxis als ein *formal rationales Wirtschaften* (Weber [1922]1972: 44–45). Ethische, politische sowie alle sonstigen das Gewinnstreben potenziell beschränkenden »wertenden Postulate« fasst Weber hingegen unter den Begriff der *materialen Rationalität.* In Webers Terminologie kann das Ausmaß der Rechte der Minderheitsaktionäre somit als Hinweis auf den Grad der formalen Rationalität des Wirtschaftslebens betrachtet werden.

Unterstellt man, dass die Minderheitsaktionäre die Ausdehnung ihres rechtlichen Einflussbereichs dazu nutzen, die von ihnen verfolgten Renditeinteressen innerhalb der Unternehmen durchzusetzen, lässt sich der Trend zur Ausweitung der Rechte von Minderheitsaktionären im Sinne einer *Umkehrung des Verhältnisses von Wirtschaft und Gesellschaft* interpretieren. Dies ist insofern der Fall, als die Ausweitung des rechtlichen Einflussbereiches der Minderheitsaktionäre auf eine Erosion der gesellschaftlichen Vorkehrungen hinwirkt, die eine ungehinderte Durchsetzung des Profitstrebens bislang in Grenzen gehalten haben. In der Zuspitzung Karl Polanyis (1978: 108f.) bedeutet diese Entwicklung, dass die industrialisierten kapitalistischen Länder in den letzten zehn bis zwanzig Jahren der »Teufelsmühle« eines selbst regulierenden Marktsystems ein Stück näher gekommen sind. Insoweit die einmal aus ihren gesellschaftlichen Fesseln befreite Profitlogik in andere gesellschaftliche Handlungsbereiche eindringt und sie ökonomischen Imperativen unterwirft, wäre eine Umkehrung des Verhältnisses von Wirtschaft und Gesellschaft zu erwarten. Käme ein solcher Prozess zu seinem Abschluss, wäre die vollständige »Zerstörung der Gesellschaft« die unvermeidliche Konsequenz (Polanyi 1978: 108).

Was die Frage nach den Ursachen für die Ausweitung des rechtlichen Einflussbereichs der Minderheitsaktionäre anbetrifft, wurden bislang vor allem die im politischen System agierenden Akteure in ihrer Beziehung zu den wirtschaftlichen Akteuren untersucht. Dabei wurde unter anderem auf die Bedeutung von Mitte-Links-Parteien (Cioffi/Höpner 2006a; Höpner 2007b), die Rolle politischer Institutionen (Gourevitch/Shinn 2005; Tiberghien 2007) sowie auf den Einfluss von Eigentümerstrukturen (Callaghan 2009) hingewiesen. Während sich die genannten Ansätze mit dem Verhalten von Regierungen auseinandersetzen, geht es im vorliegenden Buch um die Frage, *welche Rolle die juristische Profession bei den Reformen im Aktienrecht* gespielt hat. Mit diesem Fokus soll nicht behauptet werden, dass die Regierungstätigkeit lediglich ein Anhängsel juristischer Prozesse ist oder dass die zitierten Studien unwichtig sind. Zweifelsohne stellen die Untersuchungen zur Regierungstätigkeit einen wichtigen Beitrag zum näheren Verständnis der Entwicklung der Rechte von Minderheitsaktionären dar. Die hier vorgelegte Studie tritt somit nicht in Konkurrenz zu diesen, sondern versteht sich vielmehr als deren Ergänzung.

Notwendig erscheint diese vor allem deshalb, weil die legislativen Prozesse Teil eines Komplexes von Interaktionsbeziehungen sind, an denen neben einer Reihe weiterer Akteure auch Gerichte, rechtswissenschaftliche Fakultäten, Anwaltskanzleien sowie Einrichtungen zur Beratung der Regierungen beteiligt sind. So entwickeln die Rechtsanwälte im Auftrag ihrer Klienten innovative Rechtskonstrukte, über deren Legalität vor Gericht entschieden werden muss. Die Rechtswissenschaftler bemühen sich darum, die von den Gerichten getroffenen Entscheidungen zu systematisieren und speisen die Dogmatiken wieder in die Rechtsprechung ein. Gleichzeitig artikulieren sie – zum Beispiel über den Deutschen Juristentag oder über Kommissionen – den von ihnen festgestellten Reformbedarf gegenüber dem Bundesjustizministerium oder anderen Teilen der Exekutive. Ein umfassenderes Verständnis rechtlicher Reformprozesse ist demnach dadurch zu erreichen, dass die Regierungstätigkeit, die zur Ausweitung der Rechte von Minderheitsaktionären beigetragen hat, im Kontext eines *juristischen Diskurses* betrachtet wird, an dem neben Regierung und Parlament auch die juristische Profession maßgeblich beteiligt ist.

Aus soziologischer Sicht verlangt die Analyse des juristischen Diskurses eine nähere Bestimmung der dem Handeln der Juristen zugrunde liegenden Orientierungen. Zu diesem Zwecke wird in diesem Buch ein handlungstheoretisches Fundament geschaffen, das die interpretativen Praktiken juristischer Akteure der soziologischen Deutung zugängig macht. Als theoretischer Rahmen dient hierbei eine Kombination der rechtssoziologischen Arbeiten von Max Weber und Pierre Bourdieu (siehe Kapitel 1). Diese beiden Ansätze erscheinen vor allem deshalb fruchtbar für die Analyse des juristischen Diskurses, weil sie die juristische Tätigkeit weder rechtspositivistisch auf einen autoreferenziellen, allein auf die interne Logik des Rechts reduzierten Prozess verkürzen, noch von einer stromlinienförmigen Determination des juristischen Geschehens durch ökonomische Interessen ausgehen. Anstatt den jeweiligen Engführungen von Positivismus und ökonomistischem Reduktionismus zu verfallen, situieren sowohl Max Weber als auch Pierre Bourdieu die juristische Praxis in einem aus *juristischen Ideen* und *wirtschaftlichen Interessen* bestehenden Spannungsfeld. In welche Richtung Juristen das Recht fortbilden, geht demnach weder eindeutig aus rein rechtsimmanenten Faktoren hervor, noch wird sie durch rechtsexterne Kräfte determiniert. In der Terminologie Max Webers sind die interpretativen Praktiken juristischer Akteure in einem »unüberbrückbaren Gegensatz zwischen formaler und materialer Rationalität« zu betrachten. Zwar hat der Prozess der formalen Rationalisierung des Rechts die rechtsinternen Anforderungen an das juristische Handeln innerhalb der modernen kontinentaleuropäischen Gesellschaften gestärkt. Gleichwohl weist Weber darauf hin, dass sich die von außen an die juristischen Akteure herangetragenen materiellen Anforderungen nicht gänzlich ausschalten lassen.

Das relative Gewicht, das die Eigenlogik des juristischen Diskurses und der Einfluss der Interessen der Rechtsinteressenten jeweils haben, variiert Webers Ausführungen zufolge mit dem institutionellen Kontext. Während die Prädominanz der Rechtspraktiker in den Common-Law-Systemen eine starke Ausrichtung des juristischen Geschehens an den wirtschaftlichen Interessen der Rechtsinteressenten erwarten lässt, ist für die Länder mit einem Civil-Law-System zu erwarten, dass dieser Einfluss durch die herausgehobene Position der der internen Rechtslogik stärker ausgesetzten Rechtswissenschaftler abgeschwächt wird.

Während Weber zumindest keine generellen Aussagen darüber trifft, wessen Interessen die besten Chancen haben, sich im juristischen Diskurs durchzusetzen, bietet die Sozialtheorie Pierre Bourdieus einen Anhaltspunkt für die Beantwortung diese Frage. Analog zum Weber'schen Dualismus zwischen formaler und materialer Rationalität situiert Pierre Bourdieu das juristische Handeln im Spannungsverhältnis zwischen einer dem *juristischen Feld* immanenten Logik und einer aus der Position juristischer Akteure im sozialen Raum resultierenden *Logik sozialer Klassen*. Der Rekurs auf Bourdieus Klassentheorie ist deshalb notwendig, weil die Juristen bei der Auslegung des Rechts stets eine Auswahl zwischen konkurrierenden Interessen zu treffen haben, ohne dass diese Auswahl vom Recht immer eindeutig vorgegeben wird. Die feldintern nicht vollständig zu beseitigende Handlungskontingenz wird in der hier vorgelegten Bourdieu-Interpretation durch die Positionierung juristischer Akteure im sozialen Raum und ihre Zugehörigkeit zu »theoretischen Klassen« reduziert. Demnach haben diejenigen Interessen die größten Chancen im juristischen Diskurs zum Zuge zu kommen, die den führenden Rechtsexperten im sozialen Raum am nächsten stehen. Wichtig ist hierbei jedoch der Hinweis, dass das auf gemeinsamer Klassenlage basierende Zustandekommen jurido-ökonomischer Allianzen keineswegs automatisch erfolgt, sondern durch eine Reihe von Faktoren verhindert werden kann. Hierzu zählt die Eigendynamik des juristischen Diskurses selbst. Insofern diese die juristischen Akteure den Eigengesetzlichkeiten des juristischen Diskurses und den Anforderungen der logischen Kohärenz unterwirft, können bereits rechtsinterne Prozesse zur Neutralisierung des Klasseneinflusses führen. Hinsichtlich der rechtswissenschaftlichen Tätigkeit wäre zu erwarten, dass sich der Einfluss der auf Klassenlage basierenden Partikularinteressen in jenen Fällen abschwächt, in denen eine durch partikulare Klasseninteressen bestimmte Rechtsinterpretation in einem eklatanten Missverhältnis zu den Konsistenzanforderungen der rechtsdogmatischen Systematisierungsleistungen steht und die professionellen Standards hierdurch unterlaufen würden.

Diese Überlegungen kommen in einer *historischen Analyse zur Entwicklung des Aktienrechts in Deutschland und den USA* zum Einsatz. Hinsichtlich des Untersuchungszeitraums schlägt die Fallstudie zu Deutschland einen Bogen von den Anfängen des modernen Aktienrechts im späten 19. Jahrhundert bis zu den Reformen zwischen 1998 und 2005. Im Hinblick auf die USA beginnt die Analyse mit der Großen Depression und endet mit dem 2002 verabschiedeten Sarbanes-Oxley Act (SOA). Gemäß der großen Bedeutung des relativen Gewichts der Minderheitsaktionäre für das Verhältnis von Wirtschaft und Gesellschaft liegt der analytische Bezugspunkt auf den Interessen der Minderheitsaktionäre. Anhand einer näheren Betrachtung der aktienrechtlichen Grundlagendiskussion über die Bestimmung des Begriffs der Aktiengesellschaft, den Verantwortungsbereich der Vorstände, das Verhältnis von zwingendem und ermöglichendem Recht sowie die Regulierung feindlicher Übernahmen wird für beide Länder untersucht, welche Bedeutung die aktienrechtlichen Experten den Interessen von Minderheitsaktionären gegenüber anderen Interessen jeweils eingeräumt haben. Auf der Basis der in Kapitel 1 angestellten handlungstheoretischen Überlegungen wird die Entwicklung des aktienrechtlichen Diskurses in Beziehung zu den Handlungsorientierungen juristischer Akteure gesetzt. Zudem wird untersucht, inwieweit sich Veränderungen im juristischen Diskurs als Reaktion auf unternehmensinterne Machtverschiebungen interpretieren lassen und wessen Interessen hierbei maßgeblichen Einfluss hatten.

Das Buch gliedert sich wie folgt: Kapitel 1 enthält die theoretischen Überlegungen zur Bestimmung der juristischen Handlungsorientierungen. Anhand einer Darstellung der Kernaussagen von Max Webers und Pierre Bourdieus Rechtssoziologie wird diskutiert, inwieweit ein Einfluss wirtschaftlicher und politischer Interessen auf die diskursiven Praktiken der juristischen Profession zu erwarten ist und wie sich ein solcher Einfluss zu den rechtsimmanenten Bestimmungsgründen juristischen Handelns verhält. Die darauf folgenden beiden Kapitel setzen die Entwicklung des Aktienrechts in Beziehung zur Entwicklung in den Aktiengesellschaften. Kapitel 2 rekonstruiert die historische Entwicklung des aktienrechtlichen Diskurses in den USA in ihrer Beziehung zu den Machtverhältnissen in den Aktiengesellschaften. Parallel hierzu wendet sich Kapitel 3 der Entwicklung in Deutschland zu. Das abschließende vierte Kapitel fasst die Ergebnisse der historischen Untersuchung zusammen und interpretiert sie unter Bezugnahme auf die in Kapitel 1 angestellten Überlegungen.

Kapitel 1
Juristisches Handeln zwischen juristischen Ideen und wirtschaftlichen Interessen

Die folgenden Ausführungen bilden den theoretischen Rahmen, innerhalb dessen sich die Untersuchung zur Entwicklung des deutschen und amerikanischen Aktienrechts bewegt. Der Ausgangspunkt ist die Einschätzung, dass der Entwicklung des Rechts ein *juristischer Diskurs* zugrunde liegt. Dieser besteht aus einer Reihe aufeinander bezogener interpretativer Aussagen über rechtliche Texte (Gesetzesnormen, Gerichtsurteile, Verträge, Lehrmeinungen usw.), die im Folgenden auch als *juristische Ideen* bezeichnet werden.

Der juristische Diskurs ist das Produkt kollektiven juristischen Handelns. Er kann beispielsweise von Rechtsanwälten in Gang gesetzt werden, die im Auftrag ihrer Mandanten einen Vertrag oder eine gesetzliche Vorschrift auf eine bestimmte Weise auslegen (Morgan/Quack 2005; Powell 1993; Quack 2007; Trubek et al. 1993). Fühlt sich ein anderer Akteur hierdurch rechtlich benachteiligt, kann er einen anderen Anwalt damit beauftragen, nach einer alternativen Auslegung der betreffenden Rechtstexte zu suchen und die Angelegenheit vor ein Gericht zu bringen. Die zuständigen Richter müssen dann eine rechtskräftige Entscheidung darüber treffen, welche der konkurrierenden Auslegungen korrekt ist. Indem das Gericht dem vorhandenen Fallrecht ein neues Urteil hinzufügt und die Bedeutung der betreffenden Rechtsnormen spezifiziert, verändert es die Rechtsgrundlage für zukünftige Entscheidungen. Innerhalb der Rechtswissenschaft ruft ein neues Urteil Bestrebungen hervor, dieses in Bezug zu anderen Urteilen und Rechtsnormen zu setzen und in das vorhandene System juristischer Ideen zu integrieren. Die Richter rezipieren die von Rechtswissenschaftlern produzierten Ideen und legen diese ihren zukünftigen Urteilen mit zugrunde (Luhmann 1974: 18). Häufig identifizieren Rechtswissenschaftler gesetzlichen Reformbedarf und tragen diesen an das zuständige Bundesministerium für Justiz oder andere Akteure im politischen System heran (für den Bereich des Aktienrechts siehe Hopt 2006). In anderen Fällen beauftragt die Regierung den Deutschen Juristentag oder mit Juristen besetzte Kommissionen mit der Ausarbeitung konkreter Reformvorschläge und entwickelt auf deren Basis in Abstimmung mit juristischen Experten Gesetze. Die Veränderung des Gesetzesrechts ruft wiederum diskursive Reaktionen in der Rechtswissenschaft hervor und bildet zugleich eine potenzielle Quelle neuer Interpretationen, die beim Auftreten erneuter Streitigkeiten wiederum gerichtlich geklärt werden müssen. Die Reihenfolge, in der sich die beteiligten Akteurgruppen zu solch einer Kette von Interpretationsleistungen zusammenschließen, kann variieren. So ist auch denkbar, dass die Rechtswissenschaftler selbst die Initiative für Reformvorschläge ergreifen, ohne auf die Initiative der Gerichte oder der Ministerien zu warten. In anderen Fällen reagiert der Gesetzgeber mehr oder minder direkt auf Gerichtsurteile. Dies ist zum Beispiel dann der Fall, wenn das Bundesverfassungsgericht (BVerfG) ihn dazu auffordert. Auch ist es denkbar, dass Oppositionsparteien Juristen damit beauftragen, Gesetzentwürfe auszuarbeiten, und diese dann in den Bundestag einbringen. Ähnliche Beispiele für einen diskursiv induzierten Rechtswandel lassen sich auch für die USA finden (Carruthers/Halliday 2003; Horwitz 1992), mit dem Unterschied, dass dort der Anteil der Richter an der Rechtsfortbildung gegenüber den Rechtswissenschaftlern größer ist. Die Rechtsentwicklung lässt sich also als diskursiver Prozess untersuchen, in den neben dem Gesetzgeber eine Reihe juristischer Akteure einbezogen sind, die das Recht fortlaufend reinterpretieren und es hierdurch verändern (Carruthers/Halliday 2003; Halliday/Carruthers 2007; Horwitz 1992; Quack 2007; Rehder 2006, 2010; Wieacker 1967).

Von diesen Überlegungen ausgehend, gehe ich im Folgenden der *Frage* nach, *wodurch die Art und Weise, wie Juristen das Recht interpretieren, bestimmt wird.* Da diese Frage hier aus soziologischer Perspektive, genauer: aus handlungstheoretischer Perspektive betrachtet wird, richtet sich der Blick auf die *Bestimmungsgründe juristischen Handelns.*

Zum einen geht es in diesem Kapitel darum, zu verdeutlichen, dass juristisches Handeln durch ein selbstreferenzielles Ideensystem gesteuert wird. Insbesondere in modernen Gesellschaften finden juristische Auslegungspraktiken im Kontext eines relativ autonomen Systems von rechtlichen Bestimmungen und eines hierauf bezogenen Systems rechtlicher Ideen statt. Insoweit alle juristischen Aussagen über die Bedeutung des Rechts auf frühere Aussagen bezogen sind, haben sie rekursiven Charakter und folgen einer autoreferenziellen Logik (Luhmann 1993). Die Selbstreferenzialität des juristischen Diskurses verschafft den beteiligten Akteuren Orientierung und grenzt den Spielraum für denkbare Interpretationen erheblich ein.

Zum anderen soll herausgearbeitet werden, dass sich juristisches Handeln weder durch das Recht als solches noch durch die auf dieses bezogenen Ideen vollständig determinieren lässt. Vielmehr weisen die im juristischen Diskurs sichtbar werdenden Meinungsverschiedenheiten auf einen innerhalb des rechtlich vorgegebenen Rahmens vorhandenen Interpretationsspielraum hin. Je unbestimmter die Rechtsnormen, auf die sich eine juristische Auslegung bezieht, desto ungewisser wird deren Form und Inhalt. Weder professionelle Verhaltensregeln noch rechtsdogmatische Methoden können die Kontingenz juristischen Handelns vollständig reduzieren. Die *Insuffizienz der rechtsimmanenten Bestimmungsgründe juristischen Handelns* ist ein Einfallstor für *außerrechtliche Einflüsse*. Ein wichtiger äußerer Einfluss, um dessen Herausarbeitung es im Folgenden gehen wird, sind die *Interessen wirtschaftlicher Akteure*. Im Bereich des Aktienrechts sind dies vor allem Manager, Aktionäre und Arbeitnehmer.

Wenn schwerpunktmäßig untersucht wird, inwieweit sich Juristen an den Interessen *wirtschaftlicher* Akteure orientieren, wird hiermit nicht behauptet, dass dies der einzig relevante außerrechtliche Einfluss ist. Selbstverständlich können auch die *Interessen politischer Akteure* zur Richtschnur für juristisches Handeln werden. Insbesondere in denjenigen institutionellen Konstellationen, in denen die Justiz den Weisungen durch die Exekutive ausgesetzt ist, tritt der Einfluss wirtschaftlicher Interessen hinter der Dominanz politischer Interessen zurück. Die Stärke des Einflusses wirtschaftlicher gegenüber politischen Interessen wird im abschließenden vierten Kapitel thematisiert.

Der bewusste oder unbewusste Rückgriff juristischer Akteure auf wirtschaftliche Interessen dient der Reduktion der weder durch Recht noch durch professionelle Verhaltensregeln vollständig reduzierbaren Kontingenz juristischen Handelns. Durch den Rekurs auf wirtschaftliche Interessen bleibt die Rechtsentwicklung zugleich rückgekoppelt an die Veränderungen innerhalb der Wirtschaft. Diese Aussage ist jedoch keinesfalls im Sinne einer Determination juristischen Handelns durch wirtschaftliche Entwicklungen zu verstehen. Insofern die juristische Ideenproduktion internen Anforderungen ausgesetzt ist, wirken die von außen an die Juristen herangetragenen Interessen nicht stromlinienförmig auf das Recht ein, sondern werden durch die interne Logik des juristischen Diskurses gefiltert. Aufgrund der Eigengesetzlichkeit des juristischen Diskurses kann juristisches Handeln erheblich von den Interessen der Rechtsadressaten abweichen. Da sich juristische Ideen und wirtschaftliche Interessen nicht aufeinander reduzieren lassen, bewegt sich das juristische Handeln im *Spannungsverhältnis zwischen der Eigenlogik juristischer Ideen und dem von außen kommenden Einfluss wirtschaftlicher Interessen*.

Diesen Gedanken entwickle ich im Folgenden in Auseinandersetzung mit den rechtssoziologischen Beiträgen Max Webers und Pierre Bourdieus. Dabei soll deutlich werden, dass die beiden Autoren, von unterschiedlichen theoretischen Ausgangspositionen ausgehend, zu Aussagen über die juristischen Handlungsorientierungen kommen, die sich im Sinne eines Dualismus von juristischen Ideen und wirtschaftlichen Interessen interpretieren lassen. Zu diesem Zwecke rekonstruiere ich zunächst den Gedankengang Max Webers zur formalen Rationalisierung des Rechts sowie seine Analyse der antiformalen Gegenbewegung, um auf dieser Basis die Implikationen von Webers Rechtssoziologie für die Bestimmung der juristischen Handlungsorientierungen zu identifizieren (1.1). Im anschließenden zweiten Teil skizziere ich die Grundzüge von Pierre Bourdieus Feld und Klassentheorie und diskutiere, welche Aussagen sich hieraus über die Bestimmungsgründe juristischen Handelns sowie die Möglichkeiten rechtlichen Wandels entnehmen lassen (1.2). In dem in die empirische Analyse überleitenden dritten Abschnitt finden sich Angaben zum Design der Untersuchung, den Datenquellen sowie zur methodischen Vorgehensweise (1.3).

1.1 Formale und materiale Rationalität in der Rechtssoziologie Max Webers

Anders als die Arbeiten zu Webers Religions-, Wirtschafts- und Herrschaftssoziologie sind die Interpretationen zur Rechtssoziologie Max Webers auf eine relativ kleine Anzahl von Beiträgen begrenzt (Breuer/Treiber 1984; Gephart 1993, 2006; Münch 1984; Raiser 1987; Rehbinder/Tieck 1987; Rheinstein 1954; Trubek 1972; Winckelmann 1967). Dieser Umstand mag zum Teil durch die Schwierigkeit bedingt sein, welche der betreffende Abschnitt aus »Wirtschaft und Gesellschaft« (Weber [1922]1972: 387–513) so manch einem Leser bereiten mag. Der Argumentationsgang Webers folgt auf den ersten Blick keiner linearen Struktur und scheint durch die immer wieder eingebrachten rechtshistorischen Nebenbemerkungen auszuufern. Bei näherer Betrachtung erschließt sich dem Leser jedoch ein Beitrag, der sowohl in seinem Gedankenreichtum als auch in seiner analytischen Tiefe bis heute seinesgleichen sucht.

Webers Rechtssoziologie steht insofern im Zusammenhang mit seinem restlichen Werk, als er das Recht unter dem Gesichtspunkt der Sondererscheinung des okzidentalen Rationalismus untersucht (Schluchter 1998). Die Fragestellung, der Weber in seiner Rechtssoziologie nachgeht, lautet, inwieweit die modernen okzidentalen Rechtsordnungen rationalen Charakter haben und weshalb sich dieser nur im Okzident herausgebildet hat. Die in Kontinentaleuropa im Zuge der Rezeption des römischen Rechts seit der Renaissance vollzogene Herausbildung der *formalen* und *rationalen* Eigenschaften des Rechts führt Weber auf das Zusammentreffen spezifischer kultureller, politischer, wirtschaftlicher und institutioneller Vorbedingungen zurück. Die hierdurch in Gang gesetzte Formalisierung des Rechts führte zunächst zur Entkopplung der juristischen Praxis von den Bedürfnissen und Interessen der Rechtsinteressenten. Gegen Ende des 19. Jahrhunderts erreichte die Formalisierung des Rechts jedoch einen Punkt, an dem die Rechtsordnung in Widerspruch zu den Interessen der Rechtsinteressenten geriet und der soziale Frieden bedroht schien. Der Druck wirtschaftlicher Interessen löste innerhalb des juristischen Diskurses eine antiformalistische Gegenbewegung aus, die in rechtsdogmatischer Hinsicht für die Öffnung der juristischen Praxis eintrat und zur Etablierung des »Sozialrechts« beitrug. Webers Ausführungen zu den »antiformalen Tendenzen in der modernen Rechtsentwicklung« deute ich dahin gehend, dass die von den Rechtsinteressenten an die Juristen herangetragenen Interessen eine unhintergehbare Determinante des juristischen Diskurses darstellen. Aufgrund des hohen Formalisierungsgrades des modernen Rechts lassen sich das Handeln der Juristen sowie die Entwicklung des juristischen Diskurses jedoch nicht durch wirtschaftliche Interessen oder andere materiale Postulate determinieren. Vielmehr wird der Einfluss wirtschaftlicher Interessen auf das Rechtsgeschehen durch die Eigenlogik des juristischen Diskurses vermittelt. Da der *Gegensatz zwischen formaler und materialer Rationalität* also letztlich unüberbrückbar ist, sehen sich die Juristen gleichzeitig der Eigenlogik des juristischen Diskurses und den materialen Anforderungen der Rechtsinteressenten ausgesetzt.

Diesen hier in stark komprimierter Form formulierten Gedanken werde ich im Folgenden der Reihe nach entwickeln. Im Einzelnen werden zunächst das Rechtsverständnis Webers sowie dessen Charakterisierung moderner okzidentaler Rechtsordnungen als *formal rational* erläutert (1.1.1). Der zweite Abschnitt rekonstruiert die von Weber angeführten Ursachen für die Entfaltung der formalen Rationalität des modernen okzidentalen Rechts (1.1.2). Der dritte Abschnitt wendet sich den »Trägerschichten« der Rechtsentwicklung zu und führt Erklärungen für die Bifurkation der angelsächsischen und der kontinentaleuropäischen Rechtsentwicklung an (1.1.3). Im Anschluss hieran werden anhand von Webers Analyse der »antiformalen Tendenzen in der modernen Rechtsentwicklung« die Umstände rekonstruiert, unter denen wirtschaftliche Interessen gegenüber der formalen Logik der juristischen Ideenproduktion an Bedeutung für das juristische Handeln gewannen (1.1.4). Auf der Basis der ersten vier Abschnitte werden im abschließenden Abschnitt die zentralen Implikationen von Webers Rechtssoziologie für die Determinanten juristischen Handelns benannt. In diesem Zusammenhang wird auch diskutiert, inwieweit der institutionelle Kontext des juristischen Prozesses einen Einfluss auf das relative Gewicht wirtschaftlicher Interessen gegenüber den internen Anforderungen des juristischen Diskurses haben kann (1.1.5).

1.1.1 Rechtsverständnis und Kennzeichen moderner okzidentaler Rechtsordnungen

Weber ([1922]1972: 17–19) betrachtet Recht als eine *gesellschaftliche Ordnung*, die sich gegenüber Konventionen durch einen von einem Sanktionsapparat ausgehenden *Rechtszwang* auszeichnet. Anders als bei der Konvention, deren Missachtung lediglich eine »Missbilligung« durch einen nicht näher bestimmten Personenkreis hervorrufen kann, basiert die Befolgung der Rechtsordnung auf der Erwartung der Rechtssubjekte, dass ein Zuwiderhandeln gegen die Rechtsordnung eine Sanktion *durch einen Zwangsapparat* nach sich zieht. Ihrem subjektiven Sinn nach beruht die Verhaltensrelevanz von Recht und Konventionen auf einem zweckrationalen Kalkül, wobei der Zweck hier in der Vermeidung negativer Sanktionen besteht (Weber [1922]1972: 15).

Zweckrationale Motive sind jedoch nicht die einzigen, die einer Rechtsordnung einen Einfluss auf soziales Handeln verschaffen. Weber geht vielmehr davon aus, dass die rein zweckrational bedingte Vermeidung äußerer Folgen in der Regel nicht ausreicht, um die Geltung einer Rechtsordnung zu gewährleisten. Häufig befinden sich rechtliche Ordnungen im Einklang mit eingelebten, nicht bewusst reflektierten Handlungsgewohnheiten (Weber [1922]1972: 16). Hierbei handelt es sich in Webers Terminologie vor allem um *Sitten* (Weber [1922]1972: 15). Befindet sich die rechtliche Ordnung in Übereinstimmung mit den Sitten, tritt an die Stelle des zweckrationalen Kalküls »dumpfe[] Gewöhnung« (Weber [1922]1972: 122). Der hierbei zugrunde liegende subjektive Sinn der Befolgung rechtlicher Regeln hat *traditionalen* Charakter.

Ein wichtiger Punkt in Webers Rechts- und Herrschaftssoziologie besteht darin, dass weder zweckrationale noch traditionale Handlungsorientierungen ausreichen, um die *Geltung* einer sozialen Ordnung auf Dauer zu sichern:

> Tatsächlich findet die Orientierung des Handelns an einer Ordnung naturgemäß bei den Beteiligten aus sehr verschiedenen Motiven statt. Aber der Umstand, daß *neben* den anderen Motiven die Ordnung mindestens einem Teil der Handelnden auch als vorbildlich oder verbindlich und also als gelten *sollend* vorschwebt, steigert naturgemäß die Chance, daß das Handeln an ihr orientiert wird, und zwar oft in bedeutendem Maße. Eine *nur* aus zweckrationalen Motiven innegehaltene Ordnung ist im allgemeinen weit labiler als lediglich die kraft Sitte, infolge der Eingelebtheit eines Verhaltens, erfolgende Orientierung an dieser: die von allen häufigste Art der inneren Haltung. Aber sie ist noch ungleich labiler als eine mit dem Prestige der Vorbildlichkeit oder Verbindlichkeit, wir wollen sagen der *»Legitimität«*, auftretende.
> (Weber [1922]1972: 16)

Normalerweise setzt die Geltung einer rechtlichen Ordnung wenigstens bei einem Teil der Rechtssubjekte die Vorstellung voraus, dass es sich bei dieser Ordnung um eine *legitime* Ordnung handelt (Weber [1922]1972: 16). Worin besteht nun die Vorstellung vom Bestehen einer legitimen Ordnung? Diese Frage ist untrennbar mit Webers Herrschaftssoziologie und den Grundlagen der unterschiedlichen Typen der Herrschaft verbunden (zur Beziehung zwischen den Typen der Herrschaft und Typen des Rechts siehe auch Trubek 1972). Idealtypisch betrachtet kann die legitime Geltung einer Rechts- oder Herrschaftsordnung auf *Tradition*, *affektuellem Glauben*, *wertrationalem Glauben* oder auf dem *Glauben an die Legalität* der betreffenden Ordnung beruhen (Weber [1922]1972: 19, 122ff.). Diese Idealtypen mischen sich empirisch zu Konstellationen von Motiven der Fügsamkeit.

Ursprünglich beruhte der Glaube an die Legitimität sozialer Ordnungen primär auf Tradition. So wird die Befolgung des *traditionalen Rechts* vor allem durch den Glauben an die Heiligkeit des immer Gewesenen gesichert (Weber [1922]1972: 19). Neuerungen kamen vor allem durch prophetische Offenbarungen zustande (ebd.). Anders als beim traditionalen Recht hängt der Glaube an die Legitimität einer *geoffenbarten Rechtsordnung* von der gefühlsmäßigen Hingabe an die Person des Propheten ab, die wiederum in dessen *Charisma* begründet liegt (ebd.: 140ff., 446). Innerhalb moderner Gesellschaften ist es primär der Glaube an die *Legalität* der Satzungen, aus der das Recht seine Geltung bezieht. Das Recht nimmt hier den Charakter *gesatzten Rechts* an. Dessen Geltung kommt nicht primär durch das Interesse an der Vermeidung rechtlicher Sanktionen, auch nicht durch eingelebte Sitte zustande. Vielmehr ist es der Glaube der Rechtssubjekte, dass die Satzung nach einem *formal* korrekten Verfahren zustande gekommen ist und nur auf dieser Grundlage Verbindlichkeit beanspruchen kann (vgl. ebd.: 124ff.).

Zieht man die Bedeutung hinzu, die Weber der Geltungsfrage und der hiermit verbundenen Diskussion der Legitimitätsquellen zuweist, so lässt sich das Rechtsverständnis Webers durch einen *doppelten Charakter* kennzeichnen (Trubek 1972). Zumindest wenn es sich um *empirisch geltendes* Recht handeln soll, müssen normalerweise zwei Voraussetzungen erfüllt sein: Zum einen muss es eine Sanktionsinstanz geben, welche eigens für die Durchsetzung des Rechts zuständig ist. Zum anderen muss Recht mindestens von einem Teil der Rechtsadressaten, auf die es sich bezieht, als verbindlich akzeptiert werden. Zur rein äußerlichen, auf dem Interesse an der Vermeidung von Sanktionen basierenden Quelle der Rechtsgeltung kommt daher eine innerliche Geltungsquelle hinzu. Diese wurzelt in der Überzeugung, dass es sich – aus welchen Gründen auch immer – um eine legitime Rechtsordnung handelt, die es als solche auch wert ist, befolgt zu werden.

Auf der Basis des skizzierten Rechtsverständnisses charakterisiert Weber die Eigenarten der modernen okzidentalen Rechtsordnungen. Diese zeichnen sich Weber zufolge durch das *Zusammentreffen von Rationalität und Formalismus* aus (Weber [1922]1972: 395ff.). Die Frage, ob eine Rechtsordnung formal ist, bezieht sich vor allem auf die der Rechtsfindung zugrunde liegenden Kriterien der Entscheidungsfindung. Formal ist ein Rechtssystem dann, wenn die Kriterien einer rechtlichen Entscheidung *rein rechtlicher* Art sind. Demgegenüber charakterisiert Weber eine Rechtsordnung als *material*, wenn die juristische Praxis auf *außerrechtlichen* Kriterien basiert. Hierbei kann es sich beispielsweise um politische sowie wirtschaftliche Interessen, Gefühle, Gerechtigkeitsideale oder sonstige ethische Maximen handeln. Ob ein Rechtssystem formalen oder materialen Charakter hat, gibt Aufschluss über die Art der Beziehung der rechtlichen Ordnung zu den anderen gesellschaftlichen Ordnungen, wie beispielsweise Staat, Wirtschaft oder Kirche. Während ein materiales Recht von den Prinzipien einer oder mehrerer dieser nicht rechtlichen Ordnungen durchdrungen ist und sich in starker Abhängigkeit gegenüber diesen befindet, ist eine formale Rechtsordnung durch ein hohes Maß an Autonomie gegenüber den nicht rechtlichen Handlungssphären gekennzeichnet. Wie weiter unten noch im Einzelnen erläutert wird, wird das juristische Handeln hier idealtypisch durch rein rechtsimmanente Entscheidungskriterien bestimmt.

Das zweite Kennzeichen moderner okzidentaler Rechtsordnungen, die *Rationalität*, hat eine zweifache Bedeutung. Die erste Bedeutung bezieht sich auf die Frage, ob bei der Rechtsfindung verstandesmäßig zu kontrollierende Mittel eingesetzt werden. So mag die Rechtsfindung durch ein Orakel zwar nach rein rechtlichen Kriterien erfolgen und in diesem Sinne formalen Charakter haben. Sie ist jedoch insoweit irrational, als sich die hierbei zur Anwendung gebrachten Mittel der verstandesmäßigen Kontrolle entziehen (Weber [1922]1972: 396). Die zweite Bedingung für das Vorliegen einer *rationalen* Rechtsordnung bezieht sich auf das Ausmaß, in dem die in der rechtlichen Entscheidung zur Anwendung kommenden Normen *abstrakten* Charakter haben (ebd.: 396f.). In einer rationalen Rechtsordnung werden rechtliche Entscheidungen mittels Generalisierung zu abstrakten Rechtssätzen verdichtet, die wiederum zu einem über klare Abgrenzungen verfügenden, logisch konsistenten und lückenlosen System sublimiert werden. Der rationale Charakter der modernen Rechtsordnungen zeichnet sich also nicht nur durch den Einsatz verstandesmäßig zu kontrollierender Mittel, sondern auch durch ein *logisch widerspruchsfreies und lückenloses System allgemeiner Rechtssätze* aus.

Ihren wichtigsten historischen Vorläufer haben die formal rationalen Rechtsordnungen im römischen Recht. Im Zuge der Rezeption des römischen Rechts systematisierten die Universitätsgelehrten auf dem europäischen Kontinent den Rechtsstoff zu einem System allgemeiner Rechtssätze, das zur Grundlage für die im 19. Jahrhundert entwickelten Kodifikationen wurde. Mehr noch als in England, wo die Rezeption des römischen Rechts scheiterte (siehe 1.1.4), haben also gerade die Rechtsordnungen auf dem europäischen Kontinent einen formal rationalen Charakter angenommen.

1.1.2 Zu den Ursachen der formalen Rechtsrationalisierung

Weber identifiziert *ein Bündel von Ursachen*, die auf dem europäischen Kontinent zur Etablierung formal rationaler Rechtsordnungen geführt haben. Hierzu gehören sowohl kulturelle, politische, institutionelle als auch wirtschaftliche Faktoren.

Als Triebkräfte der rechtlichen Sonderentwicklung des europäischen Kontinents dienten *politische und ökonomische Interessen* (Weber [1922]1972: 196). Die politischen Interessen bestanden vor allem im Interesse von Patrimonialfürsten, partikulare Ordnungen durch eine einheitliche Rechtsordnung zu überwinden. Überall dort, wo sich ein bürokratischer Herrschaftsapparat herausgebildet hatte, wurde das patrimonialfürstliche Interesse nach Einheit des Reiches durch das persönliche Interesse der Beamten an einer rationalen Verwaltung verstärkt (ebd.: 468, 488). Webers Ausführungen lassen sich dahin gehend deuten, dass der Prozess rechtlicher Rationalisierung durch die Entstehung anstaltsförmiger politischer Verbände begünstigt wurde (vgl. ebd.: 563).

Die *politischen* Interessen der Fürsten und Beamten an einer Rationalisierung des Rechts wurden nach Webers Einschätzung ergänzt durch das *ökonomische* Interesse des aufsteigenden Bürgertums an einer Schaffung der rechtlichen Voraussetzungen für einen berechenbaren Wirtschaftsverkehr (ebd.: 468):

> Für die Gütermarktinteressenten bedeutete die Rationalisierung und Systematisierung des Rechts, allgemein und unter Vorbehalt späterer Einschränkungen gesprochen: zunehmend Berechenbarkeit des Funktionierens der Rechtspflege – eine der wichtigsten Vorbedingungen für ökonomische Dauerbetriebe, speziell solcher kapitalistischer Art, welche ja der juristischen »Verkehrssicherheit« bedürfen. (Weber [1922]1972: 505)

Während es den Patrimonialfürsten und ihren Beamten in erster Linie um die Ausschaltung irrationaler Prozessmittel zu tun war, wirkten die ökonomischen Interessengruppen auf die Formalisierung des Rechts hin. Das Bürgertum strebte vor allem nach der Garantie individueller Freiheitsrechte (Sicherung des Privateigentums, Vertragsfreiheit). Die Entfaltung des Marktes bedurfte einer *verlässlichen* und *berechenbaren* Rechtsordnung, welche die Marktakteure vor willkürlichen Eingriffen politischer oder kirchlicher Autoritäten schützte und ihnen eine rechtliche Grundlage für die Ausweitung des Markttausches bot.

Das Aufkommen eines bürgerlichen Interesses an einem berechenbaren Rechtsrahmen für die Ausdehnung wirtschaftlicher Transaktionen ist im Zusammenhang mit der okzidentalen Kulturentwicklung zu sehen (Münch 1984: 414ff.). Die nach der Reformation nur im Okzident entstandene *Ethik des as-*

ketischen Protestantismus hat zur Herausbildung eines modernen Wertekonsenses geführt, der die ethische Grundlage des rationalen Rechts bildet und dieses hierdurch in der Rechtsgemeinschaft verankert. So fand die Forderung nach rechtlicher Institutionalisierung individueller Freiheitsrechte eine ethische Stütze in den Freiheitsansprüchen des asketisch-protestantischen Menschenbildes mit dessen Betonung von Selbstverantwortung und Selbstkontrolle (ebd.: 416). Zugleich hielt der christliche Universalismus eine ethische Rechtfertigung für die Aufhebung von Binnen- und Außenmoral bereit und ebnete der Verrechtlichung der über partikulare Gemeinschaften hinausgehenden Handelsbeziehungen sowie der Durchsetzung rechtlicher Gleichheit den Weg. Schließlich ist auch die Berechenbarkeit des rationalen Rechtssystems durch den asketischen Protestantismus abgesichert, weil sie der methodisch-rationalen Lebensführung entgegenkommt, die dieser Ethik entspringt:

> Diese Kongruenz der Grundstruktur des modernen Rechts mit der Grundstruktur des vom asketischen Protestantismus geprägten modernen Menschenbildes konnte dem modernen Recht erst die zur dauerhaften Institutionalisierung erforderliche Verankerung in der gesellschaftlichen Gemeinschaft verleihen. (Münch 1984: 419)

Wenn das ökonomische Interesse des Bürgertums nach einem berechenbaren Rechtssystem der im asketischen Protestantismus angelegten methodisch rationalen Lebensführung entsprach (ebd.: 418), so liegt es nahe anzunehmen, dass dieses Interesse selbst ein Produkt der spezifisch okzidentalen Kultur war. Die durch den asketischen Protestantismus bedingte methodisch rationale Lebensführung sowie der Wille zur Weltbeherrschung bilden den kulturellen Boden, auf dem das ökonomische Interesse nach einem berechenbaren Recht gedeihen konnte. Wenn im Folgenden also der Einfluss wirtschaftlicher Interessen auf die Rechtsentwicklung diskutiert wird, so steht dieser Faktor nicht im Gegensatz zum Einfluss ethischer Grundüberzeugungen, sondern ist vielmehr durch diese selbst bedingt.

1.1.3 Die Trägerschichten der Rechtsentwicklung

Welche Bedeutung misst Weber der *Organisation der juristischen Profession* für das Rechtsgeschehen sowie für die Rechtsentwicklung zu? An mehreren Stellen seiner Untersuchung betont Weber, dass ökonomische Interessen die Rechtsentwicklung allenfalls indirekt und in Kombination mit anderen nicht ökonomischen Faktoren beeinflusst haben (Weber [1922]1972: 395, 456, 505). Nach Webers Auffassung werden die außerrechtlichen Einflüsse durch »innerjuristische Verhältnisse« gefiltert:

> Wir werden sehen, daß ein Recht in verschiedener Art, und keineswegs notwendig in der Richtung der Entfaltung seiner »juristischen« Qualitäten, rationalisiert werden kann. Die Richtung, in welche sich diese formalen Qualitäten entwickeln, ist aber bedingt direkt durch sozusagen »innerjuristische« Verhältnisse: die Eigenart der Personenkreise, welche auf die Art der Rechtsgestaltung *berufsmäßig* Einfluß zu nehmen in der Lage sind, und erst indirekt durch die allgemeinen ökonomischen Bedingungen. Allen voran steht die Art der Rechts*lehre*, d.h. hier: der Schulung der Rechtspraktiker. (Weber [1922]1972: 455f.)

Wenn sich die politischen und ökonomischen Interessen als Triebkräfte der rechtlichen Entwicklung erweisen, so lassen sich Verlauf und Richtung der Rechtsentwicklung nur durch eine nähere Betrachtung der juristischen Profession hinreichend nachvollziehen. Da Weber die »Rechtshonoratioren« als Trägerschicht des Rechts konzipiert, geht er der Frage nach, inwieweit die *soziale Organisation der juristischen Profession* einen Einfluss auf Verlauf und Richtung der rechtlichen Entwicklung hatte. Technisch formuliert fungiert die Organisation der juristischen Profession in Webers Erklärungsmodell als eine intervenierende Variable: Dieselben ökonomischen Interessen können bei einer Varianz in der Struktur der juristischen Profession unterschiedliche Wirkungen für die Rechtsentwicklung hervorrufen. Dieser Punkt lässt sich anhand von Webers Vergleich der Rechtsentwicklung in England und Kontinentaleuropa illustrieren. Sowohl in England als auch in Deutschland und Frankreich gab es ein aufstrebendes Bürgertum mit einem Interesse an einem berechenbaren Rechtssystem (Weber [1922]1972: 564). Diesem Interesse wäre mit einer Kodifizierung, wie sie in Deutschland und Frankreich erfolgte, ebenso gedient gewesen, wie mit dem auf Fallrecht beruhenden Common Law. Dass in England kein vollständig rationalisiertes Recht entstand, lässt sich weder aus der politökonomischen Interessenkonstellation noch aus den diese bedingenden Wertvorstellungen vollständig erklären. Da England schon sehr viel länger als Deutschland über einen zentralisierten Staat verfügte, scheidet auch der Zentralisierungsgrad des politischen Verbandes als Erklärung für die unterschiedliche Entwicklung aus.

Die Aufspaltung der europäischen Rechtsordnungen in ein angelsächsisches Common Law und ein kontinentaleuropäisches Civil Law führt Weber im Wesentlichen auf einen strukturellen Unterschied innerhalb der juristischen Profession zurück, welcher seinerseits durch die Strukturen des politischen Systems bedingt ist. Sowohl auf dem Kontinent als auch in England versuchten die Anwälte, die Rezeption des römischen Rechts und den Aufstieg der Universitätsgelehrten zu verhindern. Dies gelang ihnen jedoch nur in England, weil das zentralisierte politische System den Anwälten eine landesweite Organisation ermöglichte, während die Anwälte in Kontinentaleuropa regional fragmentiert waren. Während die Rechtsgelehrten auf dem Kontinent den Widerstand der Anwälte gegen die Rezeption des römischen Rechts überwinden konnten und hierdurch sowohl die Kontrolle über die Juristenausbildung als auch über den Zugang zur juristischen Profession übernahmen, blieb diese in England bei den Anwälten.

Aus diesem Grunde entwickelte sich das Rechtsdenken auf dem Kontinent in eine andere Richtung als in Kontinentaleuropa (Weber [1922]1972: 456–459). Während der praktische Ausbildungsbetrieb in England eine *empirische Rechtslehre* hervorbrachte, erhielt das Rechtsdenken in Deutschland und Frankreich einen *rationalen* Charakter. Die empirische Rechtslehre zielt auf die juristische Lösung praktischer Probleme ab, während die *rationale Rechtslehre* die juristische Entscheidung in den Kontext des gesamten Rechtssystems stellt und sie hierdurch stärker den wissenschaftlichen Anforderungen des juristischen Ideensystems aussetzt. Auf der Basis divergierender Rechtslehren kam es letztlich zur Bifurkation der okzidentalen Rechtsordnungen in die angelsächsischen Common-Law-Systeme und die nach dem Vorbild des römischen Rechts gestalteten Civil-Law-Systeme.

1.1.4 Die antiformalen Tendenzen in der kontinentaleuropäischen Rechtsentwicklung

Wie im Falle religiöser Weltbilder, der Organisation sozialer Herrschaftsverbände und des Wirtschaftens war es auch im Bereich des Rechts nur im Okzident in der Renaissance zu einer Entfaltung formaler Rationalität gekommen. Hierdurch hat das Rechtssystem gegenüber anderen Bereichen gesellschaftlicher Ordnung ein größeres Maß an Autonomie erlangt als zuvor. Im Zusammenhang mit der Frage nach den juristischen Handlungsorientierungen bedeutet dieser Autonomiegewinn eine Subordination wirtschaftlicher und politischer *Interessen* sowie aller anderen Bestandteile materialer Rationalität unter die interne Logik der juristischen Ideenproduktion. Je weiter der Prozess der formalen Rechtsrationalisierung fortschritt, desto mehr entkoppelte sich die Rechtspraxis von den Interessen der Rechtsinteressenten:

> Ihr [sic] rational-systematischer Charakter kann das Rechtsdenken zu einer weitgehenden Emanzipation von den Alltagsbedürfnissen der Rechtsinteressenten führen und ebenso ihr [sic] geringer Anschaulichkeitsgehalt. Die Gewalt der entfesselten rein logischen Bedürfnisse der Rechtslehre und der durch sie beherrschten Rechtspraxis kann die Konsequenz haben, daß Interessentenbedürfnisse als treibende Kraft für die Gestaltung des Rechts weitgehend geradezu ausgeschaltet werden. (Weber [1922]1972: 459)

Durch die wachsende Bezugnahme juristischer Entscheidungen auf rein rechtsimmanente Entscheidungskriterien nahmen das juristische Handeln sowie der juristische Diskurs autoreferenzielle Züge an.[1]

---

1 Wenn Niklas Luhmann (1993) in seiner Rechtssoziologie die autopoietischen Eigenschaften moderner Rechtssysteme hervorhebt, so lässt sich diese Aussage als eine Zuspitzung der von

Jede Interpretation der Weber'schen Rechtssoziologie, die an dieser Stelle stehen bliebe, hätte jedoch dessen Pointe verpasst. Diese besteht aus meiner Sicht darin, dass der Prozess formaler Rechtsrationalisierung zur Auslösung einer *antiformalen Gegenbewegung* beitrug, welche die Rechtspraxis wieder gegenüber den Interessen der Rechtsinteressenten öffnete. Im Bereich der juristischen Grundlagendiskussion wurde die Abkehr vom Rechtsformalismus in Deutschland bereits im letzten Drittel des 19. Jahrhunderts von Rudolf von Jhering ([1877]1923) angestoßen. Jhering kritisierte die formalistische Betrachtungsweise des Rechts und forderte einen stärkeren Bezug der Rechtsanwendung zur gesellschaftlichen Wirklichkeit ein. Während Jhering in seinen Untersuchungen zum römischen Recht selbst noch von den Prämissen der Begriffsjurisprudenz ausgegangen war, stellte er diese in seinem Spätwerk radikal infrage (vgl. Rüthers 2005). Anders als es die die rationale Rechtslehre verkörpernde Begriffsjurisprudenz wollte, war das Recht aus Jherings Sicht weder lückenlos noch eindeutig. Seine inhaltliche Bestimmung erfordere daher eine Überschreitung der Grenzen des Rechts und eine Bezugnahme auf das Soziale (siehe auch Rüthers 2005: 355ff.). Jherings Kritik am Rechtsformalismus wurde von der *Freirechtsschule* radikalisiert. Einer ihrer Hauptvertreter, Eugen Ehrlich, sah den »Schwerpunkt der Rechtsentwicklung [...] weder in der Gesetzgebung noch in der Jurisprudenz oder in der Rechtsprechung, sondern in der Gesellschaft selbst« (Ehrlich 1967: Vorrede). Aus diesem Grund beschränkt sich der Gegenstandsbereich der Rechtswissenschaft aus Ehrlichs Sicht keineswegs auf das positive Recht, sondern umfasst darüber hinaus auch die gesellschaftlich vorherrschenden Rechtspraktiken und Kräfteverhältnisse (Ehrlich 1986: 93). Aus der »lebendigen Anschauung der Verhältnisse, wie sie das Leben erzeugt«, habe der Jurist die Normen zu gewinnen, deren er für die Beurteilung der Rechtsfälle bedarf (ebd.). Anders als es die rationale Rechtslehre behauptet hatte, ging das Entscheidungsverhalten des Richters nach Auffassung der Freirechtler keineswegs eindeutig aus dem bestehenden System rechtlicher Normen hervor. Vielmehr habe die richterliche Tätigkeit einen *schöpferischen* Charakter. Für die richterliche Entscheidung war dieser Sichtweise zufolge letztlich nicht das Recht selbst ausschlaggebend, sondern ein an *außerrechtlichen* Maßstäben orientiertes Werturteil.[2] Offenbar waren die Juristen zu Anfang des 20. Jahrhunderts bereit,

Max Weber stammenden Einsicht in den formal rationalen Charakter okzidentaler Rechtsordnungen und ihrer hieraus erwachsenden Autonomie verstehen.

2 Zu Beginn der 1930er-Jahre formierte sich in Deutschland die *Interessenjurisprudenz*, die im Unterschied zur Freirechtsschule noch heute sehr einflussreich ist. Einer ihrer Hauptvertreter, Philipp Heck (1932), sah das Ziel der Rechtsanwendung in der »Befriedigung der Lebensbedürfnisse« (zitiert nach Damm 1976: 225). In seiner Auseinandersetzung mit dem Problem der Rechtsgewinnung bei richterlichen Entscheidungen gelangte Heck zu der Einsicht, dass die Rechts-

die Rechtspraxis gegenüber der sozialen Realität zu öffnen und den Interessen der Rechtssubjekte einen größeren Stellenwert einzuräumen. In Webers Terminologie war diese Bewegung gleichbedeutend mit einer *Aufwertung materialer Rationalität gegenüber der formalen Rationalität*. Erfolgreich war die antiformale Gegenbewegung insofern, als sie zur Spaltung des Juristenstandes in die nach wie vor dem liberalen Freiheitsdenken verhafteten Privatrechtler und die stärker um sozialen Schutz und Gerechtigkeit bemühten Anhänger des »Sozialrechts« führte. Auf der Ebene der Rechtsgebiete führte diese Spaltung zur Ausdifferenzierung des Arbeitsrechts, welches das privatrechtliche Prinzip der Vertragsfreiheit einschränkte (Rehder 2010).[3]

Zur Erklärung für die antiformalen Tendenzen führt Weber zwei Ursachen an. Die erste Ursache sieht er in einer durch die Kodifizierung des Rechts hervorgerufenen Veränderung der Interessenlage der Juristen. Webers Argument

---

normen Produkte von Auseinandersetzungen zwischen konkurrierenden Interessengruppen seien. Als solche seien sie als Parteiergreifung des Gesetzgebers in einem Interessenkonflikt zu betrachten (Wieacker 1967: 576). Auch wenn die Interessenjurisprudenz gegenüber der Freirechtsschule die Gesetzesbindung der Rechtsanwender betonte, sah auch Heck die Richter nicht lediglich in der Rolle eines »Subsumptionsautomaten«. Aufgrund der Unbestimmtheit und Lückenhaftigkeit des Rechts seien die Richter dazu gezwungen, den Bedeutungsgehalt der Rechtsnormen zu spezifizieren. Aufgrund der Interessengebundenheit des Rechts ergebe sich die tatsächliche Bedeutung der Rechtsnormen nicht aus dem Recht selbst, sondern könne ausschließlich aus einer näheren Betrachtung der Interessenlagen heraus ermittelt werden.

Wie die Interessenjurisprudenz geht auch die Wertungsjurisprudenz von der Notwendigkeit einer wirklichkeitsbezogenen Rechtslauslegung aus. Ergänzend zur Abwägung zwischen den Interessen der Rechtsinteressenten sucht die Wertungsjurisprudenz die Lücken im Recht durch eine Berücksichtigung der gesellschaftlich vorherrschenden Wertvorstellungen zu füllen. Einer ihrer wichtigsten Vertreter ist Josef Esser. Esser (1966) zufolge hat der Richter nicht nur den Wortlaut des Gesetzes, sondern auch den gesellschaftlichen Wertewandel zu berücksichtigen. Auf diese Weise könne als Folge kultureller Entwicklung ein Rechtsbegriff einen veränderten Inhalt annehmen. Scheinbar fest gefügte Rechtsbegriffe wie der des »ordentlichen Kaufmanns« oder der Tatbestand der Kuppelei nähmen infolge des gesellschaftlichen Wertewandels eine veränderte Bedeutung an. Diese Veränderungen werden Esser zufolge von den Juristen begrifflich im Akte der Rechtsauslegung in eine neue Bedeutung verwandelt und vom Gesetzgeber nachträglich aufgegriffen.

3 Im Gesetzesrecht haben sich die antiformalen Tendenzen in der Integration von Generalklausel wie »Treu und Glauben«, die das Privatrecht gegenüber gesellschaftlichen Veränderungen öffnen und eine interpretative Anpassung an sozialen Wandel ermöglichen, manifestiert (Weber [1922]1972: 506). Im Prozessrecht zeigen sich die antiformalen Tendenzen in der Einführung der »freien Beweisführung«. In der Organisation der Spruchkörper kam das Vordringen antiformaler Elemente in Deutschland durch die Einrichtung von Schwurgerichten nach der Reichsgründung zum Ausdruck. Auch wenn diese 1924 wieder aufgehoben wurden, so wird das Laientum doch heute noch in Deutschland im Strafrecht in Form von Schöffengerichten in den gerichtlichen Entscheidungsprozess einbezogen. Diese sind jedoch auf Amtsgerichte und Landesgerichte begrenzt. Von den Oberlandesgerichten an finden die juristischen Entscheidungen unter Ausschluss des Laientums statt.

hierzu lautet, dass die Kodifizierung des Zivilrechts den Juristenstand gegenüber der Reichsregierung schwächte. Diese hatte mit der im Jahre 1900 erfolgten Kodifizierung des Zivilrechts den Anspruch erkennen lassen, das Zivilrecht *lückenlos* zu regeln. Durch die Kodifizierung gewann die juristische Praxis *gegenüber wirtschaftlichen Interessen* zwar an Autonomie. Angesichts der Verwirklichung der Prinzipien formaler Rationalität in Form des Bürgerlichen Gesetzbuches sahen sich die Juristen tendenziell zu »Rechtsautomaten« degradiert, »in welchen man oben den Tatbestand nebst den Kosten einwirft, auf daß er unten das Urteil nebst den Gründen ausspeie« (Weber [1922]1972: 507). Um die Unabhängigkeit des Juristenstandes gegenüber der Regierung zu bewahren, »beanspruchen die modernen Juristen ›schöpferische‹ Rechtstätigkeit für den Richter, zum mindesten da, wo die Gesetze versagen« (ebd.).

Zugleich sah Weber das Wiederaufleben des Prinzips der materialen Rationalität als Reaktion auf die Verschärfung von Klassengegensätzen:

> Nun aber entstehen mit dem Erwachen moderner Klassenprobleme materiale Anforderungen an das Recht von Seiten eines Teils der Rechtsinteressenten (namentlich der Arbeiterschaft) einerseits, der Rechtsideologen andererseits, welche sich gerade gegen diese Alleingeltung solcher geschäftssittlicher Maßstäbe richten und ein soziales Recht auf der Grundlage pathetisch sittlicher Postulate (»Gerechtigkeit«, »Menschenwürde«) verlangen. (Weber [1922]1972: 507)

Weil die Verwirklichung individueller Freiheitsrechte, wie sie durch das Bürgerliche Gesetzbuch staatlich garantiert wurden, de facto einer einseitigen Bevorzugung der Besitzenden gleichkam (im Hinblick auf die Vertragsfreiheit Weber [1922]1972: 439f.) und zugleich der soziale Friede durch Arbeitskämpfe gefährdet schien, nahm sich zumindest ein Teil der juristischen Profession den Arbeitnehmerinteressen an. Wie schon im Hinblick auf die der formalen Rechtsrationalisierung zugrunde liegenden bürgerlichen Wirtschaftsinteressen argumentiert wurde, zeigt sich auch in diesem Zusammenhang die *ethische Überformtheit ökonomischer Interessen.* In dem Sinne, in dem die Arbeitnehmerinteressen im »Mantel« der von Weber erwähnten sittlichen Postulate in Erscheinung traten, waren es also keine »nackten« ökonomischen Interessen, die einen Teil der Juristen zur Abkehr vom Rechtsformalismus bewegten, sondern ethisch überformte Interessen. Wenn im Folgenden also argumentiert wird, dass ökonomische Interessen einen Einfluss auf das juristische Handeln ausüben, so erfolgt dieser Einfluss immer in Kombination mit ethischen Wertpostulaten. Der Begriff der materialen Rationalität, der sowohl ethische Postulate als auch Interessen enthält, dient Weber als konzeptuelle Klammer, in der Wertvorstellungen und Interessen zusammengeführt werden.

Insoweit das infolge seiner Formalisierung von den realen Verhältnissen entkoppelte Zivilrecht selbst zur Verschärfung der Klassenpolarisierung beigetragen hatte, wurde die Abkehr vom Formalismus letztlich durch die von der Verselbstständigung des rechtlichen Diskurses mitproduzierten Probleme hervorgerufen. Weber spricht in diesem Zusammenhang auch von einer »sich selbst überschlagenden wissenschaftlichen Rationalisierung und voraussetzungslosen Selbstbesinnung des Rechtsdenkens« (Weber [1922]1972: 509). Die Infragestellung des juristischen Formalismus betrachtet er als einen »der charakteristischen Rückschläge gegen die Herrschaft des ›Fachmenschentums‹ und den Rationalismus, *der freilich letztlich ihr eigener Vater ist*« (Weber [1922]1972: 512, Hervorhebung nicht im Original). Insofern die *rein formal* geltenden Individualrechte des Privatrechts stärker den Besitzenden als den Besitzlosen nutzten und hierdurch zu einer Verschärfung von Klassengegensätzen beitrugen, war die antiformalistische Gegenbewegung eine Nebenfolge der Entfaltung formaler Rationalität. Vermittelt durch die Produktion sozialer Externalitäten trug das Prinzip der formalen Rationalität somit zu seiner eigenen Unterminierung bei.

1.1.5 Juristisches Handeln im Spannungsfeld von formaler und materialer Rationalität

Für die Frage nach den juristischen Handlungsorientierungen bedeutet die bisherige Darstellung der Weber'schen Rechtssoziologie vor allem, dass das Handeln der modernen Juristen im Kontext eines *Dualismus zwischen formaler und materialer Rationalität* zu sehen ist. Die Interessen und Bedürfnisse der Rechtssubjekte verlieren im Zuge der Entfaltung des Prinzips der formalen Rationalität zunächst an Bedeutung für das juristische Handeln. Weber zufolge führte die Etablierung der rationalen Rechtslehre vor allem auf dem europäischen Kontinent zu einer Subordination wirtschaftlicher Interessen sowie aller weiteren rechtsexternen Einflüsse unter die Eigenlogik der juristischen Ideenproduktion.

Insofern sich die internen Anforderungen an den juristischen Diskurs immer weiter vergrößerten und sich das Rechtssystem zu einem eigenständigen Subsystem ausdifferenzierte, nahm die juristische Praxis autoreferenzielle Züge an. Anders jedoch als beispielsweise Luhmann (1993) es darstellt, bleibt die Autonomie der Rechtspraxis nach Webers Auffassung begrenzt. Anstatt sich zu einem operativ geschlossenen Funktionssystem auszudifferenzieren, trat zu Beginn des 20. Jahrhunderts eine Öffnung der kontinentaleuropäischen Rechtssysteme gegenüber dem wachsenden Druck der Arbeiterbewegung ein. Weil sich die Ansprüche der Rechtsinteressenten sowie die Einwirkung wirtschaftlicher Interessen auf das Rechtsgeschehen nicht vollständig ausschalten lassen, reichen formaljuristische Kriterien zur Erklärung juristischen Handelns letztlich nicht aus. Die moderne Rechtspraxis bewegt sich daher im Widerspruch zwischen rein formaljuristischen Verhaltensanforderungen und den von außen an die Juristen herangetragenen Interessen (siehe auch Münch 1984: 435). Die moderne Rechtspraxis ist somit weder auf die Eigengesetzlichkeiten der formalen Rationalität noch auf den Einfluss außerrechtlicher Interessenlagen reduzierbar. Vielmehr steht das Handeln der Juristen im Kontext eines »unaustragbaren Gegensatzes zwischen formalem und materialem Prinzip der Rechtspflege« (Weber [1922]1972: 512).

Was die Frage angeht, wodurch sich das relative Gewicht von formaler und materialer Rationalität bestimmt, entnehme ich Webers Darstellung den Hinweis auf die Bedeutung des *institutionellen Kontextes* der juristischen Praxis. Dieser unterscheidet sich systematisch zwischen den angelsächsischen und den kontinentaleuropäischen Rechtsordnungen (Zweigert/Kötz 1996). Während die für die Common-Law-Systeme charakteristische Nähe der Rechtspraktiker zu den wirtschaftlichen Akteuren einen vergleichsweise starken Einfluss wirtschaftlicher Interessen auf das juristische Handeln erwarten lässt, spricht die große Bedeutung der innerjuristischen Eigengesetzlichkeit für die theoretisch geschulten Juristen in den Civil-Law-Systemen für eine Abschwächung wirtschaftlicher Interessen. Im angelsächsischen Raum ist das Recht dieser Interpretation zufolge in hohem Maße für die Interessen der Rechtsinteressenten durchlässig. Demgegenüber weisen die durch das römische Recht geprägten Rechtsordnungen eine größere Geschlossenheit gegenüber nicht rechtlichen Einflussfaktoren auf.[4] Weil die Rechtspraktiker flexibler auf veränderte Bedürfnisse der Rechtsinteressenten reagieren können als die theoretisch geschulten Juristen auf dem Kontinent, kann für die Rechtsordnungen im Common Law ein größeres Maß an Anpassungsfähigkeit gegenüber sozialem Wandel erwartet werden als für die formal rationalisierten Rechtsordnungen (Weber [1922]1972: 510). Gleichzeitig ist das Ausmaß der Autonomie des Rechtssystems auf dem europäischen Kontinent größer als in England oder den USA (so auch Münch 1984: 396).

4 Dieser Unterschied zeigt sich auch im »Standesethos« der deutschen und amerikanischen Anwälte (Rüschemeyer 1976: 117–138). So legt die amerikanische Anwaltschaft ein »größeres Gewicht auf die Loyalität gegenüber dem Mandanten als die deutsche Rechtsanwaltschaft« (ebd.: 137). Umgekehrt betont das Standesethos der deutschen Anwälte stärker die »Pflicht des Anwalts, seine Unabhängigkeit und eine gewisse Distanz gegenüber dem Mandanten zu wahren« (ebd.).

1.2 Zur Logik juristischen Handelns in der Rechtssoziologie Pierre Bourdieus

Im Folgenden soll verdeutlicht werden, dass die Theorie Pierre Bourdieus im Hinblick auf die Bestimmung der Handlungsorientierungen von Juristen in ihrer Kernaussage mit dem Ansatz Max Webers konvergiert. Wie bei Weber folgt auch bei Bourdieu das Handeln von Juristen weder allein einer rein rechtlichen Logik noch wird es von rechtsexternen Kräften determiniert. Während die Bestimmung der rechtsimmanenten Einflüsse im Rahmen von Bourdieus Feldtheorie geschieht, sind die rechtsexternen Bestimmungsgründe juristischen Handelns im Kontext seiner Theorie sozialer Klassen lokalisiert. Der Dualismus von Ideen und Interessen, dessen begriffliche Form bei Weber in der Gegenüberstellung von formaler und materialer Rationalität besteht, findet sich bei Bourdieu im *Spannungsverhältnis von Feldern und Klassen* wieder. Während die von Juristen im sozialen Raum eingenommene Position dazu neigt, auch ihr berufliches Handeln partikularen Klasseninteressen auszusetzen, kann dieser Einfluss durch die Eigenlogik der innerjuristischen Ideenproduktion abgeschwächt oder sogar vollständig neutralisiert werden. Durch die gleichzeitige Thematisierung von Klassen und Feldern als Quellen juristischen Handelns gelingt es Bourdieu ebenso wie Weber, die Engführungen eines ausschließlich auf den Einfluss von Interessen abstellenden Instrumentalismus einerseits und eines auf die interne Logik des Rechts reduzierten Formalismus andererseits zu umgehen. Stattdessen werden auf ebenso überzeugende Weise wie bei Weber die jeweiligen Vorzüge der beiden Ansätze miteinander zu einer ausgewogenen Theorie juristischen Handelns verknüpft.

Diese These wird hier in drei Schritten erläutert. Zunächst werden die zentralen Kennzeichen *sozialer Felder* allgemein benannt und anschließend mit Blick auf das juristische Feld näher spezifiziert (1.2.1). Sodann wird die *Klassenzugehörigkeit* juristischer Akteure als eine die juristische Handlungskontingenz reduzierende Determinante juristischen Handelns identifiziert. In diesem Kontext wird erläutert, weshalb die dem juristischen Handeln abverlangte Selektion zwischen inkompatiblen Partikularinteressen zur Bevorzugung spezifischer Klasseninteressen neigt (1.2.2). Schließlich werden die Implikationen des Dualismus von Feld- und Klassenlogik für die Möglichkeiten rechtlichen Wandels diskutiert (1.2.3).

1.2.1 Soziale Felder und das juristische Feld

Wie in der Darstellung zu Webers Rechtssoziologie deutlich wurde, ließ der Prozess der formalen Rationalisierung der okzidentalen Rechtsordnungen die außerrechtlichen Bestimmungsgründe juristischen Handelns hinter der autoreferenziellen Logik des juristischen Diskurses zurücktreten. Auf der Makroebene geht diese Verschiebung von rechtsexternen zu rechtsimmanenten Handlungsorientierungen mit einer Zunahme an funktionaler Autonomie des Rechtssystems gegenüber anderen gesellschaftlichen Teilbereichen wie Politik, Wirtschaft und Religion einher.[5]

Expliziter als Weber hat Pierre Bourdieu die Differenzierung gesellschaftlicher Ordnungen in relativ autonome, nach jeweils eigenen Gesetzmäßigkeiten funktionierende Teilbereiche thematisiert. Der Begriff, welchen Bourdieu zur Bezeichnung dieser autonomen Teileinheiten gesellschaftlicher Ordnungen wählt, ist der des *sozialen Feldes* (vgl. Bourdieu 1993; Bourdieu/Wacquant 2006):

> Im Laufe ihrer Entwicklung bilden die Gesellschaften Universen aus (das, was ich Felder nenne), die eigene Gesetze haben und autonom sind. Ihre Grundgesetze sind oft Tautologien. Das Grundgesetz des ökonomischen Feldes, das von den utilitaristische Philosophen entwickelt wurde, lautet: Geschäft ist Geschäft; das des künstlerischen Feldes, das explizit von der Schule des sogenannten L'art pour l'art aufgestellt wurde, heißt: Der Zweck der Kunst ist die Kunst, die Kunst hat keinen anderen Zweck als die Kunst; usw. Auf diese Weise hat man soziale Universen, die ein Grundgesetz haben, einen *nomos*, der unabhängig ist von dem der anderen Universen, die auto-nom sind, die also das, was sich in ihnen abspielt, und die Einsätze, um die in ihnen gespielt wird, nach Prinzipien und Kriterien bewerten, die nicht auf die der anderen Universen reduzierbar sind. (Bourdieu 1998b: 149)

Wie sich dem Zitat entnehmen lässt, sieht Bourdieu ein zentrales Kennzeichen sozialer Felder in ihrer *Autonomie* (vgl. Bourdieu 1993). Diese besteht darin, dass das Objekt des Interesses, auf welches das Handeln im Feld sich richtet, einen feldspezifischen Charakter hat. Bourdieu bezeichnet dieses auch als feldspezifisches Kapital. Zudem ist das Feld durch eine spezifische Hierarchie gekennzeichnet, die sich von den Hierarchien in anderen Feldern unterscheidet. Die *materielle Ordnung* des Feldes besteht in einer bestimmten Verteilung derjenigen Ressourcen, um die im Feld gekämpft wird (Bourdieu 1993: 108). Wo ein Akteur im Feld lokalisiert ist, bemisst sich nach der Menge des von ihm akkumulierten feldspezifischen Kapitals. Stark vereinfacht dargestellt, unterscheidet Bourdieu zwischen den mit einem großen Maß an feldspezifischem Kapital ausgestatteten Platzhaltern und den aufgrund einer geringen Menge feldspezifischen Kapitals marginalisierten Herausforderern. Die durch die Ausstattung mit feldspezifischen Ressourcen bestimmte Position sozialer Akteure im Feld bestimmt sowohl deren Handlungsmöglichkeiten als auch deren Handlungsziele:

5 Inwieweit sich Weber tatsächlich als Gewährsmann für die These der funktionalen Differenziertheit moderner Gesellschaften anführen lässt, ist jedoch äußerst umstritten (vgl. Münch 1984, 1986; Schluchter 1979: 103ff.).

> Diejenigen, die bei gegebenen Kräfteverhältnissen das spezifische Kapital – Grundlage der Macht oder der für ein Feld charakteristischen spezifischen Autorität – (mehr oder weniger vollständig) monopolisieren, neigen eher zu Erhaltungsstrategien – Strategien, die im Feld der Produktion kultureller Güter tendenziell die *Orthodoxie* vertreten –, die weniger Kapitalkräftigen dagegen (die oft auch die Neuen und damit die Jüngeren sind) eher zu Umsturzstrategien – Strategien der *Häresie*. (Bourdieu 1993: 109)

Ein Feld ist nicht nur durch ein spezifisches Kapital und eine spezifische Rangordnung gekennzeichnet, sondern darüber hinaus durch feldinterne *Spielregeln*, die jeder erfolgreich innerhalb des Feldes operierende Akteur befolgen muss. Wenn die Interessen der Feldakteure auch unterschiedlich gelagert sind, so gibt es Bourdieu zufolge ein gemeinsames Interesse an der Befolgung der feldspezifischen Spielregeln. Die Beherrschung der Spielregeln wird Voraussetzung zum Feldzugang. Diese werden qua beruflicher Sozialisation internalisiert und führen zur Herausbildung eines *feldspezifischen Habitus*. Eine Folge dieses Internalisierungsprozesses sieht Bourdieu darin, dass die Akteure das Spiel als selbstverständlich betrachten und es nicht mehr hinterfragen. Die berufliche Sozialisation wirkt von ihrer Tendenz her darauf hin, das Handeln an feldinternen Regeln zu orientieren und feldexterne Handlungsorientierungen abzuschwächen (empirische Evidenz hierfür findet Rottleuthner 1982, 1987: 100–121; siehe auch Werle 1977). Der feldspezifische Habitus erzeugt damit eine ähnliche Wirkung wie das aus Webers Sicht für die moderne Bürokratie kennzeichnende Fachmenschentum (vgl. Weber [1922]1972: 576–579). In beiden Theorien ist die Herausbildung von Professionen und professionsspezifischer Handlungsorientierungen ein entscheidendes Moment funktionaler Differenzierung und bildet daher die Grundlage der Autonomie gesellschaftlicher Handlungsbereiche.

An dieser Stelle ist jedoch bereits eine Einschränkung zu machen. Ebenso wenig wie Weber neigt Bourdieu dazu, die Autonomie sozialer Felder zu verabsolutieren. Anders als in der Systemtheorie Niklas Luhmanns (1993: 62ff.) hat die Autonomie sozialer Felder bei Bourdieu einen *relativen Charakter* (Bourdieu 1987: 618). Der Grad der Autonomie unterscheidet sich von Feld zu Feld (Petzke 2009: 516ff.). Wie viel Autonomie ein Feld gegenüber anderen Feldern sowie der Klassenstruktur des sozialen Raums verfügt (hierzu siehe 1.2.2), lässt sich an der *Brechungsstärke* des infrage stehenden Feldes erkennen (Bourdieu 1999: 349). Mit »Brechung« ist die Tatsache gemeint, dass externe Einflüsse nicht unverfälscht auf ein Feld einwirken, sondern in dessen interne Logik übersetzt und durch diese verfälscht werden. Dies ist jedoch in unterschiedlichem Ausmaß der Fall.

Zudem verfügen Felder über einen *autonomen* und einen *weltlichen Pol* (Bourdieu 1998a, 1999). Am autonomen Pol wird das Handeln der Akteure ausschließlich durch die interne Logik des Feldes bestimmt. Das Handeln ist daher an der feldinternen Logik orientiert, zum Beispiel in der Kunst an der »Hochkultur« im

Unterschied zur »Massenkultur«. Während die Akteure am autonomen Pol des Feldes nach Anerkennung durch ihresgleichen streben, geht es den am weltlichen Pol agierenden Akteuren um Anerkennung durch die Menge. Ihr Handeln ist somit nicht ausschließlich auf die Akkumulation feldspezifischen Kapitals gerichtet, sondern transzendiert die feldspezifische Logik, indem es sich beispielsweise an ökonomischen Kriterien ausrichtet. Die selbstreferenzielle Logik am autonomen Pol wird durch eine fremdreferenzielle Logik am weltlichen Pol des Feldes ergänzt (vgl. Schimank/Volkmann 2008).

Wenn der weltliche Pol dem Feld eine erhöhte Anpassungsfähigkeit gegenüber feldexternen Entwicklungen verschafft, so geht davon gleichzeitig eine potenzielle Gefährdung der Autonomie des Feldes aus. Die am weltlichen Pol eines Feldes agierenden Akteure bieten anderen Feldern ein Einfallstor, die Logik des Feldes zu unterwandern und das Feld mit externen Logiken zu kolonisieren. An erster Stelle steht hier das ökonomische Feld. Die *Prädominanz des ökonomischen Feldes* gegenüber den anderen Feldern ist bereits in der Vorrangstellung des ökonomischen Kapitals gegenüber dem sozialen und dem kulturellen Kapital angelegt (Volkmann/Schimank 2006: 224ff.). Zudem beruht sie auf der Ressourcenabhängigkeit anderer Felder (Schimank/Volkmann 2008: 385). Der Grad der Ökonomisierung eines Feldes bemisst sich auf der Feldebene danach, wie stark der weltliche Pol gegenüber dem autonomen Pol ist. Auf der Handlungsebene bemisst er sich danach, in welchem Maße sich die Handlungen der im Feld agierenden Akteure an feldexternen Einflüssen ausrichten (ebd.).

Was bedeuten die soeben über soziale Felder im Allgemeinen getroffenen Aussagen nun für das juristische Feld und die Handlungsorientierungen von Juristen? Anders als beispielsweise für den Bereich der Universität (Bourdieu 1992) oder den Bereich der Religion (Bourdieu 2000) hat Bourdieu keine umfassende Analyse zum juristischen Feld vorgelegt. Es gibt jedoch einen Artikel zum juristischen Feld, der eine Fülle aufschlussreicher Beobachtungen enthält, die für die theoretische Bestimmung der juristischen Handlungsorientierungen fruchtbar gemacht werden können (Bourdieu 1987).

Die *Autonomie* des juristischen Feldes besteht in seiner Differenzierung gegenüber der Umwelt (Bourdieu 1987: 828ff.). Diese Differenz zwischen dem juristischen Feld und anderen Feldern wird durch soziale Schließung nach außen sowie eine hierdurch erzielte Monopolisierung juristischer Entscheidungskompetenzen erreicht (Bourdieu 1987: 828ff.). Gegenüber Laien wird das juristische Feld mittels der Etablierung einer professionellen Ausbildung geschlossen, die zwingend erforderlich ist, um Zugang zum Feld zu erhalten. Wer im juristischen Feld mitspielen will, muss sich die Fähigkeit aneignen, die soziale Welt durch die Brille einer spezifisch juristischen Weltsicht wahrzunehmen. Dafür gibt es einen standardisierten Ausbildungsprozess, in welchem die Akteure in eigens dafür vorgesehenen Einrichtungen die Fähigkeit zur juristischen Wahrnehmung vermittelt bekommen und den sie mit dem Erwerb von Bildungszertifikaten – in Deutschland handelt es sich hierbei um das Staatsexamen – abschließen. Wer über einen solchen Bildungsabschluss nicht verfügt, zählt im Unterschied zu den Fachjuristen zum Laientum und darf an der von der juristischen Profession monopolisierten Rechtspraxis nicht teilnehmen.[6]

Die berufliche Sozialisation zum Fachjuristen führt zur Herausbildung eines *juristischen Habitus*. Dieser strukturiert das Denken, Wahrnehmen und Handeln der Juristen im Feld und macht das juristische Handeln zu einer an feldspezifischen Regeln orientierten sozialen Praxis. Der Habitus setzt das Handeln von Juristen den innerrechtlichen Anforderungen aus und konfrontiert dieses hierdurch mit den Eigengesetzlichkeiten des juristischen Feldes. Der juristische Habitus setzt den Juristen in die Lage, gesellschaftliche Tatbestände durch eine *genuin juristische Sichtweise* zu betrachten und diese *juristisch zu rekonstruieren*:

> It is above all to recognize the specific requirements of the juridical reconstruction of the issue. Since juridical facts are the product of juridical construction, and not vice versa, a complete retranslation of all the aspects of the controversy is necessary in order, as the Romans said, to *ponere causam* (to ›put‹ the case), that is to institute the controversy *as a lawsuit*, as a juridical problem that can become the object of juridically regulated debate. Such a retranslation retains as part of the case everything that can be argued from the point of view of legal pertinence, and only that; only whatever can stand as a fact or as a favorable argument remains. (Bourdieu 1987: 831f.)

Die juristische Rekonstruktion außerrechtlicher Tatbestände wird durch eine Reihe professioneller Verhaltensstandards (»Spielregeln«) strukturiert, die, ebenso wie die Fähigkeit zur juristischen Perzeption und Reformulierung der sozialen Welt, beruflich ansozialisiert werden und den Juristen in Form ihres beruflichen Habitus zur »zweiten Haut« werden. Hierbei handelt es sich beispielsweise um das Justizverweigerungsverbot (vgl. Luhmann 1993: 310ff.), das in der *Stare-Decisis*-Norm verkörperte Gebot der Übereinstimmung mit Präzedenzurteilen sowie die Einhaltung von prozeduralen Anforderungen, wie sie in den Prozessordnungen festgelegt sind (Bourdieu 1987: 832). Auch die Bindung an den Willen des Gesetzgebers zählt zu den professionellen Normen, die im juristischen Habitus enthalten sind und die das Handeln im juristischen Feld strukturieren.

Die im juristischen Habitus enthaltenen Verhaltensdispositionen haben eine wichtige Orientierungsfunktion für das juristische Handeln. Indem sie dieses

6 Diese Bemerkung gilt indes nicht ohne Einschränkungen. So wird die Schließung des juristischen Feldes nach außen tendenziell wieder unterminiert durch die Einbeziehung von Laienrichtern in Geschworenengerichte. Ein neueres Phänomen, welches in dieselbe Richtung wirkt, ist die Öffnung von Teilen der rechtsberatenden Tätigkeiten für Nicht-Juristen, welche bislang den Anwälten vorbehalten waren.

strukturieren, verschaffen sie nicht nur den im Feld agierenden Experten Orientierung, sondern bieten auch den Rechtssubjekten ein gewisses Maß an Rechtssicherheit. Insofern diese die Ausrichtung des juristischen Handelns am Prinzip der formalen Rationalität größtmöglicher Berechenbarkeit in Verbindung bringt, ist auch hier eine Parallele zu Weber zu erkennen. Diese bringt Bourdieu selbst folgendermaßen zum Ausdruck:

> The predictability and calculability that Weber imputed to »rational law« doubtless arise more than anything else from the consistency and homogeneity of the legal habitus. Shaped through legal studies and the practice of the legal profession on the basis of a common familial experience, the prevalent dispositions of the legal habitus operate like categories of perception and judgment that structure the perception and judgment of ordinary conflicts, and orient the work which converts them into juridical confrontations. (Bourdieu 1987: 833)

Ein weiteres Kennzeichen des juristischen Habitus sieht Bourdieu in einem rechtspositivistischen Selbstverständnis, welches das Recht sowie die juristische Praxis ausschließlich aus sich selbst hervorgehen sieht. Die tatsächliche *Problematik* juristischer Entscheidungen, bei häufig *unbestimmter Rechtslage* eine *eindeutige Selektion* zwischen *antagonistischen Interessen* zu treffen, sowie alle nicht rechtlichen Einflüsse, die sich in den Entscheidungsprozess mischen, kommen im Rollenverständnis der Fachjuristen nach Bourdieus Auffassung nicht vor. Die juristische Mentalität beschreibt Bourdieu wie folgt: »This fundamental attitude claims to produce a specific form of judgment, completely distinct from the often wavering institutions of the ordinary sense of fairness, because it is based upon rigorous deduction from a body of internally coherent rules« (Bourdieu 1987: 820).

Die Annahme »that the law provides its own foundations« (Bourdieu 1987: 819) entspricht den Postulaten der formalen Rationalität, denen zufolge jede Rechtsentscheidung eine »Anwendung« eines abstrakten Rechtssatzes auf einen konkreten Tatbestand sei, »daß für jeden konkreten Tatbestand mit den Mitteln der Rechtslogik eine Entscheidung aus den geltenden abstrakten Rechtssätzen zu gewinnen sein müsse« (Weber [1922]1972: 397) sowie dass das geltende Recht als »ein ›lückenloses‹ System von Rechtssätzen« betrachtet werden könne. All diejenigen Entscheidungskriterien, die Max Weber unter dem Begriff der *materialen Rationalität* subsumiert, werden durch den juristischen Habitus also zumindest aus dem Bewusstsein der Juristen verdrängt.

Das Anliegen Bourdieus besteht nun darin, das rechtspositivistische Selbstverständnis der juristischen Profession als ideologisch zu entlarven. Im Anschluss an die Erkenntnisse der Rechtsrealisten (zum Beispiel Pound 1910) argumentiert Bourdieu, dass die juristische Entscheidung keineswegs eindeutig aus der Gesamtheit der geltenden Rechtsnormen hervorgeht, sondern vielmehr einen kreativen Akt der Interpretation erfordert, der in seinem Ausgang prinzipiell kontingent ist.[7] Aufgrund der *Unbestimmtheit des Rechts* sei das juristische Handeln weitaus weniger rechtlich determiniert, als die Juristen sich und andere glauben machen wollen.

> In short, far from the judge's being simply an executor whose role is to deduce from the law the conclusions directly applicable for the instant case, he enjoys a partial autonomy [...]. While the existence of written rules doubtless tends to diminish the variability of behaviors, and while the conduct of juridical actors can be referred and submitted more or less strictly to the requirements of the law, while [sic] at the same time a proportion of arbitrariness remains in legal decisions and in the totality of the acts which precede and predetermine them, such as the decisions of the police concerning arrest. This arbitrariness can be imputed to organizational variables such as the composition of the deciding body or the identities of the parties. (Bourdieu 1987: 826)

Die existierenden Rechtsregeln sowie die beruflich ansozialisierten Verhaltensstandards dienen zwar der Strukturierung des juristischen Handelns und engen den Spielraum für willkürliche Entscheidungen ein. Entgegen dem juristischen Selbstverständnis *entzieht sich das juristische Handeln jedoch einer vollständigen Determination durch rechtsimmanente Kriterien.* Weil das Recht notwendig uneindeutig und lückenhaft bleibt, sind die Richter eben mehr als bloße »Subsumptionsautomaten«. Es bleibt, mit anderen Worten, ein *Residuum an Handlungskontingenz*. Ein und dasselbe rechtliche Problem kann aufgrund der *Insuffizienz rechtsimmanenter Entscheidungskriterien* zu unterschiedlichen Lösungen gebracht werden. Hierin liegen zugleich mögliche Meinungsverschiedenheiten zwischen Juristen über die richtige Entscheidung sowie individuelle Differenzen beim Entscheidungsverhalten begründet.[8]

7 Zu einer ähnlichen Einschätzung gelangen auch Konrad Zweigert und Hein Kötz (1996). Zur Frage, wie eng der Supreme Court an vorhandene Präzedenzurteile gebunden ist, äußern sich die beiden wie folgt: »Noch großzügiger ist die Haltung der amerikanischen Gerichte. Angesichts des phantastischen Reichtums an Fallmaterial [...] ist hier die Forderung nach Berücksichtigung *sämtlicher* einschlägiger Vorentscheidungen von vornherein kaum erfüllbar. Vor allem haben es aber die stürmische Entwicklung der politischen, sozialen und wirtschaftlichen Verhältnisse in den Vereinigten Staaten und der daraus folgende rasche inhaltliche Wandel der Rechtsordnung von Anfang an verhindert, daß die oberen Gerichte sich je an die eigene Vorentscheidung absolut gebunden gefühlt hätten. [...] Aber auch die obersten Gerichte der *Staaten* zeigen in den letzten Jahrzehnten eine wachsende Bereitschaft, die im case law niedergelegten Regeln, selbst wenn sie in ständiger Rechtsprechung immer wieder bestätigt worden sind, kritisch daraufhin zu prüfen, ob sie noch mit den Interessen und Bedürfnissen der Gegenwart im Einklang stehen« (Zweigert/Kötz 1996: 255).

8 Im Hinblick auf die Verfassungsgerichtsbarkeit ist die hier angesprochene Varianz bei den richterlichen Entscheidungen sehr deutlich an den Sondervoten erkennbar. Das US-amerikanische Rechtssystem bietet den Richtern des Supreme Court nämlich die Möglichkeit, eigene von der Mehrheitsmeinung des zuständigen Senats abweichende Sondervoten (»dissenting opinions«) im Urteil mit aufzuführen.

Auch wenn die Juristenausbildung vereinheitlichend auf das juristische Handeln wirkt, bleibt doch eine Differenz zwischen der Sichtweise und der juristischen Herangehensweise zwischen unterschiedlichen *Fraktionen von Juristen* bestehen. Die juristische Profession und der juristische Habitus haben sich trotz der einheitlichen Ausbildung in unterschiedliche juristische Berufe sowie den ihnen zugehörigen Habitus ausdifferenziert (vgl. Luhmann 1981). Dabei handelt es sich vor allem um Richter, Rechtslehrer sowie Rechtsanwälte und Verwaltungsjuristen. Bourdieu zufolge zeichnen sich die juristischen Fraktionen durch je spezifische Bedürfnisse und einen unterschiedlichen interpretativen Umgang mit dem Recht aus. Wie Weber stellt auch Bourdieu vor allem die Differenz zwischen den in größerem Maße wissenschaftlichen Anforderungen ausgesetzten Rechtsgelehrten und den auf die Lösung konkreter Fälle fokussierten Rechtspraktikern heraus (Bourdieu 1987: 821ff.). Ein wichtiger Punkt in Bourdieus Argumentation liegt in der Feststellung, dass sich die juristischen Fraktionen in einem *antagonistischen Verhältnis* zueinander befinden. Ausgehend von ihrer jeweiligen Vorstellung von der juristischen Praxis bemühen sich die juristischen Fraktionen darum, die *Deutungsmacht* im Feld zu erlangen und ihre eigene Auffassung im Feld als Orthodoxie zu etablieren (ebd.: 818). Die dem juristischen Feld zugrunde liegende Logik besteht somit in einem *symbolischen Kampf um Deutungshoheit* zwischen juristischen Fraktionen. Aus diesem Kampf um Einfluss auf die symbolische Ordnung des Feldes entsteht eine bestimmte Verteilung von Deutungsmacht zwischen juristischen Fraktionen. Die materielle Ordnung kennzeichnet die Struktur des juristischen Feldes.

Die in der objektiven Verteilung von Deutungsmacht bestehende *materielle Ordnung* des juristischen Feldes ist die Grundlage von dessen *symbolischer Ordnung*. Zu letzterer gehören neben dem Rechtskorpus selbst auch die die juristische Praxis strukturierenden Spielregeln. Den Einfluss der materiellen Ordnung auf die Form der symbolischen Ordnung verdeutlicht Bourdieu anhand eines Vergleichs zwischen den angelsächsischen und den kontinentaleuropäischen Rechtssystemen. In der Darstellung zu Weber wurde bereits deutlich, dass sich die Rechtspraktiker in England anders als in Kontinentaleuropa erfolgreich gegen die Romanisierung zur Wehr setzten und hierdurch den Aufstieg der Rechtsgelehrten verhindern konnten (Bourdieu 1987: 822). Umgekehrt erlangten die Rechtsgelehrten in Deutschland und Frankreich die Deutungshoheit über die symbolische Ordnung (in Frankreich müssen sich die Rechtsgelehrten ihre Vormachtstellung jedoch mit den Verwaltungsjuristen teilen; vgl. Caenegem 1987). Wie Bourdieu anhand eines Vergleichs zwischen Frankreich und England illustriert, hat sich der Unterschied in der materiellen Ordnung des juristischen Feldes auf die juristische Praxis und hierdurch letztlich auf das Recht selbst ausgewirkt. Während die Vormachtstellung der Rechtspraktiker im angelsächsischen Raum dazu geführt hat, dass das Recht unter dem Gesichtspunkt rein praktischer Erfordernisse fortgebildet wird, nehmen die theoretischen Bedürfnisse der Rechtswissenschaftler in der französischen und deutschen Rechtspraxis einen größeren Stellenwert ein. Dass sich die Unterschiede in der Rechtspraxis auf das Recht selbst ausgewirkt haben, zeigt sich an der Tatsache, dass das angelsächsische Recht zum größten Teil aus Fallrecht besteht, während die kontinentaleuropäischen Rechtsordnungen stärker kodifiziert sind (Bourdieu 1987: 822). Der *symbolischen Ordnung* des juristischen Feldes liegt somit eine in den objektiven Verteilungsrelationen bestehende materielle Ordnung zugrunde. Die juristische Praxis sowie die Rechtsentwicklung werden daher nicht allein durch die Eigengesetzlichkeiten juristischen Entscheidens determiniert, sondern zugleich durch die Logik der symbolischen Auseinandersetzungen zwischen juristischen Fraktionen und der aus diesen Kämpfen resultierenden Feldstruktur bestimmt.

Im Hinblick auf das Rechtssystem als Ganzes erfüllen die juristischen Berufsgruppen komplementäre Funktionen. Die Rechtspraktiker werden direkt mit sozialen Konflikten konfrontiert und stehen daher in einer engeren Beziehung zu außerrechtlichen Bereichen sozialen Handelns. Insofern ihre Nähe zur Außenwelt die Richter in die Lage versetzt, das Recht an die sich wandelnden sozialen Verhältnisse anzupassen, erfüllt ihre Tätigkeit eine wichtige Anpassungsleistung für das Rechtssystem (Bourdieu 1987: 824). Die Rechtsgelehrten erfüllen insofern eine komplementäre Funktion, als sie die richterrechtlichen Veränderungen in das bestehende Rechtssystem integrieren und dessen Kohärenz aufrechterhalten. Durch die rechtsdogmatische Verarbeitung richterrechtlicher Innovationen zu einem universell gültigen System abstrakter Rechtssätze bieten sie den Richtern zugleich eine Orientierungs- und Legitimierungshilfe (so auch Luhmann 1974: 18). Während die Richter die Flexibilität des Rechtssystems gewährleisten, reproduzieren die Rechtsgelehrten dessen Kohärenz.

Bezogen auf die im ersten Abschnitt getroffene Unterscheidung zwischen einem *autonomen* und einem *weltlichen Pol* könnte die zuletzt getroffene Feststellung bedeuten, dass die Rechtswissenschaftler am autonomen Pol des juristischen Feldes lokalisiert sind, während sich die stärker den praktischen Bedürfnissen der Rechtssubjekte ausgesetzten Rechtspraktiker am weltlichen Pol des juristischen Feldes befinden. Für den Einfluss wirtschaftlicher Interessen auf juristisches Handeln ergeben sich hieraus ähnliche Implikationen wie bei Weber. Bourdieus Feststellung, dass die Rechtspraktiker stärker mit den Interessen der Rechtsadressaten konfrontiert werden als die Rechtswissenschaftler, lässt sich dahin gehend interpretieren, dass der Einfluss wirtschaftlicher Interessen auf die Rechtsentwicklung überall dort am größten ist, wo die Rechtspraktiker ein größeres Ausmaß an Deutungsmacht besitzen als die Rechtswissenschaftler. Umgekehrt ließe ein durch die Prädominanz der Rechtsgelehrten gekennzeichnetes juristisches Feld einen geringeren Einfluss wirtschaftlicher Interessen und folglich einen Mangel an Anpassungsfähigkeit an sozialen Wandel erwarten.

Anders als etwa dem Feld der Literatur oder dem Feld der Kunst schreibt Bourdieu dem juristischen Feld ein vergleichsweise geringes Ausmaß an *Autonomie* zu. Dies ist nach Bourdieus Auffassung deshalb der Fall, weil in der juristischen Praxis, anders als etwa im Feld der Literatur, die Verteilung sozialer Chancen direkt auf dem Spiel steht:

> Given the determinant role it plays in social reproduction, the juridical field has a smaller degree of autonomy than other fields, like the artistic or literary or even the scientific fields, that also contribute to the maintenance of the symbolic order and, thereby, to that of the social order itself. External changes are more directly reflected in the juridical field, and internal conflicts within the field are more directly decided by external forces. (Bourdieu 1987: 850)

Die geringe Autonomie des juristischen Feldes dürfte vor allem jedoch auf die Insuffizienz rein rechtlicher Bestimmungsgründe juristischen Handelns und den hierdurch notwendig werdenden Rekurs auf feldexterne Mechanismen zur Reduktion von Handlungskontingenz zurückzuführen sein. Dieser Gedanke wird im folgenden Abschnitt näher ausgeführt.

1.2.2 Zum Einfluss der Klassenlage auf das juristische Handeln

Eine wichtige Feststellung im Zusammenhang mit der Bestimmung der Logik des juristischen Feldes lautet, dass das juristische Handeln weder vollständig aus dem Recht hervorgeht noch durch die im Laufe der juristischen Sozialisation internalisierten Verhaltensregeln determiniert wird. Aufgrund ihrer Unbestimmtheit lässt die symbolische Ordnung des juristischen Feldes den juristischen Akteuren einen Interpretationsspielraum, der zur Entstehung von Differenzen führt, die nur unter Bezugnahme auf feldexterne Umstände erklärt werden können. Tatsächlich *variieren die Sichtweise und das Handeln der Juristen mit der Position, die sie in der feldinternen Hierarchie* einnehmen. Die Hierarchisierung zwischen Gruppen oder Fraktionen von Juristen bezieht sich nicht nur auf den in der Darstellung zu Weber diskutierten Unterschied zwischen Rechtspraktikern und Rechtswissenschaftlern, sondern setzt sich innerhalb der juristischen Berufe fort. Die Position von Richtern im Feld sowie das Ausmaß ihrer Deutungsmacht richten sich in erster Linie nach der Position ihres Gerichts in der Justizhierarchie (Werle 1977). Schon allein deshalb, weil sie die Entscheidungen der unteren Instanz aufheben können, sind die Richter an den Bundesgerichten eher in der Lage, die Rechtsentwicklung zu beeinflussen, als die Richter an den Landes- oder Oberlandesgerichten. Bei den Rechtsanwälten haben die in *law firms* angestellten Anwälte bessere Möglichkeiten zur Beeinflussung des Rechts als die frei praktizierenden Anwälte. In der Rechtswissenschaft gibt es unterschiedliche »Schulen«, die in unterschiedlichem Ausmaß die herrschende Lehre zu bestimmen vermögen. Zudem lässt sich das Prestige von Rechtswissenschaftlern daran erkennen, ob diese in wichtigen Zeitschriften publizieren, vom Bundestag oder vom Bundesministerium für Justiz konsultiert werden, einen wichtigen Kommentar herausgeben oder in Gerichtsentscheidungen zitiert werden.

Die These Bourdieus lautet nun, dass sich die von Juristen im Feld eingenommene Position *strukturell homolog* zu ihrer Position im sozialen Raum verhält. Wie Bourdieu (1985) in der Vorlesung »Sozialer Raum und ›Klassen‹« darlegt, gliedert sich die Struktur des sozialen Raums gemäß der Verteilung unterschiedlicher Sorten von Kapital. Dabei handelt es sich um ökonomisches Kapital, soziales Kapital sowie kulturelles Kapital (Bourdieu 1983). Die Struktur des sozialen Raums besteht entlang dieser Dimensionen in der Art der Verteilung der Kapitalsorten unter den sozialen Akteuren. Dabei lassen sich die Akteure auf den verschiedenen Dimensionen gemäß ihrer Ausstattung mit den jeweiligen Kapitalsorten lokalisieren. Die von einem Akteur im sozialen Raum eingenommene Position richtet sich nach dem Gesamtumfang des ihm zur Verfügung stehenden Kapitals sowie nach der individuellen Zusammensetzung der einzelnen Kapitalsorten.

Die Akteure lassen sich nach ihrer Nähe, die sie im sozialen Raum zueinander haben, in *soziale Klassen* einteilen (Bourdieu 1985: 12). Diese definiert Bourdieu als »Ensembles von Akteuren mit ähnlichen Stellungen, [...] die, da ähnlichen Konditionierungen unterworfen, aller Voraussicht nach ähnliche Dispositionen und Interessen aufweisen, folglich auch ähnliche Praktiken und politisch-ideologische Positionen« (ebd. 1985: 12). Ihre Zugehörigkeit zu sozialen Klassen nähert soziale Akteure der Weltsicht sowie den Interessen derjenigen an, die über eine ähnliche Klassenlage verfügen. Zugleich bringt ihre Klassenzugehörigkeit sie in Distanz zu den Mitgliedern anderer Klassen (Müller 1992).

Gemäß Bourdieus Homologiethese bestimmt sich die Position, die ein Jurist in der feldinternen Hierarchie einnimmt, somit durch dessen Klassenlage (Bourdieu 1987: 850). Misst man diese am Beruf des Vaters, wird der Zusammenhang zwischen Klassenlage und Position im Feld durch eine Fülle empirischer Studien gestützt (Dahrendorf 1960, 1965; Feest 1965; Hartmann 2002, 2007; Klausa 1981; Richter 1960; Rottleuthner 1987).[9] Tatsächlich nimmt der

9 Walther Richter (1960) kommt in seiner Analyse zu dem Ergebnis, dass zwei Drittel der Richter an den Oberlandesgerichten einen Beamten des gehobenen Dienstes zum Vater oder einen Vater aus der oberen Mittelschicht haben (ebd.: 247). Vergleicht man diesen Anteil mit dem Anteil dieser Schichten an der Gesamtbevölkerung (4,6 Prozent), wird schnell deutlich, wie stark die obere und die untere Mittelschicht überrepräsentiert sind (siehe auch Dahrendorf 1960: 264, Rottleuthner 1987: 101f.). Gemäß Bourdieus Homologieannahme ist der Anteil der Juristen,

Anteil der aus den oberen Schichten stammenden Juristen immer mehr zu, je weiter man die Justizhierarchie hinaufsteigt (Feest 1965; Richter 1960; Hartmann 2002, 2007).

Auch hinsichtlich der Erklärung für den Zusammenhang zwischen sozialer Herkunft und den Karrierechancen im juristischen Feld lassen sich Bourdieus Theorie wichtige Anhaltspunkte entnehmen. Zieht man nämlich in Betracht, dass die Beförderungen innerhalb der Justiz »mittelbar oder unmittelbar von höherrangigen Richtern entschieden werden« (Kaupen 1969: 123; siehe auch Feest 1965: 110), lässt sich argumentieren, dass vor allem diejenigen Anwärter die besten Chancen auf juristische Spitzenpositionen haben, die den schon Arrivierten habituell ähnlich sind (Hartmann 2002: 139).

Inwieweit dient die Klassenzugehörigkeit von Juristen aber tatsächlich dazu, die aufgrund der Insuffizienz feldinterner Entscheidungskriterien bestehende Kontingenz juristischen Handelns zu reduzieren? Aus Sicht André Kieserlings (2008) ist der Einfluss der Klassenzugehörigkeit im Wesentlichen auf den Bereich der Lebensstile begrenzt, während das berufliche Handeln primär durch die im Laufe der beruflichen Sozialisation internalisierten Komponenten des Habitus bestimmt wird (Kieserling 2008: 12). Durch die gleichzeitige Zugehörigkeit sozialer Akteure zu sozialen Klassen und sozialen Feldern nimmt ihr Habitus

---

die, gemessen am Beruf des Vaters, aus der Oberschicht stammen, bei den Bundesrichtern noch größer als bei den Richtern der Oberlandesgerichte (Feest 1965). Während 40 Prozent der Richter am Oberlandesgericht der Jahre 1959 und 1962 aus der »oberen Mittelschicht« kommen (Richter 1960: 248), beträgt der entsprechende Anteil bei den Bundesrichtern mehr als 50 Prozent (Feest 1965: 107). Bei den Juraprofessoren ist der Anteil der Juristen mit einer sozialen Herkunft aus der Oberschicht mit rund zwei Dritteln noch deutlich größer als bei den Bundesrichtern und Rechtsanwälten (Klausa 1981: 146). Auch im Vergleich mit anderen Professorenberufen liegt der Anteil der Oberschicht bei den Rechtswissenschaftlern deutlich höher (dieser Befund gilt auch für Frankreich (Bourdieu 1992: 85). Bourdieus These, dass sich die von Juristen innerhalb der Statushierarchie des juristischen Feldes eingenommene Position strukturell homolog zu ihrer Klassenlage verhält, wird auch durch neuere Daten belegt (Hartmann 2002, 2007). Laut einer Studie von Michael Hartmann (2002: 138) liegt der Anteil der aus dem Bürgertum stammenden Promovierten, die es in eine juristische Spitzenposition geschafft haben, zwischen 38 (Promotionsjahrgang 1955) und 72 Prozent (Promotionsjahrgang 1975). Gemäß Bourdieus Homologieannahme ist das Großbürgertum in Bundesgerichten noch stärker repräsentiert als in anderen juristischen Spitzenpositionen (Hartmann 2002: 104).

In den USA ist die soziale Herkunft der Juristen insgesamt etwas heterogener (Rüschemeyer 1976: 94). Bourdieus Homologiethese trifft hier jedoch insofern zu, als die aus der Mittelschicht stammenden Anwälte in einer Privatpraxis praktizieren (»solo lawyers«), während die aus der Oberschicht stammenden Anwälte eher von großen Anwaltsfirmen angestellt werden (»firm lawyers«; Ladinsky 1963: 48). Zudem vergrößert sich der Anteil der Kinder aus Unternehmerhaushalten mit der Größe der Stadt, in der ein Anwalt praktiziert (Rüschemeyer 1976: 94). Geht man davon aus, dass die in Firmen praktizierenden Anwälte weiter oben in der Hierarchie des juristischen Feldes stehen, kann dieser Befund ebenfalls als Beleg für Bourdieus Homologiethese interpretiert werden.

jedoch einen doppelten Charakter an. Da sich die auf Klassenlage beruhenden Verhaltensdispositionen und die durch das Feld vorgegebenen Verhaltensregeln im Habitus sozialer Akteure vermengen, lassen sich diese nicht immer auseinanderhalten. Ebenso wie ein Soziologe nach dem Verlassen des Büros dazu neigt, soziale Phänomene aus soziologischer Perspektive zu betrachten, kann sich auch die juristische Weltsicht in den Bereich der Freizeit erstrecken. Umgekehrt können die auf Klassenlage basierenden Verhaltensdispositionen einen Einfluss auf das berufliche Handeln sozialer Akteure ausüben. Dies ist vor allem dann zu erwarten, wenn die in den betreffenden Feldern vorherrschenden Verhaltensregeln zu unbestimmt sind, um den handelnden Akteuren hinreichende Orientierung bei der Lösung konkreter Probleme zu verschaffen. Eine solche Situation liegt im juristischen Feld vor: Wie gezeigt, rufen gerade in schwierigen Rechtsfragen weder die rechtlichen Normen noch die feldinternen Verhaltensstandards zwingend bestimmte juristische Entscheidungen hervor. Deshalb gehe ich davon aus, dass Juristen dazu neigen, sich in schwierigen juristischen Fragen an den ihnen im sozialen Raum am nächsten stehenden Interessen zu orientieren. Da die an der Spitze der Feldhierarchie befindlichen juristischen Eliten den Eliten aus anderen gesellschaftlichen Teilbereichen nahe stehen, ist in Erwägung zu ziehen, dass sie ihr juristisches Handeln innerhalb des durch das juristische Feld vorgegebenen Rahmens an den Interessen der wirtschaftlichen oder politischen Eliten ausrichten. Eine solche Interpretation von Bourdieus rechtssoziologischen Ausführungen wird durch das folgende Zitat gestützt:

> There is no doubt that the practice of those responsible for »producing« or applying the law owes a great deal to the similarities which link the holders of this quintessential form of symbolic power to the holders of worldly power in general, whether political or economic. This is so despite the jurisdictional conflicts which may set such holders of power in opposition to each other. The closeness of interests, and, above all, the parallelism of habitus, arising from similar family and educational backgrounds, fosters kindred world-views. Consequently, the choices which those in the legal realm must constantly make between differing or antagonistic interests, values, and world-views are unlikely to disadvantage the dominant forces.
> (Bourdieu 1987: 842)

Anders als Kieserling in seiner Interpretation konstatiert, lässt Bourdieu offenbar doch die Möglichkeit zu, dass sich die Klassenlogik in das juristische Feld einschleicht und sich, ohne dass dies den Juristen selbst bewusst sein muss, in der juristischen Praxis mit den rein feldinternen Handlungsorientierungen vermengt. Aufgrund ihrer gemeinsamen Zugehörigkeit zur herrschenden Klasse nehmen juristische Eliten sowie Eliten aus anderen Handlungsbereichen die soziale Welt aus einer ähnlichen Perspektive wahr. Deshalb liegt es nahe, anzunehmen, dass die juristischen Eliten die Neigung aufweisen, sich im Zweifelsfalle an den Interessen wirtschaftlicher oder politischer Eliten zu orientieren. Die Interessen und Bedürfnisse des restlichen Teils der Gesellschaft drohen hierdurch aus dem Blick zu geraten (Dahrendorf 1960: 274f.).

Eine wichtige Einschränkung muss an dieser Stelle jedoch gemacht werden. Bourdieus Klassenbegriff schließt ein automatisches Zustandekommen einer »Klassenjustiz« ebenso aus, wie er die Herausbildung klassenübergreifender Koalitionen für unmöglich erklärt. Eine Abweichung des Handelns juristischer Eliten von den Interessen wirtschaftlicher Eliten kann beispielsweise durch soziale Krisensituationen hervorgerufen werden. Im Zusammenhang mit der Darstellung der antiformalen Tendenzen des modernen Rechts wurde bereits deutlich, dass die Gefährdung des sozialen Friedens durch die »soziale Frage« dazu führte, dass sich eine wachsende Anzahl von Juristen gegen den Widerstand wichtiger wirtschaftlicher Akteure für die sozialrechtliche Einschränkung der Vertragsfreiheit einsetzte (Rehder 2010; Wieacker 1967). Die hier zu beobachtende Annäherung eines Teils der juristischen Eliten an die Interessen der sozial Benachteiligten lässt sich als Reaktion auf die Bedrohung des sozialen Friedens interpretieren.[10] Zur Zeit der Bürgerrechtsbewegung wandten sich auch in den USA Juristen der oberen Schichten den Interessen der sozial Benachteiligten zu (Dobbin 2009; Epp 1998; Teles 2008). Noch in den 1950er-Jahren stand beispielsweise die American Bar Association (ABA) den Interessen der wirtschaftlich Mächtigsten näher als den Interessen der sozial Benachteiligten (Teles 2008: 31). Diese Affinität begann sich jedoch dadurch aufzulösen, dass die sozialen Minderheiten sich organisierten und immer mehr Verbündete für ihre Anliegen fanden. In diesem Zusammenhang haben soziale Bewegungen eine krisenartige Situation ausgelöst, welche zu einem Umschwung in der öffentlichen Meinung führte und, vermittelt über das Engagement der Ford-Stiftung, zum Aufbau eines liberalen rechtlichen Netzwerkes führte, das sich für die Rechte von Minderheiten einsetzte (Teles 2008).[11] Obwohl ihre soziale Herkunft ein solches Engagement nicht erwarten ließ, begannen immer mehr Juristen, sich für die Rechte von Minderheiten einzusetzen (Teles 2008: 32f.). Als sie sich in den 1960er-Jahren mit einer zunehmenden Anzahl »liberaler« Law-School-Absolventen konfrontiert sah, schwenkte die American Bar Association in die liberale Bewegung ein und stellte sich an die Spitze der Bewegung für den rechtlichen Beistand für Mittellose (ebd.).

---

10 Eine Ausdifferenzierung des Rechts infolge politischer Erfolge sozialer Bewegungen gab es in der zweiten Hälfte des 19. Jahrhunderts auch in Frankreich (Bourdieu 1987: 850).

11 Max Weber erkannte auch den Einfluss der »öffentlichen Meinung« auf die Rechtspraxis (Weber [1922]1972: 566). Der Einfluss der öffentlichen Meinung auf das Verhalten von Richtern wurde im Hinblick auf den Supreme Court von William Mishler und Reginald S. Sheehan (1993) untersucht (siehe auch die sich hieran anschließende Debatte Mishler/Sheehan 1994; Norpoth/Segal 1994).

Die Möglichkeit von Abweichungen juristischen Handelns von einem auf Klassenlage beruhenden Partikularinteresse ist insofern in Bourdieus Klassenbegriff angelegt, als es sich lediglich um *analytisch konstruierte Klassen* handelt. Ähnlich wie bereits Weber ([1922]1972: 531 ff.) lässt Bourdieu die Frage, ob aus der gemeinsamen Klassenlage auch ein gemeinsames (politisches) Handeln hervorgeht, bewusst offen. Im Unterschied zum Marx'schen Klassenverständnis handelt es sich bei Bourdieu nur um »eine Klasse auf dem Papier« (Bourdieu 1985: 13). Auch wenn ihre Nähe im sozialen Raum es *wahrscheinlich* macht, dass juristische Eliten sich an den Interessen anderer Eliten orientieren, geht ein solches Verhalten keineswegs *zwingend* aus einer ähnlichen Klassenlage hervor. Insoweit also die Möglichkeit von Abweichungen juristischen Handelns von der Klassenlage immer schon mitgedacht wird, bewegen sich klassenübergreifende Allianzen wie in den geschilderten Beispielen durchaus im Rahmen der Bourdieu'schen Theorie. Die von sozialen Akteuren im sozialen Raum eingenommenen Positionen enthalten zwar ein Potenzial für das Zustandekommen von auf gemeinsamer Klassenlage basierenden Bündnissen. Insbesondere in gesellschaftlichen Krisensituationen müssen wirtschaftliche und politische Eliten jedoch damit rechnen, dass sich zumindest ein Teil juristischer Eliten von ihnen distanziert und anderen Interessen einen höheren Stellenwert zumisst. Auch von einem den Interessen der sozial Schwachen weit entfernten sozialen Standort kann die Kumulation von Problemdruck zu einem Ausscheren juristischer Eliten aus der herrschenden Klasse führen. Insoweit die Klassenlage Juristen ihr Handeln ebenso wenig zwingend vorschreibt wie die rechtliche Lage, sind sie weder Subsumptions- noch Klassenautomaten.

1.2.3 Drei Szenarien rechtlichen Wandels

In der bisherigen Darstellung ist die strukturelle Homologie zwischen Klassen- und Feldposition als eine Erklärung für die Stabilität gesellschaftlicher Herrschaftsverhältnisse sowie die sie reproduzierende Rechtsordnung interpretiert worden. Tatsächlich aber lassen sich aus der Homologieannahme auch Implikationen für mögliche Verläufe rechtlichen Wandels ableiten. Theoretisch ergeben sich aus den bisherigen Ausführungen drei Szenarien rechtlichen Wandels.

Das erste Szenario besteht in der Möglichkeit einer Veränderung in der Rekrutierung juristischer Eliten (Bourdieu 1987: 843). Geht man davon aus, dass die Art und Weise, wie Juristen das Recht interpretieren, von der Grundtendenz am ehesten denjenigen Interessen entspricht, die ihnen im sozialen Raum am nächsten stehen, würde eine *Öffnung der juristischen Profession gegenüber den Mittel- und Unterschichten* zu einer Intensivierung der symbolischen Auseinandersetzungen innerhalb des Feldes führen. Infolge einer juristisch-diskursiven Aufwertung der Interessen der Mittel- und Unterschichten würde die auf den Interessen der herrschenden Klasse basierende symbolische Feldordnung ihre unhinterfragte Gültigkeit verlieren. Die symbolische Ordnung geriete infolge der Restrukturierung der materiellen Ordnung ins Wanken. Bourdieu sah die in den 1980er-Jahren erzielten politischen Erfolge des »Syndicat de la Magistrature« als Anzeichen für die Öffnung der Justiz für die Interessenvertreter der sozial Benachteiligten (Bourdieu 1987: 843). In Deutschland, wo die Richter nicht vom Volk direkt gewählt, sondern von der Legislative und der Exekutive bestellt werden, ist eine solche Öffnung gegenüber linken Kräften bislang nicht erfolgt.[12] Die von Michael Hartmann untersuchte Entwicklung der Karriereverläufe promovierter Juristen deutet eher in die entgegengesetzte Richtung (Hartmann 2002: 103). Zwar hat sich in letzter Zeit der Anteil der Beamtenkinder in der höheren Justiz deutlich verringert. Dies betrifft aber vor allem die unteren Beamten, während der Anteil der Kinder aus den höheren Beamtenfamilien stabil bei einem Viertel lag (ebd.: 105). Der (für den Bereich des Aktienrechts wichtige) Bundesgerichtshof wird nach wie vor von Bürgerkindern dominiert. Von einer Öffnung der Justizelite gegenüber den Mittel- und Unterschichten kann für Deutschland daher keine Rede sein.

Eine zweite Möglichkeit rechtlichen Wandels besteht darin, dass die auf ähnlicher Klassenlage beruhende Affinität juristischer Eliten zu anderen gesellschaftlichen Eliten entweder nicht zustande kommt oder durchtrennt wird. Bourdieus Homologieannahme träfe dann zumindest in ihrer »harten« Form nicht zu. Eine »weichere« Auslegung besteht darin, dass sich die Positionen der juristischen Fraktionen zwar homolog zu bestimmten sozialen Klassen verhalten, dass die Juristen selbst jedoch anderen als den von ihnen juristisch repräsentierten sozialen Klassen angehören. Ein Beispiel hierfür ist ein aus den oberen Schichten stammender Jurist, der sich trotz seiner Herkunft aus einer anderen Klasse für die Rechte von Minderheiten einsetzt. Ein solches Scheitern der »Klassenjustiz« ist insofern in Bourdieus Klassenbegriff angelegt, als es sich lediglich um »Klassen auf dem Papier« handelt und das Zustandekommen *klassenübergreifender Allianzen* nicht ausgeschlossen wird. Wie zum Ende des letzten Abschnitts argumentiert, wäre ein solches Szenario vor allem dann zu erwarten, wenn sich die Interessen der sozial Benachteiligten im Zusammenhang mit einer

12 Die Bundesverfassungsrichter werden gemeinsam von Bundestag und Bundesrat (jeweils mit Zweidrittelmehrheit) gewählt. Die Richter des Bundesgerichtshofs (BGH) werden vom Richterwahlausschuss berufen. Dieser besteht aus den Landesjustizministern sowie sechzehn vom Bundestag aus den eigenen Reihen berufenen Mitgliedern. In Deutschland sind es daher Mitglieder aus der Exekutive und der Legislative, welche die Spitzen der Judikative gemeinsam wählen. Die Exekutive hat hier in Form der Zustimmungspflicht der Minister ein Vetorecht und hierdurch ein Übergewicht (Feest 1965).

Krise so stark bemerkbar machen, dass sie von den Juristen nicht mehr länger ignoriert werden können.

Ein drittes Szenario rechtlichen Wandels besteht in der *Veränderung der auf das Recht bezogenen Präferenzen nicht juristischer Eliten.* Zwar gibt es in diesem Fall auch im Zeitverlauf eine relativ stabile Assoziation zwischen juristischen und anderen Eliten. Insoweit letztere jedoch selbst dem Einfluss sich verändernder gesellschaftlicher Umstände ausgesetzt sind, nehmen auch ihre Präferenzen eine dynamische Form an. In diesem Fall kommt rechtlicher Wandel dadurch zustande, dass sich das spezifische Klasseninteresse, an welchem sich die an der Spitze der Feldhierarchie befindlichen Juristen orientieren, historisch verändert. Bezogen auf das Aktienrecht heißt dies: Eine Assoziation der führenden Aktienrechtler mit den Interessen wirtschaftlicher Führungskräfte muss nicht zur Stagnation der Rechtsentwicklung führen. Rechtlicher Wandel kann nämlich immer noch dadurch ausgelöst werden, dass sich die Unternehmen in einem dynamischen Umfeld befinden und die Präferenzen ihrer Vorstände im Zeitverlauf verändern. Orientiert sich das Handeln der führenden Aktienrechtler aufgrund gemeinsamer oder zumindest ähnlicher Klassenlage unverändert an den Präferenzen der Vorstände, käme eine Veränderung des Aktienrechts durch das Bestreben juristischer Eliten zustande, das Recht an die veränderten Präferenzen der Manager anzupassen. Eine Hinwendung der Manager zu den Interessen von Minderheitsaktionären müsste dann innerhalb des juristischen Diskurses in einer stärkeren Betonung der Interessen von Minderheitsaktionären zu beobachten sein.

1.3 Untersuchungsdesign, Methode, Daten

Auf der Basis der vorangegangenen Überlegungen verfolgen die beiden nächsten Kapitel das Ziel, den aktienrechtlichen Diskurs in seiner Beziehung zu der in großen Aktiengesellschaften vorherrschenden Macht- und Interessenkonstellation historisch zu rekonstruieren. Konkret geht es darum zu klären, wie stark die »herrschende Lehre« die Relevanz der Interessen von Minderheitsaktionären gegenüber anderen Interessen zum Ausdruck gebracht hat und ob sich ein Zusammenhang zwischen der diskursiven Gewichtung von Partikularinteressen und der zum jeweiligen Zeitpunkt in den Unternehmen vorherrschenden Interessen- und Machtkonstellation feststellen lässt. In einem jeweils eigenständigen Kapitel werden die Ergebnisse einer Fallstudie zur Entwicklung des Aktienrechts in den USA (Kapitel 2) sowie zu dessen Entwicklung in Deutschland (Kapitel 3) dargestellt.

Mit den USA und Deutschland wurden zwei Fälle ausgewählt, die sich sowohl hinsichtlich der Kräfteverhältnisse im juristischen Feld als auch im Hinblick auf die Machtverhältnisse in den Unternehmen unterscheiden. Die Struktur des juristischen Feldes unterscheidet sich aufgrund der Zugehörigkeit der betrachteten Rechtssysteme zu verschiedenartigen Typen von Rechtsfamilien. Während das US-amerikanische Rechtssystem zu den Common-Law-Systemen gehört, repräsentiert das deutsche Rechtssystem die Civil-Law-Systeme (Glendon/Gordon/Carozza 1999; Zweigert/Kötz 1996). Wie weiter oben ausgeführt wurde, gehen rechtliche Veränderungen innerhalb der Common-Law-Systeme primär von den Rechtsanwälten sowie von den Gerichten aus. In den Civil-Law-Systemen hingegen werden sie in erster Linie vom Gesetzgeber hervorgerufen. Innerhalb des juristischen Feldes nehmen die Rechtswissenschaftler insofern eine dominante Position ein, als sich die politischen Entscheidungsträger in rechtspolitischen Fragen stark an den Vorarbeiten der Rechtswissenschaftler orientieren (Caenegem 1987; Engel 1998; Glendon/Gordon/Carozza 1999). Geht man davon aus, dass die Rechtspraktiker in stärkerem Maße dem Einfluss wirtschaftlicher Interessen ausgesetzt sind als die Rechtswissenschaftler, wäre zu erwarten, dass der Einfluss wirtschaftlicher Interessen auf die Entwicklung des Aktienrechts in den USA größer ist als in Deutschland. Falls ein solcher Zusammenhang überhaupt feststellbar ist, müsste sich für die USA eine engere Verknüpfung von unternehmensinterner Machtkonstellation und aktienrechtlicher Entwicklung feststellen lassen als für Deutschland. Anhand des Vergleichs zwischen Deutschland und den USA kann untersucht werden, inwieweit eine durch die Prädominanz von Rechtspraktikern gekennzeichnete Feldstruktur tatsächlich zur Verstärkung des Einflusses wirtschaftlicher Interessen auf den aktienrechtlichen Diskurs beigetragen hat beziehungsweise inwieweit die Annahme von der Abgeschirmtheit der Rechtswissenschaftler von der Sphäre wirtschaftlicher Interessen hier empirisch zutrifft.

Auch im Hinblick auf die Machtverhältnisse in den Aktiengesellschaften stechen zunächst einmal die Unterschiede zwischen den beiden Fällen hervor. In der vergleichenden Kapitalismusliteratur repräsentieren die USA den Prototyp eines liberalen, primär auf Markttransaktionen basierenden Kapitalismus, während Deutschland ein Paradebeispiel für einen auf Marktbegrenzung beruhenden, nicht liberalen Kapitalismus darstellt (Hall/Soskice 2001; Streeck 2001). Dementsprechend unterschiedlich ist die Macht in den Unternehmen aufgeteilt. Während die Minderheitsaktionäre in den USA einer gängigen Auffassung zufolge die Abhängigkeit der Unternehmen von den Finanzmärkten dazu nutzen, deren Vorstände zu einer renditeorientierten Unternehmensführung zu zwingen, wird ihr Einfluss in Deutschland durch die starke Präsenz von Großaktionären sowie die ebenfalls im Aufsichtsrat repräsentierten Arbeitnehmer abgeschwächt

(Hall/Soskice 2001: 23–24). Im Verlauf der Darstellung wird sich noch zeigen, dass sich diese Gegenüberstellung nur auf einen sehr kurzen Zeitausschnitt bezieht. Sobald man die Analyse historisch ausweitet, wird deutlich, dass die Minderheitsaktionäre sowohl in den USA als auch in Deutschland über die längste Zeit des betrachteten Untersuchungszeitraums strukturell isoliert waren.

Der Untersuchungszeitraum reicht in beiden Fallstudien von den Anfängen des modernen Aktienrechts im späten 19. Jahrhundert bis in die erste Hälfte der 2000er-Jahre. Hierbei werden bestimmte Phasen in der Rechtsentwicklung eingehender behandelt als andere, da das Ausmaß des Rechtswandels im Zeitverlauf variiert und auch nicht alle Veränderungen in gleicher Weise die Interessen von Minderheitsaktionären betrafen. Gerade in Deutschland wurde die Reform des Aktienrechts immer wieder von Phasen des Stillstands unterbrochen, aber auch für die USA gibt es Phasen, die aufgrund der Dichte rechtlicher Veränderungen eine ausführlichere Darstellung verlangen als andere Phasen. Die Darstellung zu den USA behandelt den Zeitraum vor den 1970er-Jahren und die Phase ab Mitte der 1990er-Jahre kursorisch und geht dann intensiver auf die Entwicklung zwischen Mitte der 1970er-Jahre und der Mitte der 1990er-Jahre ein. Der im Jahr 2002 vom Kongress verabschiedete Sarbanes-Oxley Act (SOA) wird aufgrund seiner Tragweite auch in dieser Arbeit mitdiskutiert. Da es bereits eine Fülle an Studien hierzu gibt (Cioffi 2006b, 2006a, 2006c; Cioffi/Höpner 2006b; Roe 2005; Romano 2005b), liegt das Hauptaugenmerk dieser Untersuchung jedoch auf der Zeit davor. Die Untersuchung des deutschen Falls streift die Anfänge der Aktienrechtsentwicklung im 19. Jahrhundert nur kurz und geht dann ausführlicher auf die Entwicklung zwischen dem Zweiten Weltkrieg und dem 1976er Mitbestimmungsgesetz sowie auf die Reformphase von Mitte der 1990er-Jahre bis 2005 ein.

Aus naheliegenden Gründen kann für diesen Zeitraum nicht der gesamte aktienrechtliche Diskurs untersucht werden. Dies ist zur Erreichung des Ziels dieser Untersuchung auch nicht notwendig. Der aktienrechtliche Diskurs wird nachfolgend im Hinblick auf die Frage untersucht, wie sich die den Interessen der Minderheitsaktionäre zugeschriebene Relevanz historisch entwickelt hat. Diese Frage wird anhand von fünf unterschiedlichen Gesichtspunkten erörtert, deren Bedeutung nicht eindeutig aus dem Aktienrecht hervorgeht und daher zum Gegenstand interpretativer Zuschreibungen gemacht wurde. Zugleich sind vor allem die ersten vier hier ausgewählten Kategorien von so grundsätzlicher Natur, dass ihre Ausprägungen Implikationen für die Bestimmung konkreter Regelungsinhalte enthalten. Die fünf folgenden Aspekte liegen der Untersuchung des aktienrechtlichen Diskurses zugrunde:

1. Der erste Aspekt, anhand dessen die Entwicklung aktienrechtlicher Ideen untersucht wird, ist der *Begriff der Aktiengesellschaft.* Wie noch zu zeigen sein wird, hat die Art der inhaltlichen Spezifizierung des Begriffs der Aktiengesellschaft während des 20. Jahrhunderts in beiden Ländern stark variiert. Insofern die Bestimmung des Begriffs der Aktiengesellschaft implizite Aussagen über die Relevanz der Interessen der Minderheitsaktionäre enthält, lässt sich hieran untersuchen, inwieweit die Art der Begriffsverwendung im Zusammenhang mit den im Bereich der Aktiengesellschaften vorherrschenden Machtverhältnissen stand.
2. Der zweite Aspekt, anhand dessen die Entwicklung des aktienrechtlichen Diskurses auf seine Beziehung zur Entwicklung innerhalb der Unternehmen untersucht wird, betrifft das im aktienrechtlichen Diskurs jeweils zum Ausdruck kommende Verständnis des *Unternehmensziels.* Insofern hiermit Aussagen über den Verantwortungsbereich der Unternehmensleitungen getroffen werden, erscheint auch dieser Begriff geeignet, um die im aktienrechtlichen Diskurs vorherrschenden Einschätzungen zur Relevanz der Interessen von Minderheitsaktionären abzulesen.
3. Der dritte Gesichtspunkt, anhand dessen der historische Wandel des Aktienrechts untersucht wird, besteht in der Bestimmung des *Ziels des Aktienrechts.* Dieser Aspekt berührt die Geltungsgründe des Aktienrechts. Hier lassen sich beispielsweise Gerechtigkeit und Effizienz unterscheiden. Insofern eine auf die Steigerung von Effizienz reduzierte Rechtsbetrachtung am meisten den Interessen der Minderheitsaktionäre nutzt, kann auch hieran abgelesen werden, wie stark die Aktienrechtler eine an einem reinen Gewinnstreben orientierte Wirtschaftspraxis befürworten. Umgekehrt lässt die relative Gewichtung von Effizienz- und Gerechtigkeitsüberlegungen Rückschlüsse zu über die Relevanz, die die Aktienrechtler all denjenigen Interessengruppen zugestehen, die sich oder andere vor einer ausschließlich an der Gewinnmaximierung orientierten Wirtschaftspraxis schützen wollen oder mit dieser inkompatible Interessen verfolgen.
4. Ein vierter Aspekt, an dem die historische Entwicklung aktienrechtlicher Ideen rekonstruiert wird, besteht im *Verhältnis von zwingendem und ermöglichendem Recht.* Geht man davon aus, dass die benachteiligten Akteure in größerem Maße des Schutzes durch zwingende Regeln bedürfen, sagt die Bestimmung des Verhältnisses von zwingendem und ermöglichendem Recht etwas darüber aus, inwieweit die Aktienrechtler während des hier betrachteten Zeitraums bereit waren, ihnen einen solchen Schutz zu gewähren. Dabei geht es im vorliegenden Fall nicht nur um die Minderheitsaktionäre, sondern auch um die Arbeitnehmer.

5. Abgerundet wird die Rekonstruktion der Entwicklung aktienrechtlicher Ideen durch eine nähere Betrachtung der Diskussion um die *Regulierung von Unternehmensübernahmen*. Hierbei steht die juristische Beurteilung von *Abwehrmaßnahmen* im Mittelpunkt, weil die Interessen der Minderheitsaktionäre in dieser Frage mit anderen Interessen kollidieren und das Ausmaß der Aktionärsbezogenheit rechtlicher Ideen hieran gut abgelesen werden kann.

Die Untersuchung stützt sich auf die aus zwanzig Hintergrundgesprächen gewonnenen Erkenntnisse und auf die inhaltliche Analyse einer Fülle aktienrechtlicher Dokumente. Bei den Gesprächspartnern handelte es sich um zwölf Rechtswissenschaftler aus den USA und Deutschland, drei Verbandsvertreter (BDI, BdB und DAI), zwei Ministerialbeamte (BMF und BMJ) sowie um einen am Reformprozess in den 1990er-Jahren beteiligten Bundestagsabgeordneten. Im US-Fall handelt es sich bei den untersuchten Dokumenten vor allem um Urteilstexte, Law-Review-Artikel, Lehrbücher, Monografien, die Principles of Corporate Governance sowie den Revised Model Business Corporation Act. Der deutsche Fall basiert auf einer Untersuchung relevanter Artikel in Fachzeitschriften (vor allem ZGR, ZHR, AG und ZIP) sowie wichtiger Lehrbücher, Kommentare, Festschriftenbeiträge, Monografien, Gutachten, Kommissionsberichte, Urteilstexte, Gutachten und Diskussionsberichte des Deutschen Juristentages sowie des Deutschen Corporate Governance Kodex (DCGK). Um die Entwicklung wirtschaftlicher Interessen, die politische Entwicklung sowie die Rolle juristischer Akteure zu rekonstruieren, wurden zusätzlich Gesetzestexte und -entwürfe, Anträge, Beschlussberichte der Ausschüsse, Protokolle von Parlamentsdebatten und Ausschusssitzungen sowie Stellungnahmen von Verbänden und Sachverständigen analysiert.

Die Auswahl der Dokumente wurde im Schneeballverfahren vorgenommen. Den auf der Basis der Hintergrundgespräche ermittelten Texten wurden Verweise auf weitere Dokumente entnommen, deren Analyse wiederum auf weitere Dokumente verwies. Dieses Verfahren wurde so lange fortgesetzt, bis alle häufig zitierten Schlüsseltexte untersucht waren.

Kapitel 2
Der amerikanische Aktienrechtsdiskurs im Kontext der Unternehmensentwicklung

Die nachfolgende Darstellung zur Entwicklung des amerikanischen Aktienrechts ist in vier Phasen unterteilt. Die erste, als Managerherrschaft bezeichnete Phase erstreckt sich von der Großen Depression bis in die Mitte der 1970er-Jahre. Diese Phase ist durch die Abschirmung der Aktiengesellschaften von Marktkräften sowie durch eine strukturelle Isolation der Minderheitsaktionäre gekennzeichnet. Im Bereich aktienrechtlicher Ideen kam diese Situation in einem institutionalistischen Verständnis vom Wesen und Ziel der Aktiengesellschaft und einer Diskreditierung von Märkten zum Ausdruck (2.1).

Die zweite, durch eine Entfesselung des Finanzmarktes gekennzeichnete Phase dauerte von der Mitte der 1970er- bis zum Ende der 1980er-Jahre. Mitte der 1970er-Jahre führte die Wirtschaftskrise zur Erschütterung der Managerherrschaft. Gleichzeitig zwang die sich zu Beginn der 1980er-Jahre häufende Anzahl feindlicher Übernahmen die Manager zu einer stärkeren Berücksichtigung der Interessen der Minderheitsaktionäre. Im juristischen Diskurs wurde diese Machtverschiebung im Vordringen einer individualistischen Betrachtungsweise wirksam, der zufolge die Aktiengesellschaft sowie das Aktienrecht insgesamt einzig und allein im Dienste der Wertmaximierung stehen und marktliche Kontrollmechanismen gegenüber gesetzlichen Vorschriften vorzuziehen sind (2.2). Die destruktiven Auswirkungen des Marktes für Unternehmenskontrolle riefen jedoch eine dritte, zur Mitte der 1980er-Jahre einsetzende Phase hervor, in der sich eine soziale Gegenbewegung herausbildete, die auf eine Außerkraftsetzung des Marktes für Unternehmenskontrolle hinwirkte. Im aktienrechtlichen Diskurs kam die Stärkung der auf eine Begrenzung des Marktes für Unternehmenskontrolle dringenden Interessen im Wiederaufleben institutionalistischer Ideen zum Ausdruck (2.3). Während der zu Beginn der 1990er-Jahre einsetzenden vierten Phase führten das Wachstum der institutionellen Investoren, die Veränderung managerialer Anreize durch die Einführung von Aktienoptionen sowie die Etablierung des Shareholder-Value als neuer managerialer Leitvorstellung zu einer erneuten Zurückdrängung all derjenigen Kräfte, welche einer auf die Maximierung des Aktienkurses gerichteten Unternehmensführung entgegenstanden. Auch innerhalb des aktienrechtlichen Diskurses setzte sich ein

Unternehmensverständnis durch, das die Maximierung des Shareholder-Value als vordringlichste Aufgabe der Unternehmensleitungen betrachtet (2.4).

2.1 Die Managerherrschaft im aktienrechtlichen Diskurs

Die Geschichte der Aktiengesellschaft in den USA reicht bis ins 19. Jahrhundert zurück. Die ersten Aktiengesellschaften wurden von den Einzelstaaten gegründet und gezielt zu öffentlichen Zwecken eingesetzt (Fligstein 1990: 53). Im juristischen Diskurs drückte sich diese Situation in der Konzessionstheorie aus (Horwitz 1992: 72). Erst in der zweiten Jahrhunderthälfte gaben die Staaten den Privatpersonen nach und nach das Recht, selbst Aktiengesellschaften zu gründen und diese für private Zwecke zu nutzen (Friedman 1973; Horwitz 1992; Roy 1997). Die Emanzipation der Aktiengesellschaften von staatlichen Interessen manifestierte sich juristisch in der Etablierung der Entitätstheorie (Horwitz 1992: 100–105). Durch die Konzeptualisierung der Aktiengesellschaft als reale Entität schützten die Juristen diese vor staatlichen Ansprüchen. Zugleich reflektierte das Vordringen der Entitätstheorie die wachsende Kluft zwischen Managern und Aktionären und die Verselbstständigung der Aktiengesellschaft von den Eigentümerinteressen (Horwitz 1992: 99). Vor Eintritt der Großen Depression galten die Aktionäre als wichtigste Anspruchsgruppe. Diese Sichtweise kam in dem vom Michigan Supreme Court im Jahre 1919 ergangenen Urteil in der Sache Dodge v. Ford Motor Corporation wie folgt zum Ausdruck:

> A business corporation is organized and carried on primarily for the profit of the stockholders. The powers of the directors are to be employed for that end. The discretion of directors is to be exercised in the choice of means to attain that end and does not extend to a change in the end itself, to the reduction of profits or to the nondistribution of profits among stockholders in order to devote them to other purposes. (Supreme Court of Michigan 1919: 79)

Erst mit der Großen Depression gerieten die Interessen der Aktionäre ins Hintertreffen. Infolge der verheerenden Auswirkungen ungezügelter Märkte begann sich ein gesellschaftliches Schutzbedürfnis herauszubilden, das auf die Beschränkung der Märkte drang. Angesichts der »irrationality and meaningless cruelty of uncontrolled free-market forces« (Berle 1965: viii) gewannen jene Rechtsinteressenten an Macht, die auf eine Begrenzung von Marktkräften hinwirkten. Die durch die Krise ausgelöste Gegenbewegung führte zu einer Schwächung der finanziellen Interessen der Aktionäre. Die Manager wurden immer weniger als Agenten der Aktionäre, dafür aber immer mehr als Repräsentanten gesellschaftlicher Interessen betrachtet (Millon 1990: 216).

Die Konfrontation der Aktiengesellschaft mit gesellschaftlichen Interessen spiegelte sich in juristischer Hinsicht in der Debatte zwischen Adolf A. Berle und Merrick Dodd wider (Chen/Hanson 2004; Rostow 1960: 61–63; Weiner 1964; Wells 2002: 87–104). Die Debatte bezog sich auf die Frage, ob die Leitungen der Aktiengesellschaften in erster Linie die Aktionäre repräsentieren oder ob sie auch im Dienste der Interessen von Nicht-Eigentümern stehen. Aus Sorge vor einem managerialen Absolutismus sprach sich der an der Columbia University lehrende Aktienrechtler Adolf Berle für eine aktionärszentrierte Rechtsbetrachtung aus:

> [A]ll powers granted to a corporation or to the management of a corporation, or to any group within the corporation, whether derived from statute of charter of both, are necessarily and at all times exercisable only for the ratable benefit of all the shareholders as their interest appears. (Berle 1931: 1049)

Der damals an der Harvard University lehrende Merrick Dodd (1932) erwiderte, dass eine aktionärszentrierte Betrachtungsweise nicht mehr zeitgemäß sei und trat für eine Neubestimmung des Begriffs sowie des Ziels der Aktiengesellschaft ein. Dodd verwies hierbei auf einen Bewusstseinswandel bei den Managereliten. Mit der zunehmenden Konzentration der Wirtschaft hätten die Unternehmensleitungen eine über die Berücksichtigung von Aktionärsinteressen hinausgehende Vorstellung ihres Verantwortungsbereiches entwickelt. Diesen Bewusstseinswandel illustrierte Dodd mit dem folgenden, von dem damaligen General-Electric-Manager Owen D. Young stammenden Zitat:

> If you will pardon me for being personal, it makes a great difference in my attitude toward my job as an executive officer of the General Electric Company whether I am a trustee of the institution or an attorney for the investor. If I am a trustee, who are the beneficiaries of the trust? To whom do I owe my obligations? My conception of it is this: That there are three groups of people who have an interest in that institution. One is the group of fifty-odd thousand people who have put their capital in the company, namely, its stockholders. Another is a group of well toward one hundred thousand people who are putting their labor and their lives into the business of the company. The third group is of customers and the general public. Customers have a right to demand that a concern so large shall not only do its business honestly and properly, but, further, that it shall meet its public obligations and perform its public duties – in a word, vast as it is, that it should be a good citizen. […] One no longer feels the obligation to take from labor for the benefit of capital, nor to take from the public for the benefit of both, but rather to administer wisely and fairly in the interest of all. (Dodd 1932: 1154)

Nach Dodds Auffassung war das sich allgemein durchsetzende Bewusstsein für die soziale Verantwortung großer Unternehmen in zunehmendem Maße unvereinbar mit aktionärsorientierten Vorstellungen vom Wesen der Aktiengesellschaft. Angesichts der veränderten Rolle der Aktiengesellschaften in der Gesellschaft sei diese weniger ein »aggregate of stockholders with directors and officers chosen by them as their trustees or agents« als ein »body which from no fiction of law but from the very nature of things differs from the individuals of whom it is constituted« (Dodd 1932: 1160). Demnach sei das Management nicht als Treuhänder des Aktionärsvermögens zu betrachten, sondern als Treuhänder der von den Aktionären geschiedenen Aktiengesellschaft:

If the unity of the corporate body is real, then there is reality and not simply legal fiction in the proposition that the managers of the unit are fiduciaries for it and not merely for its individual members, that they are [...] trustees for an institution rather than attorney for the stockholders. (ebd.: 1160)

Das institutionalistische Verständnis vom Wesen und Ziel der Aktiengesellschaft wurde von Berle (1932) zunächst skeptisch beurteilt. Zwar hätten die Vorstände die Kontrolle ergriffen und sich von ihrer Rolle als Treuhänder der Aktionäre emanzipiert (Berle 1932: 1366). Dabei sei jedoch fraglich, ob die Unternehmensleitungen ihre neu gewonnene Macht tatsächlich in den Dienst der Gesellschaft stellten. Berle lehnte eine Ausweitung des managerialen Verantwortungsbereichs auf gesellschaftliche Interessen nicht prinzipiell ab (Berle/Means [1932]2007: 311). Diese kam für ihn jedoch nur dann infrage, wenn ein klares Verantwortungsschema formuliert werde, das der managerialen Willkür Grenzen setze. Solange es keine Möglichkeit gäbe, die Manager zu einem gesellschaftlich verantwortlichen Verhalten zu verpflichten, sei der Primat der Aktionäre interessenpluralistischen Konzeptionen vorzuziehen.

In den folgenden Jahren bewegte sich Berle (1954: 169) jedoch auf die Position von Dodd zu. Einen Übergang hierzu markiert das 1932 publizierte Standardwerk *The Modern Corporation and Private Property* von Adolf A. Berle und Gardiner C. Means ([1932]2007). Anhand umfangreicher Daten zeigen die Autoren, dass es in den USA über die letzten Jahrzehnte zu einer Zusammenballung wirtschaftlicher Macht in großen Aktiengesellschaften gekommen war. Anders als noch im 19. Jahrhundert werde die Kontrolle nicht mehr von den Aktionären ausgeübt, sondern von eigentumslosen und potenziell eigene Interessen verfolgenden Managern wahrgenommen. Aufgrund des Wachstums der Aktiengesellschaften habe die Anzahl der Aktionäre rapide zugenommen. Die Streuung des Aktienkapitals habe dazu geführt, dass die einzelnen Aktionäre ihren Einfluss auf die Unternehmensführung verloren hätten und keinerlei Anreize mehr besäßen, auf diese einzuwirken. Die wichtigste Eigenschaft der modernen Aktiengesellschaft liege daher in der *Trennung von Eigentum und Kontrolle.*

Im Schlusskapitel diskutieren Berle und Means ([1932]2007: 310ff.) drei mögliche juristische Konsequenzen ihrer Diagnose. Als erste Möglichkeit nennen sie das Treuhänder-Konzept, das auf eine Stärkung der Eigentumsrechte der Aktionäre hinausläuft (vgl. Berle 1931). Diese Sichtweise, wie sie vor allem vor der Großen Depression vertreten wurde, sieht im Vorstand einen Treuhänder des Privateigentums der Aktionäre, der ausschließlich zur Verfolgung der Gewinninteressen der Aktionäre verpflichtet sei (Berle 1931: 311). Eine zweite mögliche Konsequenz der Trennung von Eigentum und Kontrolle sei der manageriale Absolutismus. Dieser ist dem Treuhänder-Konzept diametral entgegengesetzt. Der zugrunde liegenden Argumentation zufolge haben die Aktionäre mit dem Kauf ihrer Aktien die Bereitschaft signalisiert, auf Teile der potenziellen Rendite zu verzichten. Die Manager seien demnach dazu befugt, einen Teil des Aktionärsgewinns zur Verfolgung persönlicher Interessen zu nutzen. Berle und Means lehnten den managerialen Absolutismus ab. Eine dritte Möglichkeit besteht nach Ansicht der Autoren in der Ausweitung der managerialen Verantwortung auf die Belange der vom Wirtschaften der Aktiengesellschaft betroffenen Nicht-Aktionäre dar. Wie Dodd stellen Berle und Means das infolge der Großen Depression sichtbar gewordene Schutzbedürfnis der von der Operation großer Aktiengesellschaften Betroffener heraus. Im Hinblick auf das Recht der Aktionäre argumentiert dieser dritte Ansatz, dass diese mit dem Verlust der Kontrolle und der Verantwortung über ihr Eigentum auch das Recht verloren hätten, dass dieses allein in ihrem Interesse verwaltet werde (Berle/Means [1932]2007: 311–312). Die Entmachtung der Aktionäre müsse nicht zwangsläufig dem Eigeninteresse des Managements dienen, sondern könne als Chance genutzt werden, um anderen gesellschaftlichen Gruppen den durch das Größenwachstum der Aktiengesellschaften notwendig gewordenen Schutz zu gewähren.

Es war die letzte der drei Antworten auf das Problem der Trennung von Eigentum und Kontrolle, die sich in den darauf folgenden zwei bis drei Jahrzehnten durchsetzen sollte. Die Aktiengesellschaften schotteten sich in der Zeit nach dem Zweiten Weltkrieg von den Finanzmärkten ab und hinderten die Aktionäre hierdurch an der Durchsetzung ihrer Interessen. Die Akkumulation großer Gewinne hatte die Aktiengesellschaften unabhängig von den Kapitalmärkten gemacht und die Kapitalallokation von dezentralisierten Marktakteuren auf zentralisierte Unternehmensleitungen übertragen (Berle 1954: 35–42; Brewster 1960: 81). Aufgrund der wachsenden Autonomie der Manager gegenüber den Aktionären lässt sich die unternehmensinterne Machtkonstellation nach der Großen Depression als Phase der *Managerherrschaft* bezeichnen. Die Abschottung der Aktiengesellschaften und die wachsenden Ansprüche der von den Aktiengesellschaften betroffenen Interessengruppen trieben einen Keil zwischen die Aktionäre und die Unternehmensleitungen und verfestigten die Trennung von Eigentum und Kontrolle.

Darüber hinaus wurde die juristische Wahrnehmung der Aktiengesellschaft von der Tatsache beeinflusst, dass sich die Auswirkungen der Aktiengesellschaften infolge ihres unaufhaltsamen Wachstums auf sämtliche gesellschaftliche Bereiche ausweiteten. Mit der zunehmenden Drittwirkung schien in den Augen vieler Betrachter auch die Verantwortung der Aktiengesellschaft für die Gesellschaft zuzunehmen. Die Manager sahen sich selbst nicht mehr als verlängerter Arm der Aktionäre, sondern als Repräsentanten gesellschaftlicher Interessen, von denen das Renditebedürfnis der Aktionäre lediglich eines unter mehreren war. Diese Einschätzung wurde nach dem Zweiten Weltkrieg beispielsweise von Peter Drucker (1946: 6–7) vertreten. Drucker zufolge hatte sich die Aktiengesellschaft zu einer sozialen und politischen Kraft entwickelt, die den Lebensstil der Bürger und die Selbstwahrnehmung der Gesellschaft bestimmt, um die herum sich die sozialen Probleme kristallisieren und von denen Lösungen für diese Probleme erwartet werden.

Die als Reaktion auf die Ausweitung des gesellschaftlichen Verantwortungsbereiches der Aktiengesellschaften erfolgte Abkehr der Juristen von einem aktionärsbezogenen Verständnis vom Wesen und Ziel der Aktiengesellschaft ist zudem an der intellektuellen Entwicklung von Adolf Berle sichtbar. Insbesondere der Vergleich seiner 1931 in der Debatte mit Dodd vertretenen Meinung mit seinen im Jahre 1954 veröffentlichten *Rosenthal Lectures* verdeutlicht, dass Berle den ursprünglich von ihm vertretenen Aktionärszentrismus als von der gesellschaftlichen Entwicklung überholt betrachtete. Berühmt geworden ist in diesem Zusammenhang das folgende Zitat, in dem Berle im Rückblick auf die Debatte mit Dodd seine Niederlage einräumt:

> Twenty years ago, the writer had a controversy with the late Professor E. Merrick Dodd, of Harvard Law School, the writer holding that corporate powers were powers in trust of shareholders while Professor Dodd argued that these powers were held in trust for the entire community. The argument has been settled (at least for the time being) squarely in favour of Professor Dodd's contention. (Berle 1954: 169)

Sechs Jahre später ergänzte Berle: »[M]odern directors are not limited to running business enterprise for maximum profit, but are in fact and recognized in law as administrators of a community system« (Berle 1960: xii).

Zur Erklärung seines Positionswandels wies Berle auf das gewachsene Verantwortungsbewusstsein der Manager hin (Berle 1954: 54). Zudem werde die Aktiengesellschaft zunehmend durch den Druck der öffentlichen Meinung in Schach gehalten. Die Managerherrschaft bezog auch Akzeptanz aus der positiven wirtschaftlichen Entwicklung der 1950er- und 1960er-Jahre. Unter diesen Umständen nahmen Berle und die meisten seiner Zeitgenossen die Managerherrschaft nicht mehr länger als Problem, sondern als Voraussetzung wirtschaftlichen Erfolges wahr (Berle 1954; Brewster 1960; Chayes 1960; Manning 1958, 1960). Die von Berle und anderen Rechtswissenschaftlern während der 1950er- und 1960er-Jahre geäußerte Auffassung zum managerialen Verantwortungsbereich wurde in den 1950er-Jahren von der Rechtsprechung aufgegriffen. Unter Bezugnahme auf Dodd (1932) und Berle und Means ([1932]2007) genehmigte der Supreme Court von New Jersey der A. P. Smith Manufacturing Company im Jahre 1953 eine von Aktionären beanstandete Spende an die Princeton University. In der Begründung hierzu hieß es:

> [J]ust as the conditions prevailing when corporations were originally created required that they serve the public as well as private interests, modern conditions require that corporations acknowledge and discharge social as well as private responsibilities.
> (Supreme Court of New Jersey 1953: 16)

Die Zurückdrängung der Aktionärsinteressen und das öffentliche Bewusstsein für die soziale Verantwortung der Aktiengesellschaften kamen juristisch zudem in dem Vorschlag zum Ausdruck, die Stimmrechte abzuschaffen (Chayes 1960; Manning 1958) und die Interessen der Nicht-Eigentümer im Verwaltungsrat durch die Einführung von »public directors« zu repräsentieren (Conard 1977).

Ein weiteres Beispiel für die juristische Verarbeitung der Managerherrschaft ist der 1960 erschienene Sammelband *The Corporation in Modern Society* (Mason [1960]1966). Darin beschrieb der Rechtswissenschaftler Abraham Chayes (1960) ausführlich die gesellschaftlichen Auswirkungen der Aktiengesellschaft und argumentierte, dass die Aktionäre weniger stark vom Wirtschaften der Aktiengesellschaften betroffen seien als andere Interessengruppen. Im Unterschied zu letzteren stünden die Aktionäre in einer sehr abstrakten, formalen und jederzeit kündbaren Beziehung zur Aktiengesellschaft. Der Einsicht in die Betroffenheit von Nicht-Aktionären durch das Verhalten von Aktiengesellschaften trug Chayes mit einer Erneuerung der Auffassung von der Mitgliedschaft der Aktiengesellschaft Rechnung. Chayes zufolge beruht die Mitgliedschaft nicht auf einer finanziellen Beteiligung – sei es in Form von Eigen- oder Fremdkapital –, sondern auf der Verwundbarkeit. Deshalb schieden die Aktionäre für Chayes (zumindest) als (ausschließliche) Mitglieder aus, während er andere Stakeholder wie beispielsweise die Mitarbeiter selbstverständlich als Mitglieder der Aktiengesellschaft betrachtete. Die Mitbestimmung erlangte in den USA jedoch weder in der akademischen Debatte noch in der rechtspolitischen Entwicklung das Ausmaß wie in Deutschland.

Im Bereich der normativen Grundlagen des Aktienrechts verband sich das institutionalistische Rechtsverständnis mit der Hervorhebung von *Fairness als Rechtsziel*. Auch wenn Effizienz im Sinne der Funktionalität von Regelungen immer schon eine gewisse Bedeutung für die normative Begründung aktienrechtlicher Normen gehabt hatte, wurde diese noch in den 1970er-Jahren zumeist von Fairnessüberlegungen überlagert (Cary 1974; Eisenberg 1976).

Die institutionalistische Auffassung vom Wesen und Ziel der Aktiengesellschaft erreichte auch die Börsenaufsichtsbehörde SEC. Der damalige Chairman der SEC, Justice Douglas, äußerte sich zum Ziel der Aktiengesellschaft wie folgt:

> Today it is generally recognized that all corporations possess an element of public interest. A corporate director must think not only of the stockholder but also of the labourer, the supplier, the purchaser, and the ultimate consumer. Our economy is but a chain which can be no stronger than any one of its links. We all stand together or fall together in our highly industrialized society of today. One function of the paid director would be to harmonize those various elements as far as possible. (zitiert nach Rostow 1960: 60)

2.1.1 Zur Regulierung feindlicher Übernahmen

Die Managerherrschaft kam auch in der juristischen Betrachtung von Unternehmensübernahmen und in den von den Zielgesellschaften ergriffenen Abwehrmaßnahmen zum Ausdruck. Nach vereinzelten Übernahmeangeboten während der 1950er-Jahre kam es zwischen 1960 und 1967 zur ersten Übernahmewelle während der Phase der Managerherrschaft (Hirsch 1986: 804). Während dieser Phase wurden feindliche Übernahmen entweder gar nicht wahrgenommen oder als illegitim betrachtet. Auf die Initiative der durch Übernahmen bedrohten Aktiengesellschaften verabschiedete der Kongress im Jahre 1968 mit dem *Williams Act* ein Gesetz, das den Bieterunternehmen umfangreiche Verhaltensregeln auferlegte und die Aktiengesellschaften vor Übernahmen zu schützten versuchte. Als intellektueller Wegbereiter der Reform gilt der damalige SEC-Chairman Manuel Cohen (1967). Um den Aktionären eine informierte Entscheidung über die Annahme von Übernahmeangeboten zu ermöglichen, wurde das Bieterunternehmen dazu verpflichtet, diese mit Informationen über die Identität des Bieterunternehmens und dessen Pläne mit dem Zielunternehmen zu versorgen (Cohen 1967: 2). Hierzu dienen eine Reihe von Offenlegungsvorschriften sowie weitere Regelungen des Angebotsverfahrens, die von der SEC nachfolgend konkretisiert wurden. Feindliche Übernahmen wurden durch den Williams Act erheblich erschwert (Fischel 1978; Hirte/Schander 1999; Manne 1967a).

Hinzu kam, dass die Ergreifung von Abwehrmaßnahmen gegenüber feindlichen Übernahmen innerhalb des institutionalistischen Ansatzes als unproblematisch galt, ja im Hinblick auf die von einer Übernahme betroffenen Interessen der Nicht-Aktionäre sogar erwünscht war. Die interessenpluralistische Bestimmung des Ziels der Aktiengesellschaft legte es nahe, dem Verwaltungsrat einen breiten Ermessensspielraum im Umgang mit Übernahmeangeboten zu gewähren. Nach ständiger Rechtsprechung wurden die von Verwaltungsratsmitgliedern zur Abwehr von feindlichen Übernahmen ergriffenen Maßnahmen von der *business judgment rule* erfasst. Nach dieser weiten Auslegung des unternehmerischen Ermessensspielraums darf das Verwaltungsorgan Abwehrmaßnahmen dann ergreifen, wenn die Übernahme *dem Interesse des Unternehmens* zuwiderläuft (1980; für weitere Urteile, die Abwehrmaßnahmen anerkannten, Coffee 1984: 1252). Die Skepsis gegenüber feindlichen Übernahmen wurde lange Zeit auch von der SEC geteilt. Noch im Jahre 1980 äußerte sich der damalige SEC-Chairman Harold Williams folgendermaßen zur Frage nach der Entscheidungshoheit über das Angebot einer öffentlichen Übernahme:

> For these reasons, the vehicle for balancing the competing concerns which must be weighed in evaluating a tender offer is to be found not in the marketplace but in the corporate board room. Directors of the target should make the decision, as they do all other corporate policy decisions, and do so based on an assessment of the corporation as an institution with responsibilities to discharge, rather than simply seeking the best deal for their shareholders.
> (Williams 1980: 13)

2.1.2 Zur Struktur des Aktienrechts

Die Managerherrschaft manifestierte sich auch in der Struktur des Aktienrechts und in der Art und Weise, wie Juristen das Verhältnis von zwingendem und dispositivem Recht bestimmten (Eisenberg 1989).[1] Während der Phase der Managerherrschaft setzte sich ein *Trend zur Aushöhlung zwingender gesetzlicher Vorschriften* fort, in dessen Folge sich der relative Anteil dispositiver Normen und die satzungsmäßigen Gestaltungsspielräume immer mehr vergrößerten. Der liberale Charakter des amerikanischen Aktienrechts ist das Produkt einer langen historischen Entwicklung, die mit der Verbreitung der allgemeinen Aktiengesetze im letzten Drittel des 19. Jahrhunderts begann und in eine sukzessive Zurückdrängung der anfänglich in diesen noch enthaltenen Vorschriften überging (Bratton 1989). Die anfängliche Liberalisierung betraf beispielsweise die Vorschriften zur Größe, zur Lebensdauer sowie zum Unternehmenszweck der Aktiengesellschaft (*Ultra-Vires*-Doktrin). Zudem wurden die anfänglichen Vorschriften zur Höhe des Grundkapitals sowie zur Höhe der Verbindlichkeiten und Kapitalbeteiligungen nach und nach aufgehoben (Brandeis 1933; Cary 1974; Horwitz 1992; Hurst [1970]2004; Seligman 1995).

1 Melvin Eisenberg (1989) differenziert innerhalb der Kategorie des dispositiven Rechts noch einmal zwischen »default rules« und »enabling rules«. Während erstere für die Aktiengesellschaft auch dann Gültigkeit besitzen, ohne dass diese die Regeln adoptiert hat, müssen letztere erst von der Aktiengesellschaft übernommen und spezifiziert werden, damit sie für diese rechtskräftig werden. Beiden Arten von Regeln ist jedoch gemeinsam, dass ihre Gültigkeit nicht zwingend vorgeschrieben ist, sondern von der Aktiengesellschaft durch Satzungsbeschluss aufgehoben werden kann.

Ihre eigentliche Dynamik bezieht die Liberalisierung des amerikanischen Aktienrechts aus dessen föderativen Struktur. Im Unterschied zum deutschen System liegt die Gesetzgebungskompetenz für das Aktienrecht in den USA im Normalfall nicht bei der Bundesregierung, sondern bei den Gliedstaaten (Eisenberg 1989; Merkt 1995; Vagts 1998). Diese befinden sich seit dem 19. Jahrhundert in Konkurrenz um Inkorporierungen. Ausgehend von dem Urteil im Fall Paul v. Virginia aus dem Jahre 1868 ermöglichte die Rechtsprechung den amerikanischen Aktiengesellschaften, ihre Geschäftstätigkeit in andere Einzelstaaten auszuweiten und sich bereits bei der Gründung *unabhängig vom Geschäftssitz* den vorteilhaftesten Inkorporationsstandort aus dem vielfältigen Angebot an Aktiengesetzen auszusuchen (Merkt 1995: 549). Auf dieser rechtlichen Grundlage entstand zwischen den Einzelstaaten ein Wettbewerb um Inkorporierungen, bei dem das liberalste Aktienrecht mit der größten Anzahl von Inkorporierungen belohnt wurde (Brandeis 1933; Cary 1974).

Aus Sorge vor der Abwanderung der Aktiengesellschaften sahen sich die Juristen der Einzelstaaten dazu gezwungen, den Bedürfnissen der Manager nach einer Minimierung gesetzlich zwingender Vorschriften und einer Vergrößerung der Satzungsfreiheit nachzukommen (Cary 1974). Nachdem Gouverneur Wilson 1913 in New Jersey strengere Gesetze eingeführt hatte, ging Delaware als Sieger aus dem Wettbewerb um Inkorporierungen hervor. Die Juristen in Staaten mit einem liberalen Aktienrecht wie Delaware bemühten sich, die Attraktivität ihres Standortes aufrechtzuerhalten und reagierten auf Liberalisierungen in anderen Staaten mit weiteren Liberalisierungen. Die durch den Wettbewerb um Inkorporierungen in Gang gehaltene Liberalisierungsspirale brachte sowohl die Richter als auch die Rechtsanwälte in Distanz zu zwingenden Regeln, wie sie im deutschen Aktienrecht vorherrschen, wo das Aktienrecht in die Kompetenz des Bundes fällt. Sowohl die an der Gesetzgebung beteiligten Anwälte als auch die Richter hielten die Liberalisierung in Gang, indem sie die von den Aktiengesellschaften zur Umgehung zwingender Vorschriften ergriffenen Maßnahmen aufnahmen und ins geltende Recht übertrugen. Die Folge ist, dass das US-amerikanische Aktienrecht weitaus liberaler als das deutsche ist (vgl. Kapitel 3). Viele der vom Aktiengesetz vorgeschriebenen Regeln können durch die Satzung außer Kraft gesetzt werden (»default rules«); andere Regeln gelten nur, wenn sie in die Satzung aufgenommen werden (»enabling rules«; Eisenberg 1989: 1461). Das tatsächliche Ausmaß der Vertragsfreiheit für amerikanische Aktiengesellschaften ist zwar nicht grenzenlos (Gordon 1989: 1533–1534). So schreibt das Aktiengesetz von Delaware den Aktiengesellschaften zwingende Regeln zur Bestellung des Verwaltungsrates vor. Auch die Amtszeit der Mitglieder ist zwingend auf maximal drei Jahre begrenzt. Zudem muss einmal im Jahr eine Hauptversammlung abgehalten werden. Schließlich sind alle Aktiengesellschaften, die ihren rechtlichen Sitz in Delaware haben, dazu verpflichtet, bei größeren Transaktionen einen Mehrheitsbeschluss der Hauptversammlung einzuholen. Zusätzlich zum Bereich des Aktienrechts sind die börsennotierten Aktiengesellschaften einer Reihe zwingender kapitalmarktrechtlicher Vorschriften unterworfen (Easterbrook/Fischel 1989: 1417–1418). Im Vergleich zur Situation in Deutschland ist der durch zwingendes Recht geregelte Bereich jedoch überschaubar.

2.1.3 Die Krise der Managerherrschaft und der Versuch, ein nationales Aktienrecht zu schaffen

Beginnend in den späten 1960er-Jahren wurden die US-amerikanischen Aktiengesellschaften mit einer Reihe miteinander verbundener Probleme konfrontiert, die ihre Situation nachhaltig veränderten. Erstens waren die Aktiengesellschaften einem intensivierten internationalen Wettbewerb auf den Produktmärkten ausgesetzt und mussten ihre Marktanteile auf ihrem Heimatmarkt gegenüber ausländischen Wettbewerbern verteidigen (Fligstein 2001: 150). Während der Übernahmewelle in den 1960er-Jahren hatten die Manager die Aktiengesellschaften zu großen, diversifizierten Konglomeraten umgebaut. Im Wettbewerb mit den deutschen und US-amerikanischen Konkurrenten erwies sich diese Strategie als Nachteil. Im Automobilsektor sowie in der Elektroindustrie verloren die amerikanischen Aktiengesellschaften Marktanteile an japanische und deutsche Konkurrenten. Die Folge waren einbrechende Gewinne und ein Rückgang der Profitraten. Zweitens führten die hohen Inflationsraten zu einem massiven Wertverfall auf den Aktienmärkten. Infolge von Zinserhöhungen zogen die Investoren große Teile ihres Kapitals aus den Aktiengesellschaften ab und investierten in Staatsanleihen und andere festverzinsliche Wertpapiere (Fligstein 2001: 150). Daraufhin kam es an den Aktienmärkten zu großen Kursverlusten.

Die schlechte Verfassung von Wirtschaft und Aktienmärkten trug dazu bei, das Vertrauen in die Manager zu untergraben und brachte die Manager in die Defensive (Eisenberg 1983: 212). Die Managerherrschaft erschien einer wachsenden Anzahl von Betrachtern nicht mehr länger legitim. Die Erwartung, dass etwas getan werden müsste, um die Wettbewerbsfähigkeit der Unternehmen zu vergrößern, kam auch im Bereich des aktienrechtlichen Diskurses zum Ausdruck. Innerhalb der aktienrechtlichen Profession setzte zur Mitte der 1970er-Jahre eine Suchbewegung ein, die juristische Alternativen zum System der Managerherrschaft zu identifizieren versuchte. Dies geschah zunächst im Rahmen der institutionalistischen Betrachtungsweise des Aktienrechts. Zunächst wurde weder die Verantwortung der Aktiengesellschaften gegenüber den Nicht-Aktionären noch die für die Phase der Managerherrschaft charakteristische Außerkraftsetzung von Marktkräften zur Disposition gestellt.

Als Ursache der Krise wurden hingegen zunächst der aus der föderativen Struktur des Aktienrechts entstandene Gesetzgebungswettbewerb und das hierdurch bedingte *Regulierungsdefizit* identifiziert (Cary 1974; Nader/Green/Seligman 1976). Unter den Aktienrechtsexperten verbreitete sich in den 1970er-Jahren die Auffassung, dass der Gesetzgebungswettbewerb die Gliedstaaten daran hindere, die Aktiengesellschaften in angemessener Weise zu kontrollieren. Der weitgehend dispositive Charakter des Aktienrechts und die den Managern zugebilligten Gestaltungsspielräume wurden angesichts wirtschaftlicher Misserfolge als Wettbewerbsnachteile wahrgenommen. Da die Einzelstaaten offensichtlich nicht in der Lage waren, die aktienrechtlichen Rahmenbedingungen für eine wirksame Unternehmenskontrolle zu schaffen, gab es Überlegungen, die Kompetenz für das Aktienrecht auf die Bundesebene zu verlagern und hier für alle US-amerikanischen Aktiengesellschaften gleichermaßen verbindliche Mindeststandards festzuschreiben (Cary 1974; Nader/Green/Seligman 1976). Nach Beendigung seiner Amtszeit als SEC-Chairman äußerte sich William Cary zum Zustand des amerikanischen Aktienrechts: »[T]he first step is to escape from the present predicament in which a pygmy among the 50 states prescribes, interprets, and indeed denigrates national corporate policy as an incentive to encourage incorporation within its borders« (Cary 1974: 701). Die Aushöhlung aktienrechtlicher Vorschriften durch den »race for [sic] the bottom« (ebd.: 666) hatte das allgemeine Vertrauen in die Wirtschaft nach Carys Ansicht schwer erschüttert. Die einzige Möglichkeit, wie die desolate Situation des Aktienrechts verbessert und die Krise der Unternehmenskontrolle überwunden werden konnte, bestand aus Carys Sicht in einer Verankerung zwingender aktienrechtlicher Mindeststandards auf der Ebene des Bundesrechts.

In Richtung einer Ausweitung zwingenden Rechts durch einen zentralstaatlichen Eingriff zielten auch die in dem Buch *Taming the Giant Corporation* formulierten Vorschläge von Ralf Nader, Mark Green und Joel Seligman (Nader/Green/Seligman 1976). Diese folgten Cary in der Einschätzung, dass sich die Manager infolge der Beschneidung zwingender Normen aus ihrer Verantwortung gezogen und hierdurch zu einem Legitimitätsverlust der Aktiengesellschaft beigetragen hätten. Um der Welle an Verbrechen, Skandalen und Krisen, die als Folge des Versagens bisheriger Kontrollmechanismen die Legitimität der Managerherrschaft erschüttert hatten, ein Ende zu bereiten, griffen Nader und seine Koautoren den seit Ende des 19. Jahrhunderts immer wieder aufgekommenen, jedoch bislang nicht realisierten Vorschlag zur *Schaffung eines nationalen Aktienrechts* wieder auf. Ralf Nader und seine Koautoren begründeten ihren Vorschlag durch den Hinweis, dass es sich bei den Aktiengesellschaften um landesweit und international operierende Unternehmen handele. Dem Vorschlag des »federal chartering« zufolge sollte die Vergabe von Satzungen ab einer bestimmten

Unternehmensgröße von den Einzelstaaten auf den Bundesstaat übertragen werden (Nader/Green/Seligman 1976: 66–68). In inhaltlicher Hinsicht ging es bei den von Nader und seinen Koautoren vorgeschlagenen Reformen um die Stärkung der nicht geschäftsführenden Mitglieder des Verwaltungsrates. Ihre Unabhängigkeit sollte durch Übertragung der Nominierungsbefugnis auf die Aktionäre sichergestellt werden. Das größte Aufsehen erregte der Vorschlag, die einzelnen Verwaltungsratsmitglieder (neben allgemeinen Pflichten) mit der Durchsetzung ihnen einzeln zugeordneter Stakeholder-Interessen zu beauftragen (Nader/Green/Seligman 1976: 75).

2.2 Das Vordringen der Märkte und die Etablierung der Finanzökonomik

Die anfänglichen Reaktionen auf die Wirtschaftskrise kritisierten zwar den dispositiven Charakter des Aktienrechts, blieben jedoch ansonsten dem institutionalistischen Denkansatz verhaftet. In der zweiten Hälfte der 1970er-Jahre formierte sich jedoch eine intellektuelle Gegenbewegung, die mit der institutionalistischen Betrachtungsweise radikal brach. Diese versuchte, die Aktiengesellschaften von ihrer sozialen Verantwortung zu entlasten, indem sie die Maximierung des Marktwerts zum obersten Ziel der Aktiengesellschaft und des Aktienrechts erklärte. In konzeptueller Hinsicht ist diese Denkrichtung vertragstheoretisch ausgerichtet und besitzt einen stark individualistischen Charakter. Ihr wichtigster Unterschied gegenüber dem Paradigma der Managerherrschaft besteht in ihrer positiven Beurteilung marktförmiger Kontrollinstrumente. Während Cary und Nader eine Ausweitung gesetzlicher Pflichten als Problemlösung propagierten, brachten die Vertreter des individualistischen Denkansatzes den Marktmechanismus als Alternative zur rechtlichen Regulierung ins Spiel.

Den Hintergrund für die Reetablierung marktförmiger Kontrollinstrumente sowie die stärkere Betonung von Renditeinteressen bildete die Tatsache, dass die Aktiengesellschaften während der 1970er-Jahre immer mehr in Abhängigkeit von den Finanzmärkten gerieten (Fama/Jensen 1983). Diese Entwicklung zeigte sich bereits in der Welle feindlicher Übernahmen, die in den 1960er-Jahren einsetzte und ab 1973 an Fahrt gewann (Hirsch 1986: 806–808). Die in den 1960er-Jahren stattgefundenen Übernahmen und Fusionen waren noch eine Erscheinungsform eines generellen Diversifizierungstrends, der die Aktiengesellschaften zur vertikalen Integration veranlasste und zur Entstehung von diversifizierten Konglomeraten führte (Fligstein 1990: 259). Die niedrige Bewertung der Aktiengesellschaften an den Aktienmärkten brachte eine Gruppe von Finanzmarktteilnehmern auf den Plan, zu niedrig bewertete Unternehmen zu akquirieren, sie zu restrukturieren und anschließend Gewinn bringend zu veräußern (Dobbin/Zorn 2005; Gordon 1991; Hirsch 1986; Powell 1993). Der Williams Act erschwerte die Übernahmen zwar, verhinderte diese jedoch nicht. Angesichts der Höhe der erzielbaren Gewinne auf dem *Markt für Unternehmenskontrolle* nahmen die Bieterunternehmen den hohen bürokratischen Aufwand in Kauf (Hirsch 1986: 810). Die Finanzierung feindlicher Übernahmen wurde seit Beginn der 1980er-Jahre durch die Verbreitung neuer Finanzierungsinstrumente erleichtert (Powell 1993: 430f.). Die Übernahmewelle gewann auch dadurch an Fahrt, dass die Reagan-Administration in den frühen 1980er-Jahren das Kartellrecht lockerte und den Unternehmen hierdurch die Akquisition von Wettbewerbern ermöglichte (Davis 1991: 585). Die Übernahmewelle erreichte zwischen 1982 und 1987 ihre größte Dynamik. Allein im Jahr 1985 wurden in den USA insgesamt 822 Fusions- und Übernahmeangebote publik (Powell 1993: 430). Die anfänglich von mittelgroßen Unternehmen durchgeführte Praxis feindlicher Übernahmen weitete sich zwischen 1974 und 1984 auch auf Großunternehmen aus der Öl-, Stahl- und Tabakindustrie aus (Hirsch 1986: 811). Zwischen 1980 und 1989 wurde ein Viertel der Fortune-500-Unternehmen mit einem Übernahmeangebot konfrontiert (Davis 1991: 584). Weil die Gesamtheit ihrer Teile am Aktienmarkt höher bewertet wurde als die Konglomerate selbst, wurden diese zerschlagen und anschließend in Teilen verkauft (Davis/Diekmann/Tinsley 1994).

2.2.1 Die Institutionalisierung der Finanzökonomik

Angesichts der Welle feindlicher Übernahmen etablierte sich zunächst in der Finanzökonomik und später auch in der Rechtswissenschaft eine marktliberale Denkrichtung, die sowohl den von Berle vertretenen aktienrechtlichen Institutionalismus als auch die von zu Nader und Cary propagierte Schaffung eines nationalen Aktienrechts bekämpfte. Ein früher Vertreter dieser der Chicago-Schule nahestehenden Denkrichtung war Henry Manne (1962, 1965, 1967b, 1967a, 1972, 1987). Für Manne galt die von Berle und Means konstatierte Trennung von Eigentum und Kontrolle nur für den Fall der Außerkraftsetzung von Marktkräften. Sobald die Finanzmärkte jedoch von ihren gesellschaftlichen Fesseln befreit seien, könnten die Aktionäre die ihnen zustehende Vorherrschaft zurückerlangen. Auftrieb erhielt die von Henry Manne in der Jurisprudenz angeführte Finanzökonomik. Diese institutionalisierte sich in den 1970er-Jahren als eigenständige Disziplin (Whitley 1986). Im Zuge der in den 1960er-Jahren vollzogenen Wende zur Mikroökonomik hatten sich die Ökonomen die bislang ausschließlich durch die Jurisprudenz untersuchte Aktiengesellschaft als Untersuchungsobjekt erschlossen. Hierbei lassen sich die Institutionenökonomik

(Coase 1937; Williamson 1975) und die Finanzökonomik (Fama 1970, 1980; Fama/Jensen 1983; Jensen/Meckling 1976; Jensen 1983) unterscheiden. Beide Disziplinen betrachteten Aktiengesellschaften im Kontext von Marktbeziehungen. Vor allem die Finanzökonomik war für die weitere Entwicklung des aktienrechtlichen Diskurses von großer Bedeutung.

Eine grundlegende Entdeckung der Finanzökonomik, die später auch von den Aktienrechtlern rezipiert wurde, war die sogenannte *Effizienzmarkttheorie*. Adolf Berle und seine Zeitgenossen waren noch davon ausgegangen, dass die Manager großer Aktiengesellschaften ihre Geschäftspraktiken vor den Aktionären und der Umwelt verbergen und unbemerkt Ressourcen abzweigen konnten. In dem Maße, in dem die Eigentümer sich aus den Unternehmen zurückgezogen und die Verwaltung den Managern übertragen hatten, gerieten ihnen die unternehmensinternen Vorgänge aus dem Blick. Die Aktionäre entbehrten dieser Sichtweise zufolge zugleich der Möglichkeit, die mit der Anlage verbundenen Gewinnaussichten richtig einzuschätzen oder verschiedene Unternehmen im Hinblick auf die manageriale Performanz zu vergleichen. Obwohl die Aktionärsrechte infolge des Gesetzgebungswettbewerbs ausgehöhlt waren, blieb der Vorstellungshorizont der Rechtswissenschaft bis in die 1970er-Jahre hinein auf rechtliche Instrumente der Unternehmenskontrolle beschränkt. Diese auch noch in den Reformvorschlägen Carys und Naders zum Ausdruck kommende Sichtweise wurde durch das Vordringen der Märkte und die parallel hierzu ablaufende Entdeckung der Effizienzmarkttheorie zunichtegemacht.

Die Effizienzmarkttheorie beruht auf der Beobachtung, dass der Preis der Aktie alle relevanten Informationen über den Wert des Unternehmens korrekt abzubilden vermag (Fama 1970; Fischel 1978). Der Unternehmenswert setze sich aus den Gewinnerwartungen und der Wahrscheinlichkeit ihrer Realisierung zusammen (Saari 1977: 1035). In einem dynamischen Prozess würden sämtliche Informationen über diese beiden Komponenten des Unternehmenswertes in Kaufs- und Verkaufsentscheidungen auf den Finanzmärkten übersetzt und resultierten dadurch in schnellen Preisanpassungen. Die Preisanpassung werde von institutionellen Investoren und Analysten vorangetrieben, die sich in Konkurrenz zueinander fortlaufend wertrelevante Unternehmensinformationen beschafften und hierauf blitzschnell mit Kauf- und Verkaufsentscheidungen reagierten oder entsprechende Empfehlungen abgäben. Prinzipiell kann es sich bei den Marktintermediären auch um Insider handeln, die *per definitionem* Zugang zu nicht öffentlichen Unternehmensinformationen haben und über Anreize verfügen, diese Informationen für Transaktionen mit Aktien zu nutzen. Da der Insider-Handel jedoch durch den Securities Exchange Act verboten wurde, sind institutionelle Investoren und Analysten faktisch von größerer Bedeutung für die Herstellung von Markteffizienz. Insofern die Käufe oder Verkäufe der

Marktintermediäre zu Preiskorrekturen an den Aktienmärkten führten, würden die Informationen über den Wert des Unternehmens an die restlichen Marktteilnehmer weitergegeben. Der Preis enthalte zugleich eine Einschätzung über die Fähigkeiten des Managements, Werte zu schaffen. Mangelnde Sorgfalt, Ineffizienz oder Müßiggang spielen sich der Effizienzmarkttheorie zufolge nicht mehr länger hinter dem Rücken der Aktionäre ab, sondern werden durch Preisanpassungen für alle sichtbar. Durch den Preismechanismus seien Manager der ständigen Beobachtung durch Finanzmarktakteure ausgesetzt (so bereits Manne 1965: 112). Da der Preis alle relevanten Informationen über den Wert des Unternehmens enthalte, diene er dazu, ineffiziente Unternehmensleitungen öffentlich bloßzustellen (Fama 1970; Saari 1977).

Die Finanzökonomik legte auch in konzeptueller Hinsicht eine wichtige Grundlage für die Entwicklung im aktienrechtlichen Diskurs. Anders als die Institutionenökonomik, die die Aktiengesellschaft als institutionelle Alternative zum Markt begriff (Coase 1937; Williamson 1975), entwickelte die Finanzökonomik ein antiinstitutionalistisches Verständnis vom Wesen der Aktiengesellschaft. Ihre Vertreter, Armen Alchian und Harold Demsetz (1972) sowie Michael Jensen und William Meckling (1976), betrachteten Unternehmen nicht als wesensverschieden von Märkten, sondern als einen besonderen Typus von Markt- beziehungsweise Vertragsbeziehungen. Insbesondere den von Coase und Williamson betonten hierarchischen Charakter von Aktiengesellschaften stellten Alchian und Demsetz (1972) infrage. Weder die Inhaber von Kapital noch von Arbeitskräften seien auf Gedeih und Verderb an die Aktiengesellschaft gebunden. Wie jeder andere Marktakteur auch, seien diese frei und könnten ihre Verträge jederzeit kündigen. Statt die Aktiengesellschaft als einen dem Markttausch grundsätzlich entgegengesetzten Koordinationsmechanismus zu betrachten, wie es die Anhänger der Institutionenökonomik taten, vertraten Alchian und Demsetz deshalb ein Unternehmensverständnis, das den *vertragsförmigen Charakter der Aktiengesellschaft* betont. Hiermit ist nicht gesagt, dass Alchian und Demsetz Unternehmen schlechthin mit Marktbeziehungen identifizierten. Bei näherer Betrachtung entdeckt man sogar ein hierarchieförmiges Element im Unternehmensbegriff von Alchian und Demsetz. Dieses resultiert aus der Besonderheit, die sie der unternehmensförmigen Organisation wirtschaftlicher Beziehungen zuschreiben. Letztere besitze nämlich im Gegensatz zum reinen Markttausch einen teamförmigen Charakter und weise einen zentralen Agenten auf, der die sich zu einem Team fügenden Inputfaktoren koordiniere. Dieser Zentralagent erscheint hier als das Herzstück des Unternehmens. Anders als die restlichen Vertragspartner ist dieser Agent der Sichtweise von Alchian und Demsetz gemäß mit zahlreichen Sonderrechten ausgestattet, wie zum Beispiel mit dem Recht auf Einbehaltung der Gewinne sowie der Zusammensetzung und Neugestaltung des Teams. Während die Aktiengesellschaft nach Einschätzung der Institutionenökonomen der Reduzierung von Transaktionskosten dient, erfüllt sie Alchian und Demsetz zufolge die Funktion, die bei der Messung der jeweiligen Inputproduktivität anfallenden Kosten (»metering costs«) zu reduzieren und den erzielten Gesamtgewinn auf dieser Grundlage an die einzelnen Teammitglieder auszuschütten.

Wie Alchian und Demsetz beschäftigten sich auch Michael Jensen und William Meckling (Jensen/Meckling 1976) mit den Binnenbeziehungen von Unternehmen. Noch entschiedener als Alchian und Demsetz wandten sie sich von institutionalistischen Auffassungen ab und propagierten stattdessen ein vertragstheoretisches Verständnis vom Wesen der Aktiengesellschaft. Jensen und Meckling (1976: 8–9) konzeptualisierten die Aktiengesellschaft als *Nexus von Verträgen* zwischen den Inhabern von Produktionsfaktoren. Die Grundüberlegung von Jensen und Meckling bestand darin, die Aktiengesellschaft in Form von *Agency-Beziehungen* zu untersuchen, innerhalb deren der Prinzipal (das heißt die Aktionäre) die Verfügungsgewalt an einen Agenten (das heißt die geschäftsführenden Verwaltungsratsmitglieder) überträgt. Der Fokus der Finanzökonomik liegt Jensen und Meckling zufolge auf den innerhalb dieser Beziehung anfallenden *Agency-Kosten* und den Instrumenten zur Reduzierung dieser Kosten. Während die Institutionenökonomik die Aktiengesellschaft als Instrument zur Senkung der auf Märkten anfallenden Transaktionskosten betrachtete, untersuchte die Finanzökonomik Marktkräfte als Instrumente zur Senkung der innerhalb von Aktiengesellschaften anfallenden Agency-Kosten.

Der vertragstheoretische Begriff der Aktiengesellschaft wurde von zahlreichen Rechtswissenschaftlern übernommen.[2] Die Finanzökonomik ist jedoch nur der äußere Impuls für die im aktienrechtlichen Diskurs zur ersten Hälfte der 1980er-Jahre beobachtbaren vertragstheoretischen Auflösung des Begriffs der Aktiengesellschaft. Einiges spricht dafür, dass es sich beim *Nexus-of-Contracts*-Begriff um eine Reetablierung eines älteren Begriffsverständnisses handelt, das vor der Großen Depression populär war, also bevor die Marktmechanismen außer Kraft gesetzt worden waren. In historischer Hinsicht ähnelt der Nexus-of-Contracts-Begriff der in den 1880er-Jahren populären Aggregattheorie (Coates 1989; Hessen 1979a). Coates (1989: 837) kennzeichnet den Nexus-of-Contracts-Begriff daher als »Neo-Aggregate«-Theorie. Für die Interpretation, dass es sich bei der Nexus-of-Contracts-Metapher um eine modifizierte Form der Aggregattheorie handelt, spricht, dass sowohl der Nexus-of-Contracts- als auch der

2 Vgl. Baysinger/Butler (1985), Bebchuk (1989a), Butler (1989), Cheung (1983), Easterbrook/Fischel (1981, 1989), Fama (1980), Fischel (1982a), Gilson (1981), Hessen (1979b), Jensen/Meckling (1976), Klein (1982), Manne (1965), Posner (1986), Sidak/Woodward (1990).

Aggregat-Begriff den privatrechtlichen Charakter der Aktiengesellschaft betonen. Gleichzeitig stehen Aggregattheorie und Nexus-of-Contracts-Theorie in Opposition zur Entitätstheorie, weil beide die Entität der Aktiengesellschaft als »Fiktion« darstellen und dadurch alle über die vertraglichen Verpflichtungen hinausgehenden sozialen Verantwortlichkeiten der Aktiengesellschaft zurückweisen (vgl. Easterbrook/Fischel 1991).

Die Einsicht, dass Marktkräfte fähig sind, Agency-Kosten zu reduzieren, veranlasste die Vertreter der Finanzökonomik zur *Neubestimmung des Aufgabenbereichs der Manager.* Wie Berle und Means betrachteten auch Jensen und Meckling die Trennung von Eigentum und Kontrolle als unausweichliches Arrangement, welches das Wesen der modernen Aktiengesellschaft bestimmt. Der entscheidende Unterschied gegenüber Berle liegt jedoch darin, dass Jensen und Meckling die Arbeitsteilung zwischen Verwaltung und Aktionären auf der Basis der Effizienzmarkttheorie neu bewerteten. Die Kluft zwischen Eigentum und Kontrolle, die Berle und Means zunächst als Strukturdefizit der modernen Aktiengesellschaft erschien, später jedoch institutionalistisch zugunsten nicht finanzieller Interessen umgedeutet wurde, kann der Finanzökonomik zufolge *allein durch den Preismechanismus überbrückt werden* (Fama 1980; Jensen 1983, 1989). Die Implikationen des vertragstheoretischen Begriffs der Aktiengesellschaft brachte der 1976 mit dem Nobelpreis ausgezeichnete Ökonom Milton Friedman bereits 1970 zum Ausdruck. Im Hinblick auf das Wesen der Aktiengesellschaft äußerte Friedman, dass diese keine reale Person, sondern lediglich ein »voluntary contractual arrangement« sei (Friedman 1970.: 68). Für Friedman ergab sich hieraus eine schlanke Auffassung von den Pflichten der Manager. Mit der Auflösung der aktiengesellschaftlichen Entität verschwand eine Barriere zwischen Managern und Aktionären und zugleich ein Auffangbecken für die Interessen weiterer Anspruchsgruppen. Dem vertragstheoretischen Begriffsverständnis entsprechend betrachtete Friedman die Manager nicht als Repräsentanten gesellschaftlicher Interessen, sondern als Agenten (»agents«) der Anteilseigner (»principals«). Seiner Einschätzung nach waren Manager weder berechtigt noch fähig, das Unternehmensvermögen und die Gewinne für Zwecke auszugeben, die den Interessen der Aktionäre zuwiderlaufen. Zudem könnten es sich die Manager wegen der von Marktkräften ausgehenden Disziplinierungswirkung nicht mehr länger leisten, die der Renditemaximierung entgegenstehenden Interessen zu berücksichtigen (ebd.: 69–70).

Im Bereich des Aktienrechts bemühten sich vor allem Frank Easterbrook und Daniel Fischel um die Etablierung aktionärs- und marktgetriebener Auffassungen (Easterbrook/Fischel 1981, 1982b, 1982a, 1983, 1989, 1991; Fischel 1978, 1982a, 1982b). Auf der begrifflichen Grundlage der Vertragstheorie und auf der normativen Grundlage einer utilitaristischen Gerechtigkeitsauffassung entwickelten Easterbrook und Fischel zu Beginn der 1980er-Jahre die These, dass die Ausrichtung der Aktiengesellschaften am *Shareholder-Value* die größtmögliche Effizienz hervorbringe und deshalb gegenüber anderen Alternativen zu bevorzugen sei (Easterbrook/Fischel 1991: 36ff.). Die Ursache für die ökonomische Überlegenheit einer rein aktionärsorientierten Bestimmung des Unternehmensziels sahen Easterbrook und Fischel in der Tatsache, dass die Aktionäre *residuale Risikoträger* seien und deshalb über die größten Anreize verfügten, auf eine Maximierung des Gesamtgewinns hinzuwirken. Stelle man das Aktienrecht in den Dienst der Effizienzmaximierung, erscheine der *Shareholder-Value* als Leitmaxime für das Vorstandshandeln besser geeignet als die vage Leitschnur der sozialen Verantwortung.

2.2.2 Die *Race-to-the-Top*-These

Die normativen und konzeptuellen Prämissen der Finanzökonomik beflügelten in der zweiten Hälfte der 1970er-Jahre auch die Diskussion innerhalb der Rechtswissenschaft. Eine zunehmende Anzahl von Aktienrechtlern fühlte sich von der Finanzökonomik inspiriert und versuchte, deren Erkenntnisse für die Reinterpretation des Aktienrechts zu nutzen. Eine solche erschien vielen Juristen vor allem deshalb notwendig, weil die wachsende Abhängigkeit der Aktiengesellschaften vom Finanzmarkt den finanziellen Interessen der Aktionäre einen Bedeutungsgewinn verschafft hatte. Auf der Basis der Erkenntnisse der Finanzökonomik kam es auch unter Aktienrechtsexperten zur Herausbildung einer marktliberalen Gegenbewegung, die das von Cary und Nader angeführte Regulierungslager schwächte. In Bezug auf den Vorschlag, ein nationales Aktienrecht zu schaffen, war vor allem ein Beitrag Ralph Winters (1977) bedeutsam. Ideengeschichtlich basiert Winters Argumentation auf dem *Coase-Theorem*. Ronald Coase hatte in seinem Artikel *The Problem of Social Costs* (1960) am Beispiel der Transaktion zwischen einem Rinderzüchter und einem benachbarten Farmer demonstriert, dass die Allokation wirtschaftlicher Ressourcen unter bestimmten Bedingungen unabhängig von der Rechtslage erfolgt. Da die Rinder aus Coases Beispiel einen Teil des nachbarlichen Getreides vernichten, werde der Rinderzüchter entweder gesetzlich zur Kompensation des entstandenen Schadens verpflichtet oder aber – bei Abwesenheit gesetzlicher Haftungsbestimmungen – durch Zahlungen des Farmers davon abgebracht, seine Rinderherde über eine optimale Größe hinaus auszuweiten. Da die Vergrößerung der Herde für den Rinderzüchter in beiden Fällen mit Kosten verbunden sei, mache es für die resultierende Allokation keinen Unterschied, ob es Haftungsnormen gebe oder nicht. In beiden Fällen einigten sich die Akteure darauf, dass der Rinderzüchter seine Herde um eine optimale Anzahl von Rindern vergrößern könne. Dieser erziele einen Gewinn, der größer sei als der dem Farmer entstandene Schaden. Die Entstehung sozialer Kosten ist Coase zufolge deshalb nicht notwendigerweise mit einer gesetzlichen Begrenzung der betreffenden Aktivitäten – im Sinne eines Verbotes oder der Einführung von Haftbarkeitsregeln – zu beantworten, sondern kann prinzipiell auch durch private Vereinbarungen in Wohlstand generierende Arrangements überführt werden. Einschränkend hob Coase jedoch hervor, dass die Existenz von Transaktionskosten den privaten Akteuren in manchen Fällen eine effiziente Güterallokation erschwere und deshalb den Einsatz nicht marktlicher Arrangements – Firmen oder staatliche Regulierung – erforderlich mache (Coase 1937, 1960, 1988). Ausdrücklich wies Coase jedoch auf die durch staatliche Eingriffe entstehenden Kosten (»administrative costs«) und die hiermit verbundene Gefahr von Effizienzverlusten hin. Die Verantwortlichen seien nämlich politischem Druck ausgesetzt, und keinerlei ökonomische Kräfte begrenzten ihre Macht. Aus diesen Gründen zeitigt staatliche Regulierung Coase zufolge nicht notwendigerweise größere Wohlstandsgewinne als individuelle Akteure oder Unternehmen. Dies sei sogar in der Regel unwahrscheinlich (Coase 1960: 18).

Auf Coases Überlegungen aufbauend argumentierte der Aktienrechtler Ralf Winter, dass der von William Cary und Ralf Nader befürwortete Eingriff der Zentralregierung den Aktionären mehr schade als nutze. Mit Cary und Nader stimmte Winter darin überein, dass das Aktienrecht als Folge des Wettbewerbs um Inkorporierungen immer permissiver geworden sei und zu einer Reduzierung von Aktionärsrechten geführt habe (Winter 1977: 255). In Widerspruch zu diesen geriet Winter jedoch hinsichtlich der Bewertung der vollzogenen Liberalisierung. Während die Erosion zwingender Normen die Aktionäre nach der Auffassung von Cary und Nader schutzlos zurückgelassen hatte und deshalb die Ausweitung bundesstaatlicher Kompetenzen erforderlich machte, kam der Gesetzgebungswettbewerb den Aktionären aus Sicht Winters zugute, weil er die Maximierung der Aktionärsgewinne ermögliche. Im Hinblick auf den Gesetzgebungswettbewerb argumentierte Winter, dass die Kapitalmarktteilnehmer die Manager dazu zwängen, die Aktionärsinteressen bereits bei der Inkorporierungsentscheidung mit zu berücksichtigen. Da die Inkorporierung in einem aus Aktionärssicht unattraktiven Staat von den Aktionären mit Kursabschlägen bestraft werde und die Manager dies aus Sorge vor feindlichen Übernahmen zu vermeiden versuchten, entschieden sich diese bei der Inkorporierung für das von den Aktionären präferierte Rechtssystem. Die Gesetzgeber der Einzelstaaten wiederum reagierten auf die Bedürfnisse der Manager nach einem aktionärsfreundlichen Rechtsregime (ebd.: 287). Aufgrund der auch von den Aktionären zu tragenden *Regulierungskosten* optierten diese jedoch nicht für ein Regime mit zwingend vorgeschriebenen Aktionärsrechten, sondern für ein liberales Aktienrecht mit einer großen Gestaltungsfreiheit. Aufgrund der marktbasierten Kopplung von Manager- und Aktionärsinteressen habe der Markt für Satzungen keineswegs zu einem Wettlauf nach unten geführt, sondern in einem *race to the top* ein optimales Arrangement entstehen lassen, das Managern und Aktionären gleichermaßen nutze. Aus diesem Grunde lehnte Winter bundesstaatliche Eingriffe in das Aktienrecht ab.

Zahlreiche Studien haben versucht, die Auseinandersetzung zwischen Cary und Winter empirisch zu lösen (Dodd/Leftwich 1980; Romano 1985; Weiss/White 1987). Die Ergebnisse erscheinen jedoch weder geeignet die *Race-to-the-Bottom*-These zu belegen noch die *Race-to-the-Top*-Position eindeutig zu untermauern. Im weiteren Verlauf der Debatte setzte sich die Auffassung durch, dass die Einzelstaaten wenigstens partiell zu einer Mitberücksichtigung der Aktionärsinteressen gezwungen seien. Insbesondere Delaware verfügt über ein im Vergleich zu anderen Staaten verhältnismäßig strenges Aktiengesetz, in dem auch die Interessen der Aktionäre mitberücksichtigt werden. Dieser Umstand lässt sich auf die Tatsache zurückführen, dass die auf der Bundesebene agierenden Akteure nicht im gleichen Maße dem Regimewettbewerb ausgesetzt sind wie die einzelstaatlichen Akteure und daher vergleichsweise viel Unabhängigkeit gegenüber den Managern besitzen. Da die einzelstaatlichen Gesetzgeber im Schatten der Bundesregierung operieren, müssen sie im Falle starker Verstöße gegen die Aktionärsinteressen mit dem Eingreifen Washingtons rechnen (Eisenberg 1989; Roe 2005).

Dem Vordringen der Aktionäre trugen die Kontraktualisten insofern Rechnung, als sie das Ziel der Aktiengesellschaft auf den *Shareholder-Value* reduzierten und die Manager von ihren Verpflichtungen gegenüber anderen Anspruchsgruppen befreiten. Offensichtlich kam dieser Vorschlag den Interessen der Minderheitsaktionäre entgegen. Anders als der Zentralisierungsvorschlag bedienten Ralf Winter und andere marktliberale Aktienrechtler zunächst auch die Bedürfnisse der Manager. Zum einen diente die vertragstheoretische Rekonzeptualisierung des Aktienrechts dazu, die Manager von den Ansprüchen der Nicht-Aktionäre zu entlasten. Zum anderen trug sie dazu bei, die in der Mitte der 1970er-Jahre drohende Schaffung eines nationalen Aktienrechts zu verhindern. Mit Winters Argumentation hatte das manageriale Autonomiebedürfnis eine juristische Artikulationsform erhalten, die dieses legitimieren half und die Befürworter einer regulatorischen Ausweitung schwächte. Gemäß den im ersten Kapitel angestellten Überlegungen zu den juristischen Handlungsorientierungen könnte Winters Intervention als Versuch gedeutet werden, die partikularen Interessen der Manager in eine juristische Form zu kleiden. Auf die Affinität Winters zu den Managerinteressen deutet auch die Tatsache hin, dass er finanzielle Förderung vom wirtschaftsnahen American Enterprise Institute erhielt

(Winter 1978).[3] Innerhalb des juristischen Feldes der USA standen sich in den 1970er-Jahren somit zwei Fraktionen gegenüber: auf der einen Seite eine gegenüber managerialen Interessen relativ unabhängige Fraktion um Cary und Nader, welche die Krise der 1970er als Gelegenheit zur Durchsetzung bundesstaatlicher Eingriffe in die manageriale Autonomie zu nutzen versuchte; auf der anderen Seite die vom American Enterprise Institute, der Olin Foundation und anderen wirtschaftsnahen Stiftungen geförderten Vertreter marktliberaler Auffassungen, die die Manager unter Berufung auf die Effizienz freier Märkte vor regulatorischen Eingriffen zu schützen versuchten.

2.2.3 Die ökonomische Analyse des (Aktien-)Rechts

In disziplinärer Hinsicht erscheint die Hinwendung der Aktienrechtswissenschaft zur Finanzökonomik als Teil der Ökonomisierung der Rechtswissenschaft und der sich im Laufe dieses Prozesses etablierenden Rechtsökonomik. Als wichtigster Begründer der ökonomischen Analyse des Rechts gilt Richard Posner. In einem erstmalig im Jahre 1973 erschienenen Lehrbuch mit dem Titel *Economic Analysis of Law* unterzog Posner (1986) nahezu sämtliche Bereiche des US-amerikanischen Zivilrechts einschließlich des Aktienrechts einer effizienztheoretischen Umdeutung. Sein Lehrbuch ist mittlerweile in der siebenten Auflage erschienen und gehört heute zum Kanon der US-amerikanischen Juristenausbildung.[4] Im Hinblick auf das Ziel des Zivilrechts entwickelte Posner die Vorstellung, dass dieses ausschließlich darin bestehe, private Akteure dazu in die Lage zu versetzen, Effizienz, also den gesellschaftlichen Wohlstand, zu maximieren. Posner betrachtete Effizienz nicht als Alternative, sondern eher als eine bestimmte Form der Gerechtigkeit (Posner 1986: 25). In vielerlei Hinsicht deckten sich die als ungerecht wahrgenommenen Vorgänge, wie zum Beispiel die Enteignung ohne Kompensation oder eine Verurteilung ohne Gerichtsverhandlung, mit einer Verschwendung von Ressourcen und stellten daher einen Verstoß gegen das Effizienzprinzip dar. In einer Welt knapper Ressourcen stelle jegliche Verschwendung einen Akt der Ungerechtigkeit dar (ebd.).

Zur Messung von Effizienz zog Posner das Kaldor-Hicks-Kriterium dem Pareto-Kriterium vor (Posner 1986: 13–15). Nach dem Pareto-Kriterium ist ein Zustand x dann gegenüber einem anderen Zustand y Pareto-optimal, wenn mindestens ein Akteur Zustand x vorzieht, kein Akteur y bevorzugt und alle anderen Akteure zumindest indifferent sind (vgl. Eidenmüller 2005: 48). Das

3 Ähnliches gilt für Robert Hessen (1979a) und Roberta Romano (1993).

4 Den Aufstieg der Ökonomik in der amerikanischen Rechtswissenschaft haben Landes und Posner (1993) in einer Zitationsanalyse aufgezeigt.

Pareto-Kriterium setzt somit die Zustimmung oder Tolerierung aller potenziell Betroffenen zu einer allokativen Veränderung voraus. Hiermit wird jedoch jene Möglichkeit zur Erzielung eines Wohlstandsgewinnes ausgeschlossen, die dadurch entsteht, dass die durch eine Transaktion entstehenden Gewinne den dabei entstehenden Schaden übersteigen und die Geschädigten ein Veto einlegen (Posner 1986: 12). Ein Pareto-optimaler Zustand könnte nur dann erreicht werden, wenn die Begünstigten den oder die Geschädigten kompensieren und hierdurch ihre Zustimmung sichern. Dies war jedoch aus der Sicht Posners eine realitätsferne Annahme. Der wirtschaftlichen Realität werde das Kaldor-Hicks-Kriterium eher gerecht, weil dieses eine Zustimmung der Geschädigten ebenso wenig verlangt wie eine Kompensation. Damit ein Zustand das Kaldor-Hicks-Kriterium erfülle, genüge es, dass die Begünstigten die Geschädigten nach der Transaktion kompensieren könnten und ihnen danach immer noch ein Restvorteil bliebe (Posner 1986: 12). Die Realisierung der Kompensation sei jedoch keine Bedingung für die Erfüllung des Kaldor-Hicks-Kriteriums.

Der Effizienzmaßstab erfüllte bei Posner eine Doppelfunktion. In deskriptiver Hinsicht sollte er das geltende Recht erklären. Gleichzeitig fungierte dieser jedoch als normativer Maßstab, an dem sich die zukünftige Rechtsentwicklung zu messen habe (Posner 1986: 21–22).

Posner betrachtete die Aktiengesellschaft als ein Instrument, das einer Vielzahl gestreuter Aktionäre Möglichkeit und Anreiz verschaffe, viele kleinere Kapitalmengen in einem Unternehmen langfristig zusammenzuführen. Die Rechtsform der Aktiengesellschaft diene demnach in erster Linie dazu, durch Bereitstellung rechtlicher Anreize das Investitionsverhalten der Aktionäre zu stimulieren und dadurch Unternehmern mit kapitalintensiven Geschäftsideen geeignete Finanzierungsmöglichkeiten zu verschaffen (Posner 1986: 383). Ähnlich wie die Finanzökonomen kultivierte auch Posner eine vertragstheoretische Sichtweise auf das Wesen der Aktiengesellschaft. Er war der Ansicht, dass es sich bei der Rechtsform der Aktiengesellschaft um einen Standardvertrag handele, der die Vertragspartner durch Bereitstellung von Default-Regeln, wie der Haftungsbeschränkung oder Ausschüttungssperren, vor mühsamen Vertragsverhandlungen bewahre und ihnen dadurch die Einsparung von Transaktionskosten ermögliche (Posner 1986: 369–372). Das Aktienrecht besitzt Posner zufolge einen grundsätzlich ökonomischen Charakter. Dies bedeutet, dass sich positives Aktienrecht seiner Natur nach nicht grundsätzlich von privaten Verträgen unterscheide, sondern diese (unter der Bedingung optimaler Informationsverteilung und der Abwesenheit von Transaktionskosten) simuliere und dadurch eine effiziente, das heißt Wohlstand steigernde Verteilung von Rechten und Pflichten herbeiführe.

Auch wenn Posner von anderen Fachkollegen anfangs heftig kritisiert wurde (Dworkin 1980), konnte er im Laufe der nächsten beiden Jahrzehnte etliche Anhänger für seine Vorstellungen gewinnen. Posners Plädoyer für eine effizienztheoretische Rechtsbetrachtung ging im weiteren Verlauf der historischen Entwicklung auch in die aktienrechtliche Lehrbuchliteratur ein (siehe zuletzt Allen/Kraakman/Subramanian 2007). In dem Maße, in dem Effizienzüberlegungen an Kontur gewannen, verblasste der im Rahmen des institutionalistischen Ansatzes häufiger auftretende Fairnessbegriff (ebd.: 2).

2.2.4 Die ökonomische Umdeutung feindlicher Übernahmen

Im Zusammenhang mit den Entdeckungen der Finanzökonomik erschienen die in den 1960er-Jahren noch negativ bewerteten feindlichen Übernahmen in neuem Licht. Auf der Basis der Effizienzmarkthypothese entwickelten die Finanzökonomen eine Interpretation der bereits in den 1960er-Jahren beginnenden und in den 1970ern stärker sichtbar werdenden Welle von Übernahmen, die eine marktorientierte Reinterpretation des Problems der Unternehmenskontrolle ermöglichte. Diese Entdeckung der Finanzökonomik lässt sich zur Vorarbeit des Juristen Henry Manne (1965) zurückverfolgen. Manne zufolge ruft die durch den Preismechanismus ermöglichte Sichtbarmachung von Missmanagement Bieterunternehmen auf den Plan, die Kontrolle über ineffizient geführte Unternehmen zu übernehmen und den Unternehmenswert durch notwendige Restrukturierungen zu vergrößern (Manne 1965: 113). Der Transfer managerialer Kontrolle werde durch den *Markt für Unternehmenskontrolle* ermöglicht. Manne unterschied hierbei zwischen Fusionen, der Abberufung des Managements auf der Hauptversammlung und dem direkten Aktienerwerb als möglichen Mechanismen des Kontrolltransfers (Manne 1965, 1967b). Beim direkten Erwerb akquiriert das Bieterunternehmen größere Aktienpakete durch Verhandlungen mit Großaktionären oder auf dem offenen Markt. Bei breit gestreuten Unternehmen tritt häufig eine dritte Variante des Aktienerwerbs auf. Wenn im restlichen Teil des Kapitels von der Regulierung feindlicher Übernahmen die Rede ist, so ist dieser dritte Mechanismus gemeint. Hierbei handelt es sich um öffentliche Übernahmeangebote (»tender offers«) (Manne 1965). Das Bieterunternehmen bittet die Aktionäre der Zielgesellschaft darum, ihre Aktien entweder gegen Aktien der Zielgesellschaft einzutauschen oder gegen Barzahlungen zu veräußern. Üblicherweise erhalten die Aktionäre hierbei einen Aufschlag auf den Marktpreis, der als Übernahmeprämie bezeichnet wird.

Insofern der Preismechanismus alle Unternehmensleitungen der Beobachtung durch potenzielle Bieterunternehmen aussetze, müssen ineffiziente oder opportunistische Unternehmensleitungen Manne zufolge damit rechnen, ausgewechselt zu werden. Umgekehrt sei die Aussicht, als Bieterunternehmen die Kontrolle auf andere Unternehmen auszuweiten, für die Manager ein positiver

Anreiz für eine wertorientierte Unternehmensführung. In Kombination mit effizienten Kapitalmärkten besitze der Markt für Unternehmenskontrolle das Potenzial, die Trennung von Eigentum und Kontrolle zu überwinden (Fischel 1978: 9; Manne 1965: 112).

Auf der Basis der Interpretation feindlicher Übernahmen als Instrument, eine aktionärsorientierte Unternehmensführung durchzusetzen, veränderten sich sowohl die Einschätzung des Williams Acts als auch die vom Verwaltungsrat der Zielgesellschaft ergriffenen Abwehrmaßnahmen. Manne hatte die Regelungen des William Act bereits im Rahmen des Gesetzgebungsverfahrens heftig kritisiert (Manne 1967a), gewann jedoch erst in den späten 1970er-Jahren weitere Anhänger für seine Ansichten (Fischel 1978). Manne (1967a: 239) hatte argumentiert, dass der Markt für Unternehmenskontrolle nur dann funktionieren könne, wenn potenzielle Bieterunternehmen über ausreichende Anreize für die Durchführung von Übernahmen verfügen. Da die Identifizierung von Übernahmeobjekten mit einem hohen Kostenaufwand verbunden sei, erscheine eine feindliche Übernahme nur dann lohnenswert, wenn der bei einer Veräußerung des restrukturierten Unternehmens erzielbare Überschuss sämtliche Kosten, die im Zusammenhang mit der Übernahme anfallen, übersteige. Sobald das Bieterunternehmen jedoch dazu gezwungen werde, die vom ihm produzierten Informationen zu veröffentlichen, verringere sich der Gewinn und mit diesen der Anreiz zur Beschaffung von Übernahmeinformationen (Fischel 1978: 13). Zudem hätte der Williams Act zu einer Verzögerung des Angebotsverfahrens geführt und dem Verwaltungsrat der Zielgesellschaft mehr Zeit für Abwehrmaßnahmen eingeräumt (Easterbrook/Fischel 1981: 1162). Indem die durch den Williams Act geschaffenen Bestimmungen die Kosten für die Durchführung feindlicher Übernahme in die Höhe trieben, so die zentrale Aussage von Manne und Fischel, verringerten diese die Übernahmebereitschaft potenzieller Bieterunternehmen. Hierdurch verringere sich die Disziplinierungsfunktion des Übernahmemarktes. Die Ausweitung des Schutzes vor Bieterunternehmen führe dazu, dass die Aktionäre gegenüber den Managern des Zielunternehmens schutzlos ausgeliefert seien. Die durch die Regelungen des Williams Act entstehenden Kosten seien deshalb letztlich höher als der hierdurch gestiftete Nutzen einzustufen (Fischel 1978: 26).

Neben der veränderten Einschätzung des Williams Acts wandelten sich auch die Auffassungen zu den vom Verwaltungsrat der Zielgesellschaft gegenüber feindlichen Übernahmen ergriffenen Abwehrmaßnahmen. Auf der Basis der Effizienzmarkthypothese und des dem Markt für Unternehmenskontrolle unterstellten Disziplinierungspotenzials trat eine zunehmende Anzahl von Rechtswissenschaftlern zu Beginn der 1980er-Jahre für eine strikte Begrenzung der dem Verwaltungsrat der Zielgesellschaft zur Verfügung stehenden Abwehrmöglichkeiten ein (Bebchuk 1982a; Easterbrook/Fischel 1981, 1982a; Fischel 1978; Gilson 1982b). In Abkehr von der bislang herrschenden Auffassung wurde argumentiert, dass feindliche Übernahmen den Aktionären der Zielgesellschaft Wohlfahrtsgewinne einbrächten und einen gesellschaftlichen Nutzen stifteten. Die Aktionäre der Zielgesellschaft profitieren dieser Sichtweise zufolge von feindlichen Übernahmen in zweifacher Hinsicht: Erstens zahle das Bieterunternehmen ihnen einen über dem Aktienkurs liegenden Preis (»tender premium«). Darüber hinaus profitierten die Aktionäre von der Existenz eines Marktes für Unternehmenskontrolle dadurch, dass dieser ineffiziente Manager sanktioniere und dadurch zur *Senkung von Agency-Kosten* beitrage (vgl. Jensen/Meckling 1976). Insofern die Manager durch die Gefahr feindlicher Übernahmen zu einer effizienten Unternehmensführung gezwungen würden, trage bereits die Möglichkeit feindlicher Übernahmen zur Steigerung des Unternehmenswertes bei (Easterbrook/Fischel 1981: 1173). Gesellschaftlichen Wohlstand erzeuge der Markt für Unternehmenskontrolle durch die Möglichkeit, ineffiziente Manager auszuwechseln und dadurch eine Wohlstand generierende Allokation wirtschaftlicher Ressourcen herbeizuführen (so auch Gilson 1982a: 842).

Aus dieser Sichtweise ergab sich eine veränderte Einschätzung der vom Verwaltungsrat zur Abwehr von Übernahmen ergriffenen Maßnahmen. Geht man davon aus, dass das Ziel des Aktienrechts in der Ermöglichung von Effizienz liegt und feindliche Übernahmen Effizienzgewinne herbeiführen, erscheinen die zu ihrer Beschränkung ergriffenen Maßnahmen kontraproduktiv. Für die Abwehrmöglichkeiten ergibt sich aus all dem, dass diese eine optimale Allokation wirtschaftlicher Ressourcen erschweren und dadurch zu Wertvernichtungen führen. Den Aktionären gehen dieser Sichtweise zufolge durch Abwehrmöglichkeiten nicht nur die Übernahmeprämien verloren, sondern sie verlieren auch die Möglichkeit, das Management zu einer wertorientierten Unternehmensführung zu zwingen. Die juristische Verfügbarkeit von Abwehrmaßnahmen führe zu einer Erhöhung von Transaktionskosten und mache feindliche Übernahmen dadurch weniger profitabel (Gilson 1982a: 845). Mit den durch Abwehrinstrumente erhöhten Transaktionskosten verringerten sich die Anreize potenzieller Bieterunternehmen, auf eine Übernahme hinzuwirken. Folglich führten Abwehrmaßnahmen dazu, dass sich die Anzahl aller möglichen Übernahmeversuche verringere und das Disziplinierungspotenzial des Marktes für Unternehmenskontrolle nicht ausgeschöpft werden könne.

Um das Kontrollpotenzial des Marktes für Unternehmenskontrolle freizusetzen, forderten Easterbrook und Fischel (1981: 120–121), Ronald Gilson (1982a: 846) sowie Lucian Bebchuk (1982b: 1028), die von den Verwaltungsratsmitgliedern ergriffenen Maßnahmen zur Verteidigung gegen feindliche Übernahmen zu verbieten. Die Rolle der Manager sollte Easterbrook und Fischel (1981: 1201) zufolge darauf beschränkt werden, Empfehlungen an die Aktionäre abzugeben und sie mit Informationen zu versorgen, um ihnen ihre Entscheidung zu erleichtern. Eine lebhafte Kontroverse entzündete sich an der Frage, inwieweit es sinnvoll sei, im Rahmen eines Auktionsverfahrens nach einem »weißen Ritter« Ausschau zu halten, der zur Zahlung eines höheren Übernahmepreises bereit ist. Anders als Easterbrook und Fischel billigten Gilson (1981) und Bebchuk (1982b) den Managern eine solche Möglichkeit zu. Ihrer Argumentation zufolge könne die Aktiengesellschaft auf dem Wege eines Auktionsverfahrens in die Hände desjenigen Unternehmens gebracht werden, das den höchsten Preis zu zahlen bereit sei und die besten Verwendungsmöglichkeiten für das akquirierte Unternehmen habe.

2.2.5 Zur richterrechtlichen Institutionalisierung des Kontraktualismus

Die Deregulierungsbewegung blieb nicht auf die Wissenschaft beschränkt, sondern sickerte sowohl in die gesetzes- als auch in die richterrechtliche Aktienrechtspolitik ein. Hinsichtlich ihrer Auswirkungen auf die Gesetzgebung kann festgestellt werden, dass die Etablierung der vertragstheoretischen Gegenbewegung mit dazu beitrug, die von Nader und Cary postulierte Schaffung eines einheitlichen Aktienrechts abzuwenden. Tatsächlich gab es im Kongress mehrere Versuche zur Verwirklichung des Zentralisierungsvorhabens. Als Reaktion auf eine von achtzig Juraprofessoren unterzeichnete Petition, eine Verlagerung des Aktienrechts auf die Bundesebene zu überprüfen, berief der Vorsitzende des Handelsausschusses des Senats im Juni 1976 eine Anhörung ein, um die Notwendigkeit gesetzlicher Maßnahmen zu prüfen (1976). Die Etablierung einer marktliberalen Gegenbewegung innerhalb der Rechtswissenschaft hatte jedoch dazu geführt, dass die Rechtswissenschaftler bei der Anhörung keine einheitliche Einschätzung zur Frage nach der Notwendigkeit der Zentralisierung vertraten und von wissenschaftlicher Seite keine eindeutige Befürwortung des Plans zur Schaffung eines nationalen Aktienrechts mehr zu vernehmen war. Die von Ralf Nader, Harvey Goldschmid und Donald Schwartz im Ausschuss vorgetragenen Gründe für die Zentralisierung wurden von den ebenfalls angehörten Wissenschaftlern Henry Manne, Ralph Winter und Robert Hessen neutralisiert (Wells 2002: 123). Angesichts der Spaltung der Aktienrechtsexperten schien eine Ausweitung gesetzlicher Regulierungen nicht mehr konsensfähig. Indem sie das *manageriale Interesse* an der Bewahrung des Status quo juristisch artikulierten, trugen die vom American Enterprise finanzierten Aktienrechtler dazu bei, einen bundesstaatlichen Eingriff in das Aktienrecht zu verhindern. Ähnlich erging es den anderen Gesetzesvorhaben, die auf eine Zentralisierung des Aktienrechts abzielten. 1980 brachte der Abgeordnete Ben Rosenthal Ralf Naders Vorschläge in Form einer *Corporate Democracy Act* betitelten Gesetzesvorlage in den Kongress ein, wo sie jedoch scheiterten (Karmel 1984: 542). Im selben Jahre wurden Carys Vorschläge zur Schaffung bundesgesetzlicher Mindeststandards in Form des *Protection of Shareboders' Rights Act* in den Senat eingebracht. Dort ereilten sie dasselbe Schicksal wie der Corporate Democracy Act (Eisenberg 1983: 211). Beide Vorlagen zielten auf tiefe Eingriffe in die Struktur des Verwaltungsrates ab. Um eine bessere Kontrolle des geschäftsführenden Managements zu gewährleisten, sahen die Gesetzentwürfe die Einführung unabhängiger Verwaltungsratsmitglieder vor. Bestimmte Ausschüsse (wie der Wirtschaftsprüfungsausschuss) sollten sogar ausschließlich mit unabhängigen Direktoren besetzt werden (Fischel 1982b: 916). Dieser Vorschlag wurde erst 2002 mit dem Sarbanes-Oxley Act verwirklicht (siehe 2.4).

Der Kampf für die Ausweitung von Marktbeziehungen und die Zurückdrängung gesetzlicher Regulierungen war nicht auf den Bereich des Gesetzesrechts beschränkt, sondern wurde auch in die Rechtsprechung hineingetragen. Nachdem Ronald Reagan 1981 zum Präsidenten ernannt worden war, erhielten die Kontraktualisten politische Unterstützung aus dem Weißen Haus. Da sich ihre marktliberalen Vorstellungen mit den politischen Zielen der Reagan-Administration deckten, berief Präsident Reagan Ralph Winter und Richard Posner bald nach seinem Amtsantritt zu Bundesrichtern. Posner und Winter trugen ihren Denkansatz in das Aktienrecht hinein (siehe zum Beispiel das von Posner formulierte Urteil im Fall *Dynamics Corporation of America et al. v. CTS Corporation et al.* [United States Court of Appeals for the Seventh Circuit 1986]). Im Jahr 1985 erhielt auch Frank Easterbrook durch seine Ernennung zum Bundesrichter die Gelegenheit, die Vorstellungen der Kontraktualisten richterrechtlich umzusetzen.

Die rechtsökonomische Betrachtungsweise wurde weiteren Juristen durch die Errichtung einer Summer School an der Universität von Rochester nahegebracht (Manne 2005; Teles 2008: 101–108). Um die innerhalb des juristischen Feldes in den 1960er-Jahren vorherrschende Abneigung gegenüber freien Märkten zu überwinden, initiierte Henry Manne an der University of Rochester zu Beginn der 1970er-Jahre eine Summer School für Mikroökonomik, zu der vor allem Rechtswissenschaftler eingeladen wurden. Finanziert von einer Reihe sich um die Liberalisierung des Rechts bemühenden Aktiengesellschaften (Manne 2005: 315), wurden Juristen aus dem gesamten Land eingeladen, um sich Kenntnisse in Mikroökonomik anzueignen. Um die Anreize für die Teilnahme an der Summer School zu vergrößern, zahlte die Rochester University den Teilnehmern eine Prämie von 1.000 US-Dollar und erstattete darüber hinaus die Auslagen (Manne 2005: 313). Die Summer School hatte großen Erfolg. Viele der Teilnehmer boten nach ihrer Rückkehr an ihren Heimatuniversitäten selbst Kurse in Mikroökonomik an und verbreiteten den marktliberalen Denkansatz unter ihren

Kollegen und Studenten. Ein begeisterter Teilnehmer war beispielsweise Ralf Winter. Beflügelt durch den Erfolg der Summer School gründete Manne 1973 an der University of Miami das *Law and Economics Center* (Teles 2008: 108–114). Im Unterschied zur Summer School an der Rochester University war das Law and Economics Center nicht nur auf Teilnehmer aus der Rechtswissenschaft ausgerichtet, sondern wandte sich ab 1976 gezielt an Bundesrichter (Manne 2005: 319–320). Auch dieses Programm erstattete den Teilnehmern alle Aufwendungen. Ermutigt durch die Rechtswissenschaftler, die an der Summer School teilgenommen hatten, begann eine ganze Reihe von Richtern, sich für das Programm zu interessieren (ebd.: 320–321). Laut einem Bericht der *Washington Post* nahmen bis 1980 insgesamt sechsundneunzig Bundesrichter an dem Programm teil (*Washington Post* vom 20.1.1980, A1). Einhundertundfünf Aktiengesellschaften beteiligten sich an der finanziellen Förderung. Viele von ihnen waren in Rechtsstreitigkeiten verwickelt, in denen die teilnehmenden Richter zu entscheiden hatten (ebd.). Manne wurde von den Rechtsberatern einzelner Unternehmen finanziell unterstützt (Teles 2008: 115–118). Auch wenn die richterrechtlichen Auswirkungen des Law and Economics Center an dieser Stelle nicht weiter verfolgt werden sollen, gibt es Anlass zu der Vermutung, dass sich die marktliberale Betrachtungsweise des Rechts auf diesem Wege auch im Richterrecht manifestierte und dazu führte, das Recht mit den Interessen der Manager in Einklang zu bringen.

Auch die Kritik an der Behinderung des Marktes für Unternehmenskontrolle erlangte rechtspolitische Wirksamkeit. Der Supreme Court sprach 1982 in der Sache Edgar v. Mite ein Urteil, das die mit einer Übernahme verbundenen regulatorischen Anforderungen reduzierte (Supreme Court of the United States 1982). Ergänzend zum Williams Act hatten zahlreiche Gliedstaaten die Anforderungen für die Abwicklung feindlicher Übernahmen durch die Einführung staatlicher Genehmigungspflichten und die Ausweitung von Offenlegungspflichten noch weiter vergrößert (Coates 1989; Fischel 1978; Note 1979; Pinto 1987; Romano 1987a). Typisch für viele andere Übernahmegesetze ist die Regelung in Illinois. Wie die meisten anderen nach 1968 von den Einzelstaaten erlassenen Übernahmegesetze fand das Gesetz von Illinois unter bestimmten Bedingungen auch auf die in einem anderen Einzelstaat inkorporierten Zielgesellschaften Anwendung.[5] Die Bietergesellschaften wurden dazu verpflichtet, ein (zeitaufwendiges) Genehmigungsverfahren beim lokalen Wirtschaftsministerium zu beantragen. In bestimmten Fällen konnte dieses der Bietergesellschaft die Übernahme

5 Zu diesen Bedingungen gehörte, dass mindestens 10 Prozent des Aktienkapitals der Zielgesellschaft im Besitz von Illinois-Aktionären waren und zwei der folgenden drei Bedingungen erfüllt waren: Hauptsitz in Illinois, Inkorporierung in Illinois, mindestens 10 Prozent des Mindestkapitals in Illinois (Pinto 1987: 476).

untersagen. Die Kontraktualisten lehnten die »Mini Williams Acts« ebenso wie den Williams Act selbst als kontraproduktiv ab, da sie aus ihrer Sicht die Kosten und die Bereitschaft zur Durchführung feindlicher Übernahmen und hierdurch auch das Kontrollpotenzial des Marktes für Unternehmenskontrolle verringerten (Fischel 1978: 27; Note 1979: 517).

Der Supreme Court griff diese Kritik im Edgar-v.-Mite-Urteil auf. Unter direkter Bezugnahme auf Fischel (1978) und Easterbrook/Fischel (1981) hob Justice White die Disziplinierungsfunktion des Marktes für Unternehmenskontrolle hervor (Supreme Court of the United States 1982: 643–644). Weil der Illinois-Act diesen Disziplinierungsmechanismus abschwäche, sprenge dessen Einfluss die verfassungsmäßig vorgesehene Kompetenz der Einzelstaaten. Der Eingriff in den nationalen Markt für Unternehmenskontrolle war nach Ansicht des Gerichts nicht durch die lokalen Schutzbedürfnisse zu rechtfertigen und stellte deshalb einen Verstoß gegen die verfassungsmäßig garantierte Kompetenz des Bundes für die Regulierung des zwischenstaatlichen Handels dar. Durch diesen Urteilsspruch erklärte der Supreme Court nicht nur die Regelung von Illinois, sondern auch ähnliche Übernahmegesetze in anderen Einzelstaaten für ungültig.

Während der Kontraktualismus im Bereich des Richterrechts somit zu spürbaren Veränderungen führte, blieb sein Erfolg im Bereich des Gesetzesrechts im Wesentlichen auf die Abwendung bundesstaatlicher Eingriffe beschränkt. Zwar mangelte es nicht an Versuchen, die von den Kontraktualisten geforderte Einführung der Neutralitätspflicht im bundesrechtlichen Kapitalmarktrecht zu verankern. Insbesondere die SEC hatte ihre Position in der ersten Hälfte der 1980er-Jahre geändert und nahm nun eine übernahmefreundliche Haltung ein. Der Meinungsumschwung innerhalb der SEC war auf den Umstand zurückzuführen, dass Präsident Reagan diese mit marktliberalen Kommissaren besetzte (Davis/Thompson 1994). Im Jahr 1984 setzte die SEC eine Arbeitsgruppe zur Reform der Übernahmeregulierung ein (»Advisory Committee on Tender Offers«), zu dessen Mitgliedern auch Frank Easterbrook zählte. Zu den Vorhaben der Arbeitsgruppe gehörte unter anderem die Beschränkung sogenannter goldener Fallschirme (»golden parachutes«). Diese statteten die Manager eines Zielunternehmens nach einer erfolgreichen Übernahme mit hohen Abfindungszahlungen aus (Lipton/Brownstein 1985: 1427–1428). Gleichzeitig sollte die Herausgabe neuer Aktien während der Übernahmephase an die Zustimmung der Aktionäre gebunden werden (zu den Einzelheiten der Reformpläne siehe Coffee 1984: 1250ff.).

Die SEC war jedoch mit der im Laufe des Gesetzgebungsverfahrens erfolgten Aufweichung ihres Reformpakets nicht zufrieden und sprach sich in letzter Minute gegen die Umsetzung aus (Lipton/Brownstein 1985: 1428). Zudem lehnten der Haushaltsausschuss und das Finanzministerium eine Ausweitung staatlicher

Regulierungen als Verstoß gegen die herrschende Regulierungsphilosophie ab (ebd.). Der nationale Wirtschaftsrat betrachtete Eingriffe in den freien Markt als ordnungspolitischen Sündenfall, gleichgültig, ob diese als Maßnahme zur Ermöglichung des Marktes für Unternehmenskontrolle konzipiert waren oder nicht.

Die gesetzesrechtlichen Erfolge der Kontraktualisten waren auch im Hinblick auf die von Easterbrook und Fischel (1983) sowie einigen anderen Autoren (Butler/Ribstein 1990; Fischel/Bradley 1986; Macey 1984; Romano 1993) im Laufe der 1980er-Jahre formulierten Vorschläge zu einer weiteren Ausdehnung vertraglicher Gestaltungsspielräume begrenzt. Hierzu trug auch eine gewisse Resistenz innerhalb der Rechtswissenschaft gegenüber weiteren Deregulierungen bei (Bebchuk 1989a, 1989b; Coffee 1988, 1989; Eisenberg 1989; Gordon 1989). Auch wenn Lucian Bebchuk, Jeffrey Gordon und John Coffee die vertragstheoretischen Prämissen sowie das Prinzip des Primats der Aktionärsinteressen übernahmen, rückten sie in der Frage einer möglichen Ausweitung dispositiver Normen von den marktliberalen Vertretern ihrer Disziplin ab. Insbesondere im Bereich der Treuepflichten hielt die Mehrzahl der Aktienrechtler eine weitergehende Deregulierung für fragwürdig, da die Aktionäre ihrer Einschätzung nach durch Märkte allein nicht vor den Managern zu schützen seien.

2.3 Die soziale Gegenbewegung und die Reetablierung des Institutionalismus

Auch wenn sie ihre Bemühungen, das Aktienrecht noch weiter zu deregulieren, politisch nicht realisieren konnten, spielten die Kontraktualisten doch bereits in den 1970er-Jahren eine wichtige Rolle, weil sie die aus der Krise der Managerherrschaft entstandenen Bemühungen zur Schaffung eines nationalen Aktienrechts konterkarierten. Indem sie die aktienrechtlichen Implikationen der Effizienzmarktthese herausstellten, verschafften sie dem managerialen Autonomiebedürfnis juristische Schützenhilfe. Gleichzeitig entlastete die einseitige Betonung der Aktionärsinteressen die Manager von ihren Verpflichtungen gegenüber Arbeitnehmern, dem Gemeinwesen sowie allen weiteren der Maximierung von Aktionärsrenditen im Wege stehenden Interessengruppen.

Die marktliberale Bewegung geriet innerhalb des aktienrechtlichen Diskurses jedoch in der zweiten Hälfte der 1980er Jahre ins Stocken. Auch hierfür könnte eine Veränderung managerialer Interessen ausschlaggebend gewesen sein. Die Interessen der Manager gerieten nämlich infolge der Entfesselung des Marktes für Unternehmenskontrolle und des dramatischen Anstiegs der Anzahl feindlicher Übernahmen in Widerspruch zu denjenigen Aktienrechtlern, die sich für ein Verbot der zur Abwehr von feindlichen Übernahmen ergriffenen Maßnahmen einsetzten. Immer mehr Unternehmen wurden zwischen 1982 und 1987 zur Zielscheibe von Finanzspekulanten. Die Unternehmensleitungen, die es nicht schafften, den Wert der von ihnen verwalteten Aktiengesellschaft auf dem Niveau des durchschnittlich erreichten Marktwertes zu halten, mussten befürchten, einem Bieterunternehmen zum Opfer zu fallen. Selbst die Manager der großen, bislang als unverwundbar geltenden Aktiengesellschaften sahen sich Angriffen von Bieterunternehmen ausgesetzt und mussten damit rechnen, nach einer erfolgreichen Übernahme ausgewechselt zu werden (Davis 1991; Hirsch 1986). Neben den Managern einer wachsenden Anzahl potenzieller Zielunternehmen bekamen auch die auf wirtschaftliche Stabilität angewiesenen Anspruchsgruppen die Dynamik des Marktes für Unternehmenskontrolle zu spüren (Allen 1992: 274). Neben den Kreditgebern, den Zulieferunternehmen sowie dem lokalen Gemeinwesen sind hier vor allem die Arbeitnehmer zu nennen. Letztere mussten befürchten, nach einer erfolgreichen Übernahme im Rahmen des anstehenden Restrukturierungsprogramms entlassen zu werden. So kam es 1985 im Zusammenhang mit Übernahmen zu einer großen Welle von Massenentlassungen (Fligstein 2007: 1358).

Angesichts der destruktiven Auswirkungen eines marktgetriebenen Corporate-Governance-Regimes bildete sich sowohl bei Managern als auch bei den Arbeitnehmern ein Bedürfnis nach einer Beschränkung des Marktes für Unternehmenskontrolle heraus. Die Gefahren, die von einem ungezügelten Markt für Unternehmenskontrolle sowohl für die Unternehmensleitungen als auch für die Arbeitnehmer ausgingen, veranlassten diese beiden Gruppen dazu, sich zu einem klassenübergreifenden Bündnis zusammenzuschließen und auf eine rechtliche Beschränkung des Marktes für Unternehmenskontrolle hinzuwirken (Romano 1987: 136ff.).

Die Bedrohung ganzer Städte und Regionen durch feindliche Übernahmen brachte nicht nur zahlreiche der durch eine ausschließlich an der Maximierung finanzieller Kennziffern orientierten Wirtschaftspraxis benachteiligten Anspruchsgruppen zusammen, sondern sorgte auch für eine Veränderung der öffentlichen Meinung. Feindliche Übernahmen hatten in der Öffentlichkeit zwar kurzzeitig ein besseres Image erlangt als noch in den 1960er-Jahren (Hirsch 1986). Dieses begann sich jedoch angesichts der verheerenden Auswirkungen der Übernahmewelle schnell wieder zu verflüchtigen (Gordon 1991). Die Zerschlagung großer Unternehmen und die hierbei auftretenden Massenentlassungen erreichten Mitte der 1980er-Jahre einen Punkt, an dem sich die öffentliche Meinung zu wenden begann und sich das zwischenzeitlich in den Hintergrund getretene *Unbehagen an freien Märkten* wieder Ausdruck verschaffte. Der Film *Wall Street* aus dem Jahre 1987 ist ebenso Ausdruck dieses Unbehagens wie der Bestseller *Barbarians at the Gate*. Angesichts der desaströsen Auswirkungen feindlicher Übernahmen erschien rücksichtsloses Gewinnstreben einer wachsenden Anzahl von Beobachtern als inakzeptabel. Die einem ungehinderten Gewinnstreben entgegenstehenden Interessen gewannen hingegen erneut an Bedeutung. Jeffrey Gordon beschrieb den Zeitgeist während der Hochphase der Übernahmewelle folgendermaßen:

> There was a surge of popular negativism about takeovers and the high speed money culture that attended the explosion of the takeover movement in the late 1980s. Movies, books, and the press suddenly condemned figures whom they had shortly before characterized as financial geniuses and activity they had earlier seen as proof of capitalisms' robustness.
> (Gordon 1991: 1975–1976)

Innerhalb der juristischen Gemeinschaft brachte der gemeinsam von den Managern potenzieller Zielgesellschaften, den Gewerkschaften sowie der breiteren Öffentlichkeit ausgehende Widerstand gegen die Etablierung eines finanzgetriebenen Aktionärskapitalismus die Vertreter vertragstheoretischer und marktliberaler Auffassungen für eine gewisse Zeit in die Defensive. Getrieben durch einen v*on Managern forcierten* Kampf gegen feindliche Übernahmen geriet die Etablierung der Vertragstheorie ins Stocken. Stattdessen gewann die von vielen Beobachtern schon als überwunden geglaubte Vorstellung von der Aktiengesellschaft als Institution wieder an Relevanz.

2.3.1 Der Kampf um den Markt für Unternehmenskontrolle

Am deutlichsten sichtbar wurden die juristischen Reaktionen auf das manageriale Bedürfnis nach einer Beschränkung von Marktkräften an der juristischen Umdeutung feindlicher Übernahmen und der Etablierung von Abwehrmaßnahmen. Eine Schlüsselfigur hierbei war der New Yorker Rechtsanwalt Martin Lipton. Lipton (1979) hatte die in den frühen 1980er-Jahren einsetzende Diskussion um ein Verbot von Abwehrmaßnahmen bereits vorausgeahnt und sich bereits in einem 1979 erschienenen Artikel mit der erkennbar werdenden Herausforderung durch die Kontraktualisten auseinandergesetzt. Lipton sah, dass die Propagierung feindlicher Übernahmen durch Henry Manne im Zusammenhang mit der Übernahmewelle neue Befürworter gewann und versuchte, die institutionalistische Auffassung gegen den marktorientierten Denkansatz zu verteidigen. Vor allem aber ging es ihm darum, die von den Kontraktualisten geforderte Einführung der Neutralitätspflicht abzuwenden. Im Hinblick auf die Frage, welche Möglichkeiten das Recht den Verwaltungsratsmitgliedern der Zielgesellschaft zur Ergreifung von Abwehrmaßnahmen biete, vertrat Lipton die Auffassung, dass der durch die *business judgment rule* markierte Ermessensspielraum des Verwaltungshandelns auch für den Umgang mit feindlichen Übernahmen gelte. Sofern die Verwaltungsratsmitglieder ihre Entscheidung auf einer vernünftigen Grundlage träfen und dabei in Treu und Glauben (»good faith«) handelten, seien sie rechtlich dazu befugt, über den Umgang mit einer an die Aktionäre gerichteten Übernahmeofferte zu entscheiden (Lipton 1979: 103–104). Bei der Entscheidung, ob ein Unternehmen veräußert werden solle oder nicht, ging es Lipton zufolge nicht um die Frage nach dem größtmöglichen Gewinn von Finanzspekulanten, sondern darum, wie sich die Transaktion auf die langfristigen Aktionärsinteressen, die Belegschaft, Kunden, Zulieferer und die Gesellschaft auswirke. Nach Liptons Auffassung zwinge die Aussicht auf feindliche Übernahmen die Manager zu kurzfristigen Geschäftspraktiken und erschwere langfristiges Planen. Der marktbedingte Zwang zu kurzfristigen Unternehmensstrategien schadete den langfristig orientierten Aktionären. Zudem beeinträchtige die ständige Gefahr einer feindlichen Übernahme auch die Beziehung zwischen dem Unternehmen und dessen Mitarbeitern, Kunden, Zulieferern sowie dessen lokaler Umgebung und untergrabe die Voraussetzung wirtschaftlichen Erfolges (ebd.: 110). Durch die Verkürzung des managerialen Planungshorizontes unterminierten feindliche Übernahmen die für ein funktionierendes Wirtschaftssystem notwendige Stabilität. Letztere stellte aus Liptons Sicht ein höheres Gut als der von einigen Spekulationsaktionären gehegte Wunsch nach dem schnellen Gewinn dar (ebd.: 104).

In jedem Fall sei die Entscheidung über den Verkauf des Unternehmens nicht im Interesse der Gesellschafter, sondern *im Interesse des Unternehmens* zu treffen. Da das Unternehmensinteresse nicht auf die Interessen der Gesellschafter reduziert werden könne, dürfe die Entscheidung nicht den Aktionären überlassen werden, sondern liege allein bei der Verwaltung. Wenn sie das Wohl des Unternehmens durch die Übernahme gefährdet sehe, dürfe die Verwaltung zu Mitteln greifen, die auf eine Verhinderung der Transaktion hinwirkten. Hierzu gehörten Satzungsänderungen, Kapitalverflechtungen, der Erwerb von Aktien des Zielunternehmens, vertragliche Vereinbarungen mit Stakeholdern oder Lobbying (zu weiteren Abwehrmaßnahmen siehe Lipton/Brownstein 1985).

Liptons Interpretation der aktienrechtlichen Spielräume zur Ergreifung von Abwehrmaßnahmen kam auch in der Tätigkeit seiner und anderer Anwaltskanzleien zum Ausdruck. Seine Anwaltskanzlei *Wachtell Lipton Rosen Katz* spezialisierte sich auf die Entwicklung von Abwehrstrategien und wurde in den 1980er-Jahren zu einer wichtigen Instanz im Kampf gegen feindliche Übernahmen. Um potenziellen Zielgesellschaften dabei zu helfen, sich vor feindlichen Übernahmen zu schützen, entwickelten *Wachtell Lipton Rosen Katz* und andere *law firms* im Verlauf der 1980er-Jahre zahlreiche Abwehrmaßnahmen, die die Kosten feindlicher Übernahmen in die Höhe trieben (Davis 1991; Lipton/Brownstein 1985; Powell 1993). Formell ändern die Abwehrmaßnahmen nichts an der Tatsache, dass die Aktionäre, an die ein feindliches Übernahmeangebot gerichtet ist, auch weiterhin frei über den Verkauf ihrer Aktien entscheiden können. Faktisch haben Abwehrmaßnahmen jedoch den Effekt, dass es gar nicht erst zur Offerte kommt oder dass ein Zustandekommen der Transaktion verhindert wird. Faktisch wird die Entscheidungshoheit über die Reaktion einer Zielgesellschaft auf eine Übernahmeofferte durch Abwehrmaßnahmen daher von den Aktionären auf das Verwaltungsorgan verlagert (Gilson 1981: 845–847).

Bei den von Lipton und anderen Rechtsanwälten entwickelten Rechtsinnovationen handelte es sich beispielsweise um Satzungsbestimmungen oder Nebenabreden (»shark repellents«), die einen Kontrolltransfer erschweren (Gilson 1982a). Dies kann etwa durch die Heraufsetzung von Mehrheitserfordernissen für den erforderlichen Hauptversammlungsbeschluss geschehen. Eine weitere zur Abwehr feindlicher Übernahmen eingeführte Satzungsbestimmung, die in den 1980er-Jahren weite Verbreitung fand, ist die zeitliche Entzerrung der Bestellung des Verwaltungsorgans (»staggered boards«; Davis 1991: 586). Infolge der Einführung eines gestaffelten Verwaltungsrates kann dessen Auswechslung nach der Übernahme nicht auf einen Schlag erfolgen, sondern bedarf häufig mehrerer Jahre (Bebchuk/Coates/Subramanian 2002). Weitere Abwehrmaßnahmen sind Klagen gegen das Zielunternehmen, die Errichtung wettbewerbsrechtlicher Hürden durch die Akquisition von Konkurrenten des Bieterunternehmens, die Herausgabe neuer Aktien zur Verringerung des vom Bieterunternehmen gehaltenen Aktienanteils, die Veräußerung von Unternehmensteilen, die von besonderem Interesse für das Bieterunternehmen sind, oder die Suche nach einem »white knight« (Lipton/Brownstein 1985).

Eine weitere Innovation, die von Rechtsanwälten zum Schutz vor feindlichen Übernahmen eingeführt wurde, ist die sogenannte »poison pill«. William Allen und Leo Strine (2005: 1391) zufolge repräsentierte die poison pill »the most important private law innovation in the field of corporate law of the last fifty years«. Hierbei handelt es sich um eine Satzungsbestimmung, die den Aktionären der Zielgesellschaft für den Fall, dass ein Bieterunternehmen einen bestimmten Anteil erworben hat, ein Vorkaufsrecht für Aktien unterhalb des Marktwertes verschafft (Davis 1991: 586–587). Eine Variante hiervon ist die sogenannte »flip over-poison pill« (ebd.). Sie gibt den Aktionären der Zielgesellschaft durch einen Kontrolltransfer das Recht, die Aktien *der Bietergesellschaft* unterhalb des Marktwertes zu erwerben. Die Aktionäre der Zielgesellschaft werden durch die *poison pill* gegenüber Teilangeboten und anderen Manövern der Bietergesellschaft geschützt, die die Aktionäre zu einem schnellen Verkauf drängen. Gegenüber dem Bieterunternehmen erlangen sie eine größere Verhandlungsmacht und können den Übernahmepreis so weit in die Höhe treiben, dass sich die Übernahme für das Bieterunternehmen nicht mehr lohnt. Bezogen auf die im ersten Kapitel angestellten Überlegungen zu den juristischen Handlungsorientierungen lässt sich die *poison pill* als eine juristische Idee interpretieren, die aus der Orientierung aktienrechtlichen Handelns an den Schutzinteressen der Manager sowie der mit ihnen verbündeten Interessengruppen entstanden ist.

2.3.2 Die Etablierung von Abwehrmaßnahmen in der Rechtsprechung von Delaware

Die von den Anwälten im Auftrag der Manager potenzieller Zielgesellschaften eingeführten Abwehrmaßnahmen stellten eine Neuinterpretation der aktienrechtlich zugelassenen Spielräume bei der Abwehr feindlicher Übernahmen dar. Viele der Bietergesellschaften beziehungsweise die sie beratenden Anwälte mochten dieser Interpretation nicht folgen. Weil sie die Einführung der *poison pill* als Verstoß gegen das Aktienrecht einstuften, drangen die Bietergesellschaften auf eine gerichtliche Überprüfung. Da viele der in Übernahmekämpfe verwickelten Gesellschaften in Delaware inkorporiert waren, erlangte die dortige Rechtsprechung eine besondere Bedeutung für die weitere rechtliche Entwicklung im Bereich des Marktes für Unternehmenskontrolle.

Im Hinblick auf die *poison pill* war der Fall Moran v. Household von entscheidender Bedeutung (Court of Chancery of Delaware 1985). Das in Delaware inkorporierte Unternehmen Household hatte seinen Aktionären durch eine von der Wachtel-Lipton-Kanzlei geschaffene *poison pill* die Befugnis verschafft, im Falle einer Übernahme Aktien des Bieterunternehmens zur Hälfte des Marktwertes zu erwerben (Powell 1993: 436). Daraufhin reichte ein Großaktionär von Household beim Chancery Court von Delaware eine Klage ein, weil er der Ansicht war, dass die *poison pill* die faktische Entscheidungsbefugnis über die Annahme des Angebotes unrechtmäßigerweise von den Gesellschaftern auf den Verwaltungsrat übertragen hatte. Die ihn vertretende Kanzlei machte sich die Argumentation der Kontraktualisten zu eigen, indem sie die Einführung der *poison pill* als einen Versuch der Unternehmensleitungen interpretierte, sich vor dem Markt für Unternehmenskontrolle abzuschotten und den Aktionären die ihnen rechtlich zustehende Maximierung ihrer Rendite vorzuenthalten (ebd.).

Die zuständigen Gerichte hatten somit zwischen der institutionalistischen und der kontraktualistischen Betrachtungsweise des Aktienrechts sowie der diesen jeweils zugrunde liegenden Partikularinteressen zu entscheiden (Allen 1992: 274). Als sich ein manageriales Bedürfnis entwickelte, den Markt für Unternehmenskontrolle einzuhegen, entschied sich zunächst der Chancery Court (Court of Chancery of Delaware 1985) und in der nächsten Instanz auch der Delaware Supreme Court (Supreme Court of Delaware 1985) für die institutionalistische Betrachtungsweise und stufte die *poison pill* als legal ein. Der Chancery Court stellte fest, dass die *poison pill* eine rechtmäßige Maßnahme darstelle, um ein verwundbares Unternehmen vor einem plötzlichen Angriff zu schützen. Das Gericht folgte Liptons Interpretation, der zufolge die Ergreifung von Abwehrmaßnahmen durch den Ermessensspielraum des Verwaltungsrates abgedeckt sei. Indem sie den institutionalistischen Ansatz auswählten, orientierten sich die Richter des Chancery Courts und des Supreme Courts von Delaware an den Interessen des aus den Managern potenzieller Zielgesellschaften, Arbeitnehmern sowie der Vertreter öffentlicher Körperschaften bestehenden sozialen Blocks, der sich gegen die Entfesselung des Marktes für Unternehmenskontrolle zu Wehr setzte. All diejenigen Interessen – darunter insbesondere die auf kurzfristige finanzielle Gewinne fixierten Aktionäre sowie die Manager der Bietergesellschaften –, denen der Rückgriff auf die vertragstheoretische Interpretation mehr genutzt hätte, wurden in diesen beiden Urteilen hingegen vernachlässigt.

Die rechtliche Institutionalisierung des wirtschaftlich vorherrschenden Schutzbedürfnisses wirkte auf die Praktiken der Aktiengesellschaften zurück, indem sie die *poison pill* legitimierte und zu ihrer Diffusion beitrug. Nach ihrer rechtlichen Institutionalisierung vergrößerte sich der Anteil der über die *poison pill* verfügenden Fortune-500-Unternehmen von 5 auf 35 Prozent. 1989 besaßen 60 Prozent der Fortune-500-Unternehmen die *poison pill* (Davis 1991: 587–588). Weil sie von den Richtern aufgegriffen worden war, konnte die *poison pill* von einer subversiven Innovation zu einer allgemein anerkannten Praktik etabliert werden.

Ein weiteres Schlüsselurteil aus Delaware, das sich an den Interessen der sozialen Gegenbewegung orientierte, ist die Entscheidung im Fall Paramount Communications Inc. v. Time Inc. (Supreme Court of Delaware 1989: 819). Vorausgegangen war diesem eine Fusionsvereinbarung zwischen dem Verlagshaus Time und dem Film- und Musikkonzern Warner Communications (zu den Einzelheiten des Falls siehe Gordon 1991: 1934ff.). Noch bevor es zur Abstimmung der Aktionäre über die Fusion kam, unterbreitete Paramount sämtlichen Time-Aktionären ein Übernahmeangebot. Das Verwaltungsorgan von Time wies die Offerte mit dem Hinweis auf die bestehenden Fusionspläne mit Warner zurück und unterbreitete den Warner-Aktionären, abweichend von den Fusionsplänen, ein Übernahmeangebot. Paramount erhöhte hierauf sein Angebot, Time wies jedoch darauf hin, dass es sich gegenüber Warner bereits zu einer Übernahme verpflichtet hatte. Anschließend versuchte Paramount, beim Chancery Court eine einstweilige Verfügung auf einen Abbruch der Offerte zu bewirken. Der Chancery Court wies diesen Antrag jedoch ab und stufte die vom Time-Konzern zur Abwehr ergriffene Übernahmeofferte an ein anderes Unternehmen als rechtmäßig ein (Court of Chancery of Delaware 1989). Chancellor Allen begründete die Entscheidung folgendermaßen:

On the level of legal doctrine, it is clear that under Delaware law, directors are under no obligation to act as to maximize the immediate value of the corporation or its shares, except in the special case in which the corporation is a ›Revlon mode‹. [...] Thus, Delaware law does not recognize that directors, when acting deliberately, in an informed way, and in good faith pursuit of corporate interests, may follow a course designed to achieve long-term value even at the cost of immediate value maximization. (Court of Chancery of Delaware 1989: 58)

Später folgte eine Bestätigung durch den Delaware Supreme Court (Supreme Court of Delaware 1989). Dieser vertrat die Ansicht, dass das Verwaltungsorgan der Zielgesellschaft dessen Aktionäre auch dann von einer Veräußerung an ein Bieterunternehmen abhalten dürfe, wenn das Angebot deutlich über dem Marktwert liege. David Millon (1990: 262) zufolge ist die CTS-Entscheidung eine »striking departure from standard shareholder primacy assumptions and the private law theory of the corporation on which they are based«. Die Effizienzmarkttheorie und der Kontraktualismus erlitten durch dieses Urteil eine Niederlage (Allen 1992: 276). Aus der Sicht Chancellor Allens galt der Institutionalismus wieder als herrschende Lehre (ebd.). Durch die Entscheidung im Fall Paramount wurde der manageriale Handlungsspielraum bei feindlichen Übernahmen deutlich ausgeweitet. Gemeinsam mit der Moran-Entscheidung trug das Urteil maßgeblich zur Diffusion von Abwehrmaßnahmen bei. Zu Beginn der 1990er-Jahre war der Markt für Unternehmenskontrolle wieder auf dem Niveau der späten 1970er-Jahre angelangt (Coffee 1991: 1278). Die Anzahl feindlicher Übernahmen ging wieder gegen null.

2.3.3 Zur Diffusion von Anti-Übernahmegesetzen

Parallel zur richterrechtlichen Beschränkung des Marktes für Unternehmenskontrolle griffen die einzelstaatlichen Regierungen ab 1982 zu weiteren Maßnahmen, um die im Heimatstaat inkorporierten Gesellschaften vor feindlichen Übernahmen zu schützen (Davis/Vogus 2005; Davis/Thompson 1994). Die weiter oben erwähnte Entscheidung des Supreme Courts in Falle Edgar v. Mite aus dem Jahre 1982 hatte nicht nur den Illinois Business Takeover Act ungültig gemacht, sondern auch die meisten anderen Übernahmegesetze (Coates 1989: 847). Um dem Schicksal des Illinois Acts zu entgehen, reformierten einundzwanzig Staaten ihre Übernahmegesetze im Laufe der folgenden vier Jahre.

Um die vom Supreme Court bemängelte Überschreitung einzelstaatlicher Kompetenzen zu umgehen, wurden die nach 1982 verabschiedeten Übernahmegesetze in ihrem Anwendungsbereich auf die in dem jeweiligen Staat inkorporierten Aktiengesellschaften begrenzt (»blue sky laws«). Auch administrative Hürden wurden im Übergang zur zweiten Generation von Übernahmegesetzen beseitigt. Schließlich sehen die neuen Übernahmegesetze im Unterschied zur ersten Generation die Möglichkeit vor, die Vorschriften durch die Einführung von Opt-out-Klauseln zu umgehen (Pinto 1987: 483). Stattdessen wurden jedoch zahlreiche neue Hürden eingeführt, welche den mit der Durchführung einer Übernahme verbundenen Aufwand erheblich vergrößerten (Coates 1989; Pinto 1987; Romano 1987a).

Was die zugrunde liegende Theorie vom Wesen und Ziel der Aktiengesellschaft anbelangt, basieren alle Anti-Übernahmegesetze im weiteren Sinne auf der institutionalistischen Betrachtungsweise des Aktienrechts. Besonders deutlich wird dies an den Übernahmegesetzen, die in Staaten wie Connecticut, Pennsylvania, Minnesota, Indiana oder Ohio verabschiedet wurden. Die hier durchgeführten Reformen akzentuierten die den Institutionalismus kennzeichnende Berücksichtigung nicht finanzieller Interessen, indem sie dem Verwaltungsorgan der Zielgesellschaft zubilligten, eine Übernahme im Interesse der Aktiengesellschaft zu verhindern und hierbei die Interessen der Arbeitnehmer, Zulieferer, Kreditgeber, Kunden, des Staates oder der Wirtschaft insgesamt mit zu berücksichtigen (Coates 1989). Connecticut ging sogar darüber hinaus, indem es den Verwaltungsrat zu einer Berücksichtigung von Nicht-Aktionärsinteressen verpflichtete (ausführlich zum Zustandekommen des Übernahmegesetzes von Connecticut siehe Romano 1987b). Die weiteste Verbreitung von den verschiedenen Typen von Anti-Übernahmegesetzen fanden die sogenannten »fair price laws« (Romano 1987b: 117). Typisch hierfür ist das Übernahmegesetz von Maryland, das ein Zustandekommen der Übernahme von einer qualifizierten Mehrheitsentscheidung der restlichen Aktionäre abhängig macht. Diese Regelung kann jedoch entweder durch das Einverständnis des Verwaltungsrates der Zielgesellschaft oder dadurch umgangen werden, dass das Zielunternehmen allen Aktionären denselben Preis zahlt, einschließlich derer, die ihre Aktien vor dem Kontrolltransfer nicht angeboten hatten (ebd.: 116). In der Vergangenheit hatten die Bietergesellschaften die Aktionäre der Zielgesellschaft durch *Teilangebote* vor die Alternative gestellt, ihre Aktien für einen bestimmten Preis im ersten Teil des Angebotes zu veräußern oder aber durch Zögern einen niedrigeren Preis zu riskierten (Lowenstein 1983: 108ff.).

Sieht man von den zahlreichen Variationen ab, ist festzustellen, dass auch die ab 1982 verabschiedeten Übernahmegesetze hinsichtlich ihrer Wirkung in dieselbe Richtung zielten wie ihre Vorgänger. In allen Fällen schützen die Übernahmegesetze die Aktionäre der Zielgesellschaften gegenüber den Bieterunternehmen und kamen hierbei auch den Managern und Arbeitnehmern der Zielunternehmen zugute. Die Übernahmegesetze sind eine rechtliche Reaktion auf das gemeinsame Bedürfnis der Unternehmensleitungen und der Arbeitnehmer nach der Errichtung eines Schutzwalls gegenüber dem Markt für Unternehmenskontrolle. In Staaten wie Missouri, Ohio oder auch New York hatten sich klassenübergreifende, aus Managern und Arbeitnehmern bestehende Allianzen gebildet, die beim Gesetzgeber auf die Schaffung von Anti-Übernahmegesetze drangen (Davis/Vogus 2005; Romano 1987a: 137). Das Bedürfnis nach Abschottung vom Markt für Unternehmenskontrolle wurde von den lokalen Anwaltsvereinigungen bei Anhörungen oder sogar beim Entwerfen der Gesetzestexte zum Ausdruck gebracht (Romano 1987a). Als anerkannte Autorität auf dem Gebiet von Abwehrmaßnahmen wurde auch Martin Liptons Kanzlei zurate gezogen, so zum Beispiel beim Übernahmegesetz von New Jersey, das jeder Aktiengesellschaft eine *poison pill* verschaffte (Powell 1993: 445). Die Rolle von Rechtsanwälten im Prozess des Rechtswandels ist nicht auf Innovationen in der Vertragsgestaltung beschränkt, sondern kann sich durch Lobbypraktiken auch auf den Bereich der Gesetzgebung erstrecken (vgl. Macey 1987: 766). Genau dies war bei der Diffusion der Übernahmegesetze der Fall. Die Anwälte übersetzten die in den jeweiligen Staaten vorherrschenden managerialen Interessen in die Form juristischer Ideen und nutzten ihren rechtspolitischen Einfluss dazu, diese in das Gesetzesrecht einzuspeisen.

Es sollte nicht lange dauern, bis auch die zweite Generation von Übernahmegesetzen auf den verfassungsrechtlichen Prüfstand gestellt wurde. Im März 1986 richtete die Dynamics Corporation ein Übernahmeangebot an die Aktionäre der in Indiana inkorporierten CTS Corporation und bat gleichzeitig das Bezirksgericht von Chicago, den Indiana Act auf seine Verfassungsmäßigkeit zu überprüfen (zur näheren Beschreibung des CTS-Falls siehe Coates 1989 #624: 860ff.). Wie in der Mite-Sache argumentierte die Bietergesellschaft, dass das Indiana-Gesetz den verfassungsrechtlich abgesteckten Kompetenzrahmen der Einzelstaaten überschreite. Zusätzlich klagte es gegen die *poison pill* als Verstoß gegen die managerialen Treuepflichten. Ähnlich wie im Fall Mite gab das Bezirksgericht dem Bieterunternehmen Recht, woraufhin CTS in Berufung ging. Der vorsitzende Richter in dem zuständigen Berufungsgericht war Richard Posner. Posner folgte dem Urteil aus der vorherigen Instanz darin, die *poison pill* als Verstoß gegen die Treuepflichten zurückzuweisen. In der Begründung hieß es:

> It is supposed to be the shareholders' company, for it is they who are entitled to all the income that the company generates after paying off all contractually or otherwise obligated expenses. The officers and directors are the agents and fiduciaries of the shareholders and owe a duty of complete loyalty which is inconsistent with erecting insuperable barriers to hostile takeovers. (United States Court of Appeals for the Seventh Circuit 1986: 254)

Betrachte man die Manager und die sonstigen Mitglieder des Verwaltungsorgans als Treuhänder der Aktionärsinteressen, müssten alle Abwehrmaßnahmen fragwürdig erscheinen, sofern sie nicht den Aktionären nutzen:

> To allow management to use its control of the board of directors to frustrate all hostile takeovers would nullify an important protection for shareholders. The threat of hostile takeover plays a vital role in keeping management on its toes. […] If CTS's management is allowed to insulate the company from any change of control to which management does not agree, the shareholders may be unable to realize the potential value of their investment.
> (United States Court of Appeals for the Seventh Circuit 1986: 253–254)

Im vorliegenden Fall sah es Judge Posner als erwiesen an, dass das Management von CTS die angebotene Übernahme nicht ernsthaft auf deren Auswirkungen auf den Aktienkurs überprüft und das Angebot leichtfertig abgelehnt hatte. Die *poison pill* hatte den Aktionären im vorliegenden Fall nach Ansicht Posners keinen Nutzen eingebracht, sondern eher geschadet und war deshalb vom Bezirksgericht richtigerweise außer Kraft gesetzt worden (ebd.: 259). Auch hinsichtlich der Verfassungsmäßigkeit des Übernahmegesetzes von Indiana folgte Posner der Linie der Edgar-v.-Mite-Entscheidung. Das Indiana-Gesetz überschritt seiner Ansicht nach den verfassungsrechtlichen Rahmen der den Einzelstaaten zugewiesenen Gesetzgebungskompetenz.

Wie im Fall Mite ging das Zielunternehmen noch einmal in Berufung. Anders als im Fall Mite wies der Supreme Court die vorherigen Entscheidungen jedoch zurück und verschaffte der weiteren Verbreitung von Anti-Übernahmegesetzen sowie der Diffusion von *poison pills* eine verfassungsrechtliche Grundlage (Supreme Court of the United States 1987). Im Gegensatz zu den vorangegangenen Urteilen konnten die obersten Richter in dem Übernahmegesetz keine Überschreitung der verfassungsmäßig vorgegebenen Kompetenzen der Einzelstaaten erkennen. In konzeptueller Hinsicht liegt diesem Urteil eine institutionalistische Auffassung vom Wesen der Aktiengesellschaft zugrunde. In seinem Urteil stellte Powell fest, dass staatliche Eingriffe in die Binnenbeziehungen der Aktiengesellschaft bereits in deren Wesen angelegt seien (ebd.: 91).

Setzt man dieses Urteil in seinen historischen Kontext, lässt es sich als juristische Verarbeitung der gegen einen ungezügelten Markt für Unternehmenskontrolle aufgekommenen Gegenbewegung interpretieren. Die Billigung des Anti-Übernahmegesetzes durch den Supreme Court befindet sich im Einklang mit dem zur Mitte der 1980er-Jahre deutlich erkennbaren Bedürfnis nach einer Außerkraftsetzung des Marktes für Unternehmenskontrolle. Dieses Bedürfnis wurde am stärksten von den Managern potenzieller Zielgesellschaften artikuliert (Davis/Vogus 2005).

Das Urteil in der Sache CTS flankierte die Entwicklung im Richterrecht von Delaware, indem es die von diesem vollzogene Reetablierung des Institutionalismus im Bereich des Verfassungsrechts nachholte. Von diesem Urteil ging ein wichtiger Impuls für die weitere Entwicklung im Bereich des einzelstaatlichen Gesetzesrechts im Bereich der Übernahmeregulierung aus. Die CTS-Entscheidung trug nämlich nicht nur zur Aufrechterhaltung des Übernahmegesetzes von Indiana und ähnlich gearteten Übernahmegesetzen bei, sondern setzte darüber hinaus noch eine dritte Welle von Übernahmegesetzen in Gang. Bis 1993 waren in beinahe vierzig Einzelstaaten Anti-Übernahmegesetze in Kraft getreten (Sullivan/Conlon 1997: 744). Delaware hielt sich im Hinblick auf die Anti-Übernahmegesetze stärker zurück als die meisten anderen Staaten. Nachdem es ein erstes Übernahmegesetz 1975 verabschiedet hatte, reagierte Delaware erst 1988 auf die CTS-Entscheidung (Romano 1987a: 141). Infolge der Neuregelung kann die Übernahme erst nach drei Jahren stattfinden, solange das Bieterunternehmen nicht 85 Prozent der Stimmrechte innehat oder eine Zustimmung des Verwaltungsrates der Zielgesellschaft vorliegt (Coates 1989: 850). Im Vergleich zu den meisten anderen Übernahmegesetzen gilt das Übernahmegesetz von Delaware als übernahmefreundlich. Dieser Umstand erklärt sich möglicherweise durch die große Anzahl von inkorporierten Gesellschaften und die hiermit verbundene Tatsache, dass sich hierunter auch eine ganze Reihe von Bieterunternehmen befindet (Romano 1987a: 141). Eine alternative Erklärung kann darin gesehen werden, dass die Richter bereits eine solide Basis für Abwehrmaßnahmen geschaffen hatten und weitere legislative Maßnahmen deshalb nicht im selben Maße notwendig waren wie in anderen Staaten. Gemeinsam mit der richterrechtlichen Genehmigung von Abwehrmaßnahmen durch die Delaware-Judikatur erschwerte die Diffusion von Anti-Übernahmegesetzen die Durchführung feindlicher Übernahmen so stark, dass der Markt für Unternehmenskontrolle als Instrument der Corporate Governance in den USA zu Beginn der 1990er-Jahre nahezu zum Erliegen kam (Coffee 1991).

2.3.4 Der »Model Act« und die Principles of Corporate Governance

Als Reaktion auf das von zahlreichen Aktiengesellschaften artikulierte Bedürfnis nach einer Einhegung des Marktes für Unternehmenskontrolle und die bereits im Richter- und Gesetzesrecht erfolgte Reetablierung des Institutionalismus kam es auch im Bereich der aktienrechtlich relevanten Verhaltenskodizes zu einer Manifestation der institutionalistischen Betrachtungsweise. Das Scheitern der markt- und aktionärsorientierten Betrachtungsweise wurde bereits an der von der American Bar Association (ABA) im Jahre 1984 vorgenommenen Revision des Model Business Corporation Act (im Folgenden: »Model Act«) sichtbar (American Bar Association 1985). Der zwischenzeitlich aufgekommene Trend, die Aktiengesellschaft als einen Nexus von Verträgen zu konzeptualisieren und das Unternehmensziel auf die Maximierung von Aktionärsrenditen zu reduzieren, fand keinen Eingang in die Revision des Model Act (Hamilton 1985: 1467). Ein Kommentator äußerte sich hierzu wie folgt:

> The economist's approach towards corporation statutes is certainly not the theory on which the RMBCA was drafted. This theory was never expressly considered or explored by the Committee on Corporate Laws during the drafting process. Further I suspect that most practicing attorneys would not accept the underlying premise of this argument that corporations are purely contractual in nature. (Hamilton 1985: 1467)

Wie die frühere Fassung von 1969 billigte auch der revidierte Model Act den Verwaltungsratsmitgliedern *breite Ermessensspielräume* zu und bezog hierbei ausdrücklich *die Interessen der Nicht-Aktionäre* mit ein. Im Model Act heißt es hierzu: »A director shall discharge his duties as a director [...] in a manner he reasonably believes to be in the best interest of the corporation« (American Bar Association 1985: 220). Der Kommentar stellt ergänzend hierzu fest:

> In determining the corporation's »best interests« the director has wide discretion in deciding how to weigh near-term opportunities versus long-ter m benefits as well as in making judgments where the interests of various groups within the shareholder body or having other cognizable interests in the enterprise may differ. (American Bar Association 2005: 8–165)

Was im ersten Kapitel für die Common-Law-Systeme im Allgemeinen festgestellt wurde, zeigt sich anhand der Rolle der American Bar Association und des von dieser hergestellten Model Act im Besonderen. Innerhalb der US-amerikanischen Aktienrechtsentwicklung nehmen die Anwälte eine Schlüsselstellung ein. Ihr aktienrechtliches Engagement erstreckt sich nicht nur auf Innovationen im Bereich privater Verträge und die direkte Beteiligung am Gesetzgebungsprozess der Einzelstaaten, sondern auch auf den Bereich des *soft law* und die hierdurch bewirkte Standardisierung rechtlicher Verhaltensregeln (allgemein zur Rolle der Anwälte siehe Quack 2007). Der Model Act stellt eine Reaktion auf die vorangegangenen Entwicklungen im Richter- und Gesetzesrecht dar, wirkte jedoch auf den Bereich des Gesetzesrechts zurück. Der Model Act diente zahlreichen Bundesstaaten als Vorlage für Gesetzesreformen im Bereich des Aktienrechts. Nach Selbstauskunft der American Bar Association wurde der Model Act insgesamt von neunundzwanzig Einzelstaaten in »hartes Recht« konvertiert (American Bar Association 2005: xiv).

Einen weiteren Erfolg des Institutionalismus auf dem Gebiet des *soft law* stellen die vom American Law Institute (ALI) im Jahre 1994 veröffentlichten *Principles of Corporate Governance* (im Folgenden »Principles«) dar (Macey 1993a; Schwartz 1984). Zum einen verfolgte das ALI mit seinem Corporate-Governance-Projekt das Ziel, die für die Unternehmenskontrolle relevanten Rechtsnormen zu kodifizieren. Neben der Systematisierung des geltenden Rechts enthalten die Principles auch rechtspolitische Vorschläge zur Verbesserung des Aktienrechts, sind im Unterschied zum Model Act jedoch in erster Linie an die Rechtsprechung adressiert. Das ALI nahm seine Arbeit an den Principles 1980 auf und verabschiedete nach einer Reihe von Entwürfen 1994 die endgültige Fassung (American Law Institute 1994). Im Unterschied zur American Bar Association haben die Rechtswissenschaftler innerhalb des ALI einen gewissen Einfluss. Der seit 1984 vorsitzende Berichterstatter Melvin Eisenberg hatte von Anfang an eine marktkritische Position eingenommen und bildete gerade durch sein Engagement für das ALI ein wirksames Gegengewicht gegen die Kontraktualisten (Ribstein 1993; Scott 1983). Die Arbeit zur Erstellung der Principles war zahlreichen Interventionen aus der Wirtschaft ausgesetzt. Der Business Roundtable sowie weitere Interessenvertretungen versuchten fortlaufend, die Beratungen und das Abstimmungsverhalten der ALI-Mitglieder zu ihren Gunsten zu beeinflussen (Macey 1993b: 1229). Auch das zuständige Komitee der American Bar Association war aktiv an der Fertigstellung des Entwurfs beteiligt. Die Arbeiten an den Principles wurden innerhalb der Rechtswissenschaft von heftigen Auseinandersetzungen begleitet (Bratton 1993; Brudney 1983; Eisenberg 1983, 1993; Macey 1993a; Ribstein 1993). Wie schon zuvor die Gerichte und die einzelstaatlichen Gesetzgeber kamen auch die Principles dem während der 1980er-Jahre im Kreise der Manager überwiegenden Bedürfnis nach einer Einhegung von Marktkräften nach. Die Vorstellungen der Kontraktualisten wurden vom ALI nicht übernommen. Eine Ursache hierfür könnte darin liegen, dass die Ansichten der Kontraktualisten zur Regulierung feindlicher Übernahmen in dieser Phase zu weit von den Interessen der Manager entfernt waren, wie sie beispielsweise von der American Bar Association oder dem Business Roundtable während der Verhandlungen des ALI artikuliert wurden. Effizienztheoretische Überlegungen sind den Principles nicht zu entnehmen (Bratton 1993). Die Arbeiten von Coase, Manne, Posner oder Fischel wurden vollständig ignoriert. Inhaltlich sind die in den Principles zusammengestellten Regeln durch eine Skepsis gegenüber einer rein marktförmigen Kontrolle gekennzeichnet. Die Principles stellen auch insofern eine Abweichung vom marktliberalen Kontraktualismus dar, als sie in vielen Bereichen die Einführung gesetzlich zwingender Regelungen vorsahen (Bratton 1993; Ribstein 1993). Die große Bedeutung, welche die Principles zwingenden Regelungen zuweisen, wird zum Beispiel an den Übernahmeregelungen, der Struktur des Verwaltungsrates, den Aktionärsklagen sowie an der Regelung zu den Treubrüchen deutlich sichtbar (Bratton 1993; Macey 1993a; Ribstein 1993). Im Hinblick auf die oben getroffene Feststellung zum Einfluss managerialer Interessen muss also eine Einschränkung gemacht werden. Wenn die mangelnde Berücksichtigung der übernahmerechtlichen Vorstellungen der Kontraktualisten eine Orientierung des ALI an den Interessen der Manager nahelegt, so zeigt der überwiegend zwingende Charakter doch gleichzeitig die Grenzen des Einflusses managerialer Interessen auf die Inhalte der Principles an.

Im Einklang mit den Interessen der Manager befand sich jedoch die weite Auslegung des Ziels der Aktiengesellschaft – zumindest solange die Übernahmebedrohung noch nicht ausgestanden war und die Manager noch die Bezugnahme auf die Interessen der Nicht-Aktionäre für ihre eigenen Interessen zu nutzen verstanden. Wie der Model Act legen auch die Principles das Ziel der Aktiengesellschaft und die hieraus entspringenden Pflichten der Verwaltung sehr viel breiter aus als die aktionärszentrierte Betrachtungsweise (American Law Institute 1994: Part II § 2.01[b]). Zum Ziel der Aktiengesellschaft äußern sich die Principles wie folgt:

> Even if corporate profit and shareholder gain are not thereby enhanced, the corporation, in the conduct of its business: [...] may take into account ethical considerations that are reasonably regarded as appropriate to the responsible conduct of business; and (3) may devote a reasonable amount of resources to public welfare, humanitarian, educational, and philanthropic purposes. (American Law Institute 1994: Part II § 2.01 [b])

Der Interessenpluralismus der Principles kommt auch in der Interpretation der managerialen Abwehrmöglichkeiten gegenüber feindlichen Übernahmen zum Ausdruck. Der betreffende Abschnitt der Principles empfiehlt, dass der Vorstand auf ein an die Aktionäre gerichtetes feindliches Übernahmeangebot mit einer Abwehrmaßnahme reagieren darf, sofern es sich bei dieser um eine »reasonable response« handelt (American Law Institute 1994: Part VI § 6.02 [a]). Diese Phrase wird im nächsten Absatz in einer Weise mit Inhalt gefüllt, die die Aktiengesellschaft als eine nicht auf die Aktionäre (oder Vertragspartner) reduzierbare Institution beschreibt:

> In considering whether its action is a reasonable response to the offer: (1) »The board may take into account all factors relevant to the best interest of the corporation and shareholders, among other things, questions of legality and whether the offer, if successful, would threaten the corporation's essential economic prospects.
> (American Law Institute 1994: Part VI § 6.02 [b] [1])

Dass dieser Regelung eine interessenpluralistische Auffassung vom Ziel der Aktiengesellschaft zugrunde liegt, stellen die Verfasser der Principles ausdrücklich mit den folgenden Worten heraus:

> The board may [...] have regard for interests or groups (other than shareholders) with respect to which the corporation has a legitimate concern if to do so would not significantly disfavor the long-term interests of shareholders.
> (American Law Institute 1994: Part VI § 6.02 [b] [2])

Im Einklang mit der vorangegangenen Entwicklung im richter- und gesetzesrechtlichen Übernahmerecht erklärt der Kommentar hierzu, dass die Verwaltungsratsmitglieder bei Vorliegen eines Übernahmeangebotes nicht dazu verpflichtet seien, ihre Entscheidung einzig und allein an der Höhe der Übernahmeprämie auszurichten. Stattdessen seien sie dazu berechtigt, dieses Kriterium mit anderen im Begriff »best interest of the corporation« zum Ausdruck kommenden Entscheidungskriterien sinnvoll abzuwägen. Maßgeblich seien hierbei jedoch die *langfristigen* Interessen der Aktionäre. Zu Interessenkonflikten zwischen Aktionären und anderen Stakeholdern äußern sich die Principles folgendermaßen:

> The board may [...] have regard for interests or groups (other than shareholders) with respect to which the corporation has a legitimate concern if to do so would not significantly disfavour the long-term interest of shareholders. (American Law Institute 1994: § 602 [a] [1])

Während der Model Act von zahlreichen Einzelstaaten adaptiert wurde, wurden die Principles von der Rechtsprechung aufgegriffen und hierdurch in (»hartes«) Recht verwandelt (zum Beispiel Supreme Court of Pennsylvania 1997).

Die Institutionalisten fühlten sich durch die Verbreitung von Anti-Übernahmegesetzen bestätigt und entwickelten ihre Vorstellungen während der 1990er-Jahre fort. Vor allem die *Progressive-Corporate-Law*-Bewegung um Lawrence Mitchell und William Bratton (Mitchell 1995) sowie ein wichtiger Artikel von Margaret Blair und Lynn Stout (Blair/Stout 1999) sollen als Beispiele genügen. Die neueren Vertreter des Institutionalismus lösten sich nicht radikal von der effizienztheoretischen Betrachtung der Rechtsökonomik los, sondern gelangten *innerhalb des rechtsökonomischen Paradigmas* zu alternativen Schlussfolgerungen hinsichtlich des Ziels des Aktienrechts, der Übernahmeregulierung und des richtigen Ausmaßes zwingender Rechtsnormen als die Vertreter aktionärs- und marktorientierten Ideen. Während die ökonomische Analyse des Rechts somit weite Verbreitung fand, kam es innerhalb dieses Ansatzes zu einer Heterogenisierung. Indem sich der Institutionalismus selbst die ökonomische Argumentationsweise und die Methoden der Finanzökonomik aneignete, konnte sich die Reetablierung des Institutionalismus im Rahmen des rechtsökonomischen Paradigmas vollziehen.

2.4 Der Aufstieg der institutionellen Investoren und die Etablierung des Shareholder-Value im aktienrechtlichen Diskurs

Durch die Reetablierung des Institutionalismus und die auf dieser Grundlage erfolgte Errichtung von Abwehrmaßnahmen konnte die Geschwindigkeit, mit der die Aktionäre die Macht in den Unternehmen zurückerlangten, zwar etwas abgebremst werden. Zur nachhaltigen Ausschaltung der auf eine aktionärsorientierte Unternehmensführung hinwirkenden Kräfte waren sie jedoch nicht geeignet.

2.4.1 Die wirtschaftliche Etablierung des Shareholder-Value-Prinzips

Während der 1990er Jahre gelang es den Aktionären schließlich doch, sich im unternehmensinternen Machtkampf durchzusetzen und eine Vorrangstellung der von ihnen verfolgten Interessen herbeizuführen. Eine Ursache hierfür liegt in der zunehmenden *Präsenz institutioneller Investoren* (Allen/Strine 2005; Coffee 1991; Davis/Thompson 1994; Useem 1996). Seit den 1950er- und 1960er-Jahren hatten immer mehr Privataktionäre ihre Aktien an professionelle Pensions- und Investmentfonds delegiert: Der durchschnittlich von institutionellen Investoren gehaltene Anteil am gesamten Aktienkapital vergrößerte sich von 15,8 Prozent im Jahre 1965 auf 42,7 Prozent im Jahre 1986 (Davis/Thompson 1994: 154). Unter den großen Aktiengesellschaften betrug dieser Anteil bereits in den 1980er-Jahren mehr als die Hälfte der Aktien (Coffee 1991: 1291). Die *Institutionalisierung des Aktienkapitals* ist in erster Linie auf das Wachstum der Pensionsfonds zurückzuführen. Hielten diese 1970 noch 9,4 Prozent des gesamten Aktienkapitals, betrug der von Pensionsfonds insgesamt verwaltete Anteil 1988 bereits 23,2 Prozent (Davis/Thompson 1994: 154).

Da die institutionellen Investoren ihre Portfolios diversifizieren, halten sie selten mehr als 2 oder 3 Prozent der Unternehmensaktien. Insofern handelt es sich bei ihnen immer noch um *Minderheitsaktionäre*. Zwischen den bisherigen Minderheitsaktionären und den institutionellen Investoren bestehen jedoch gravierende Unterschiede. Wie weiter oben gezeigt wurde, erschien eine Beteiligung an der Unternehmenskontrolle für die Privataktionäre wenig sinnvoll. Während die Privataktionäre zu den Unternehmensleitungen in einer Beziehung rationaler Apathie gestanden hatten, besitzen die professionellen Fondsmanager sowohl die Anreize als auch das erforderliche Know-how, um sich mit den Vorgängen in den Unternehmen auseinanderzusetzen und ihre Interessen auf den Hauptversammlungen zu artikulieren (Höpner 2003: 98). Je größer die Anzahl der Unternehmen wurde, an denen sich die institutionellen Investoren beteiligten, desto attraktiver wurde die Wahrnehmung der Voice-Option (Useem 1993). Anstatt ihre Anteile zu einem niedrigen Preis zu verkaufen, gingen die institutionellen Investoren dazu über, auf den Hauptversammlungen Druck auf die Leitungen zu niedrig bewerteter Unternehmen auszuüben.

Zur Verbesserung der unternehmensinternen Handlungsfähigkeit der Minderheitsaktionäre trug auch die Gründung des *Council for Institutional Investors* bei (Gourevitch/Shinn 2005: 251). Diese Einrichtung ermöglichte den institutionellen Investoren eine verbesserte Koordination ihrer Aktivitäten auf den Hauptversammlungen, was am rasanten Anstieg der Anzahl der Hauptversammlungsbeschlüsse abgelesen werden kann (Davis/Thompson 1994; Dobbin/Zorn 2005).

In politischer Hinsicht verstanden die institutionellen Investoren es, das durch die Reagan-Administration veränderte politische Klima für ihre Zwecke zu nutzen (Davis/Thompson 1994). Reagan kam den institutionellen Investoren schon dadurch entgegen, dass er hart gegen die ohnehin schon von sinkenden Mitgliedschaftszahlen betroffenen Gewerkschaften vorging und hierdurch eine mögliche Quelle des Widerstands gegenüber einer Durchsetzung finanzieller Interessen austrocknete:

> Following a decade of steadily declining representation elections and union wins, organized labor was no longer capable of exercising much restraint on capital, especially in the private sectors heartland of the economy, where unions had been hardest hit.
> (Mizruchi/Kimeldorf 2005: 218)

Zudem wurden unter Reagans Präsidentschaft weite Teile des Verwaltungsapparates mit Anhängern der marktliberalen Chicago-Schule besetzt. Hiervon waren nicht nur das Justizministerium, die Bundesgerichte und die Handelsaufsicht betroffen, sondern auch die SEC. Die SEC hatte ihre Haltung gegenüber feindlichen Übernahmen zu Beginn der 1980er-Jahre verändert und war zu einer Befürworterin feindlicher Übernahmen geworden. Wie sich in der Auseinandersetzung um die zur Abwehr feindlicher Übernahmen ergriffenen Maßnahmen zeigte, hatten die Aktionäre mit der SEC einen Verbündeten, der bereit war, die Interessen der Aktionäre gegenüber den Managern zu vertreten. Wenn sie die Errichtung von Abwehrmaßnahmen in den Einzelstaaten nicht zu verhindern wusste, so bildete die SEC doch auf der Bundesebene ein *Gegengewicht gegenüber den managernahen Aktienrechtlern in den Einzelstaaten*. Die SEC ist auch die wichtigste Quelle von Verbesserungen der Aktionärsrechte in den 1990er-Jahren und danach. Zwischen 1990 und 1992 kam die SEC der politischen Forderung der institutionellen Investoren nach einer Ausweitung der Kompetenzen der Hauptversammlung in mehrfacher Hinsicht nach. Unter anderem bekamen die Aktionäre mehr Mitspracherechte im Bereich der Vorstandsvergütung. Zudem verschaffte die SEC den institutionellen Investoren die Möglichkeit, ihr Vorgehen auf der Hauptversammlung besser abzustimmen und ihr Abstimmungsverhalten zu koordinieren (Davis/Thompson 1994: 168).

Die institutionellen Investoren nutzten ihren erweiterten Einfluss auf die Vorstandsvergütung dazu, zusätzlich zu den fixen Vorstandsgehältern variable Vergütungsbestandteile einzuführen, deren Umfang mit der Höhe des Aktienkurses zunimmt (Dobbin/Zorn 2005: 189). Während *Aktienoptionen* zu Beginn der 1990er-Jahre einen Anteil von 5 Prozent der gesamten Vergütung der Vorstandsvorsitzenden der US-amerikanischen Aktiengesellschaften ausmachten, betrug dieser 1999 bereits 60 Prozent (Coffee 2004: 275). Durch die Kopplung der Vorstandsgehälter an den Aktienkurs erhielten die Vorstände finanzielle Anreize, sämtliche ihrer Aktivitäten an deren Folgen für die Entwicklung des Aktienkurses zu orientieren (Davis 2009: 86–87).

Gemeinsam mit den Bieterunternehmen und den Analysten gelang es den institutionellen Investoren, die *Präferenzen der Vorstände radikal zu verändern* und ihre Aufmerksamkeit auf den *Shareholder-Value* zu lenken (Dobbin/Zorn 2005). Neben der Einführung von Aktienoptionsprogrammen kam ihnen auch die Verwissenschaftlichung der Managementausbildung zugute. Immer mehr *business schools* stellten Ökonomen und Statistiker ein, um die Aktienpreisbewegungen auf der Basis der Effizienzmarkttheorie zu analysieren (Whitley 1986). Die im Kontext der sich institutionalisierenden Finanzökonomik ausgebildete Generation von Managern wurde mit einem völlig anderen Bild von guter Unternehmensführung konfrontiert als ihre Vorgängergeneration. Gemäß der in den 1960er- und 1970er-Jahren vorherrschenden *finance conception of control* bestand die Vorstellung von guter Unternehmensführung noch darin, diversifizierte Konglomerate aufzubauen und innerhalb dieser ein Portfolio-Management zu betreiben (Fligstein 1990, 2001). Angesichts fallender Profitraten und der Entfesselung der Finanzmärkte erlangte die sich neu institutionalisierende Finanzökonomik jedoch die Deutungshoheit über die Frage, wie Unternehmen zu führen sind. Der Einschätzung der Finanzökonomen zufolge hatten die Konglomerate die amerikanischen Aktiengesellschaften ihre internationale Wettbewerbsfähigkeit einbüßen lassen und zur Vernichtung von Werten geführt. Daher begann sich in den *business schools* die Vorstellung zu verbreiten, dass die Finanzmarktakteure eher dazu in der Lage seien, eine effiziente Kapitalallokation herbeizuführen als die Manager (Davis/Diekmann/Tinsley 1994: 548). Der *shareholder value conception of control* zufolge bestand die einzige Aufgabe der Vorstände darin, die Renditen der Aktionäre zu maximieren. Insoweit die Konglomerate am Aktienmarkt mit Abwertungen bestraft wurden, ergab sich für das manageriale Handeln hieraus der Imperativ, Randbereiche abzustoßen und sich auf Kerngeschäfte zu fokussieren (Fligstein 2001: 148).

Tatsächlich trugen der Machtgewinn der institutionellen Investoren, die Umstellung der Vorstandsvergütung sowie die Diffusion der *shareholder value conception of control* zu einer *Zurückdrängung aller der Maximierung der Aktionärsrenditen entgegenstehenden Interessen* bei. Diese Machtverschiebung kam in einer radikalen Veränderung der Unternehmenspraxis zum Ausdruck, die in den 1980er- und 1990er-Jahren zur Auflösung industrieller Konglomerate beitrug (Davis/Diekmann/Tinsley 1994; Dobbin/Zorn 2005; Fligstein 2001; Fligstein/Shin 2007; Useem 1993, 1996). Der Glaube der Finanzmarktakteure an die Ineffizienz diversifizierter Konglomerate hatte zu einer Abwertung diversifizierter Unternehmen am Aktienmarkt geführt und diese zur Zielscheibe von feindlichen Übernahmen gemacht (Davis/Diekmann/Tinsley 1994: 558). Jene Firmen, welche die Übernahmewelle überstanden hatten, rückten in den späten 1980er-Jahren freiwillig von der Diversifizierungsstrategie ab und begannen stattdessen, ihre Kerngeschäfte auszubauen. Ebenfalls als organisationale Reaktion auf die Etablierung der *shareholder value conception of control* interpretiert Neil Fligstein (2007) den zwischen 1984 und 2001 zu beobachtenden Trend zur Computerisierung, die hiermit einhergehenden Massenentlassungen sowie den Rückgang gewerkschaftlich organisierter Mitarbeiter. Gleichzeitig stiegen die Vorstandsgehälter massiv an (Hacker/Pierson 2010: 189–192).

Dem Trend zur De-Diversifizierung lag eine neue Interessen- und Machtkonstellation in den Unternehmen zugrunde. Offensichtlich wurde die Allianz zwischen Managern, Arbeitnehmern und den Repräsentanten der lokalen Gemeinwesen nur bis zu dem Zeitpunkt aufrechterhalten, bis sie den Markt für Unternehmenskontrolle zum Erliegen gebracht hatte (Davis/Vogus 2005: 119). Nachdem die Anti-Übernahmegesetze in einer Vielzahl von Bundesstaaten in Kraft getreten waren, begann sich das Bündnis aufzulösen (ebd: 120). Unter dem Druck institutioneller Investoren, der Institutionalisierung von Aktienoptionen und der Etablierung des Shareholder-Value als neuer managerialer Leitvorstellung wandten sich die Manager von den Interessen der Nicht-Aktionäre ab und näherten sich den Interessen der institutionellen Investoren an (siehe auch Dobbin/Zorn 2005).

2.4.2 Zur juristischen Durchsetzung des Shareholder-Value-Prinzips

Die Transformation der wirtschaftlichen Macht- und Interessenkonstellation stärkte innerhalb des aktienrechtlichen Diskurses jene Fraktionen, die sich das Effizienzdenken der Finanzökonomen zu eigen gemacht hatten und sich für eine markt- und aktionärsgetriebene Reinterpretation des Aktienrechts einsetzten. Die Institutionalisten hatten den managerialen Interessen mit der Legalisierung von Abwehrmaßnahmen und der Diffusion von Anti-Übernahmegesetzen zwar einen wichtigen Dienst erwiesen. Nachdem die Übernahmegefahr abgewandt war und sich die Manager auf die institutionellen Investoren zubewegt hatten, passte die institutionalistische Doktrin jedoch nicht mehr länger zur Realität in den Aktiengesellschaften. Angesichts der auch in den 1990er-Jahren fortgesetzten Entlassungen von Arbeitnehmern und der auch auf den Finanzmärkten wieder aufkommenden Dynamik erschien die Aktiengesellschaft nicht mehr länger als eine auf langfristigen Mitgliedschaften basierende Institution, sondern als ein aus flüssigen Marktbeziehungen bestehender Nexus von Verträgen. Die Stellung der Institutionalisten im juristischen Feld verschlechterte sich also gerade in der Phase, als das Selbstverständnis der Manager und die Form wirtschaftlicher Beziehungen in Widerspruch zum institutionalistischen Standpunkt geraten waren. Umgekehrt konnten die Kontraktualisten die Annäherung der sozialen Beziehungen in den Unternehmen an ihre Vorstellungen zur Durchsetzung ihrer Sichtweise innerhalb des juristischen Feldes nutzen. Unter dem Eindruck der Transformation organisationaler Machtverhältnisse und der Veränderung managerialer Präferenzen fanden vertragstheoretische Vorstellungen viele weitere Anhänger (Butler/Ribstein 1990, 1995; Bebchuk/Coates/Subramanian 2002; Ribstein 1993; Romano 1993). Ingesamt schrieben die Aktienrechtler den Aktionärsinteressen eine größere Relevanz zu als noch in den 1970er- oder 1980er-Jahren. Bereits in einer in der *Columbia Law Review* im Jahre 1989 veröffentlichten Debatte über das Für und Wider rechtlich zwingender Regeln bewegte sich die Diskussion auf der Prämisse der ausschließlichen Relevanz der Aktionärsinteressen (Bebchuk 1989a, 1989b; Coffee 1989; Gordon 1989; Macey 1989; McChesney 1990; Romano 1989; Winter 1989). Den Teilnehmern ging es vor allem um die Frage, wie viel zwingendes Recht notwendig ist, um den Aktionären zur Maximierung der Renditen zu verhelfen. Auch in der vor allem von Roberta Romano (1993) und Lucian Bebchuk (1992, 2002, 2006) geführten Auseinandersetzung um die Frage, ob das Aktienrecht eher den Einzelstaaten überlassen bleiben oder bundesrechtlich geregelt werden sollte, teilen beide Autoren die Auffassung vom Primat des Shareholder-Value. Wenn die aktionärszentrierte Betrachtung des Aktienrechts unter den Aktienrechtlern während der Übernahmewelle noch nicht konkurrenzlos war, so begann sie, sich im Verlauf der 1990er-Jahre in der aktienrechtlichen Literatur zur herrschenden Lehre zu etablieren. Als weiterer Hinweis hierauf lässt sich die Tatsache interpretieren, dass derselbe Richter, namentlich William Allen, der sich 1989 im Fall Paramount noch am institutionalistischen Standpunkt orientiert hatte, in den 2000er-Jahren den Shareholder-Value zur Richtschnur des Vorstandshandelns erklärte. In einem gemeinsam mit dem *Law-and-Economics*-Vertreter Reinier Kraakman und dem Ökonomen Guhan Subramanian herausgegebenen Lehrbuch, das 2007 in der zweiten Auflage erschien (Allen/Kraakman/Subramanian 2007), äußerten sich die Autoren folgendermaßen zur Frage nach dem Ziel des Aktienrechts: »Fairness is rarely a topic in academic discussions of corporate law because it is usually thought to be too vague to be analytically useful. Efficiency is the dominant, if not the sole, criterion for academic evaluation of corporate law doctrines« (ebd.: 2). Zur Funktion des Aktienrechts heißt es: »Corporate law addresses the creation of economic wealth through the facilitation of voluntary, ongoing transactions« (ebd.: 2). Fragen nach der richtigen Verteilung des Reichtums seien hingegen in die Politik zu verweisen und könnten von den Aktienrechtlern nicht beantwortet werden.

2.4.3 Der Sarbanes-Oxley Act

Die zunehmende Abhängigkeit der amerikanischen Aktiengesellschaften von den Kapitalmärkten schuf in Kombination mit den von Stock Options ausgehenden Fehlanreizen sowie die durch die Reagan-Regierung vollzogene Liberalisierung des Bilanzrechts die Voraussetzungen für eine *systematische Fehlentwicklung im Bereich der Corporate Governance* (Prechel/Morris 2010). Sichtbar wurde diese zu Beginn der 2000er-Jahre anhand einer Serie spektakulärer *Bilanzskandale*, die zu Kurseinbrüchen an den Börsen führten und gigantische Summen Kapitals sowie die Betriebsrenten der Mitarbeiter aufzehrten. Der spektakulärste Fall manipulativer Buchführungspraktiken war der Energiekonzern Enron (Stiglitz 2003: Kapitel 10). Die Rating-Agenturen Standard & Poors und Moody hatten Enron noch kurz vor der Insolvenz eine vorzügliche Bonität bescheinigt. Der für Enron tätige Wirtschaftsprüfer Arthur Andersen wurde aufgrund der Vernichtung von Firmenunterlagen der Behinderung der Justiz für schuldig gesprochen und löste sich daraufhin auf.

Die sich hieran anschließenden Skandale bei WorldCom, Adelco und Tyco verdeutlichten, dass es sich bei Enron um keinen Einzelfall handelte. Da ein großer Teil der von den Kursverlusten betroffenen Aktionäre aus Pensionsfonds bestand, verbündeten sich die Investoren und die Arbeitnehmer zu einer »Transparenz-Koalition« (Gourevitch/Shinn 2005: 241–259). Insbesondere der Council of Institutional Investors sowie der gewerkschaftliche Dachverband ALF-CIO bemühten sich gemeinsam um die politische Durchsetzung strengerer Corporate-Governance-Regeln. Innerhalb des politischen Systems wurde das Interesse der Transparenz-Koalition von der Demokratischen Partei repräsentiert (Cioffi/Höpner 2006a, 2006b). Das Gros der Wirtschaftsvertreter, die Bush-Regierung sowie der Großteil der der Republikanischen Partei angehörigen Kongressmitglieder sperrten sich zunächst gegen eine schärfere Regulierung der Bilanzierungspraktiken, gaben ihren Widerstand jedoch angesichts weiterer Unternehmensskandale und sich fortsetzender Kursverluste auf (zu den Einzelheiten des Gesetzgebungsverfahrens siehe Gourevitch/Shinn 2005: 256–258).

Die Demokratische Partei nutzte den durch den Einbruch auf dem Aktienmarkt entstandenen Problemdruck sowie die anstehenden Kongresswahlen dazu, ein umfangreiches Reformpaket durch den Kongress zu bringen (Cioffi 2002a, 2006a, 2006b, 2006c; Romano 2005b). Der im Juli 2002 verabschiedete Sarbanes-Oxley Act stellt die größte Corporate-Governance-Reform seit den 1930er-Jahren dar. Eine zentrale Regelung ist die Errichtung des Public Company Accounting Oversight Board (PCAOB). Hierbei handelt es sich um eine staatliche Aufsichtsbehörde, die die Tätigkeit der Wirtschaftsprüfer überwacht. Zudem schreibt der Sarbanes-Oxley Act dem Chief Executive Officer und dem Chief Finance Officer börsennotierter Aktiengesellschaften vor, die Richtigkeit und Lückenlosigkeit der Jahresabschlüsse zu bestätigen und erweitert deren strafrechtliche Haftung (Cioffi 2006b: 547). Um Interessenkonflikte zu vermeiden, darf der vom Prüfungsausschuss beauftragte Abschlussprüfer seit Inkrafttreten des SOA keine weiteren Dienstleistungen mehr erbringen. Diese Regelung wird vor allem auf das Engagement des 2001 aus dem Amt geschiedenen SEC Chairman, Arthur Levitt, zurückgeführt (Romano 2005b: 1534). Levitt war schon vor dem Zusammenbruch Enrons erfolglos für die Trennung der Wirtschaftsprüfung von anderen Dienstleistungen eingetreten und nutzte den zu Beginn der 2000er-Jahre entstandenen Problemdruck, um seinen Vorschlag durchzusetzen. Innerhalb der Aktiengesellschaften führte der SOA zu einer Stärkung der *Unabhängigkeit der nicht geschäftsführenden Verwaltungsratsmitglieder*. Um eine bessere Kontrolle über die Rechnungslegung zu erzielen, verpflichtet der SOA die Aktiengesellschaften, einen mit unabhängigen Verwaltungsratsmitgliedern besetzten Prüfungsausschuss zu schaffen (»audit-committee«).

Im aktienrechtlichen Diskurs führte das Versagen der Corporate Governance zu einer *Infragestellung der Effizienzmarkttheorie* (siehe zum Beispiel Gordon 2002: 1235–1240) sowie zu einer *Schwächung des Einflusses managerialer Interessen*. Angesichts der Corporate-Governance-Krise distanzierte sich eine wachsende Anzahl von Aktienrechtlern von den marktliberalen Vorstellungen der Kontraktualisten und setzte sich für eine schärfere Regulierung der Aktiengesellschaften ein. Während Jeffrey Gordon (2002) für die Einführung eines unabhängigen Prüfungsausschusses eingetreten war, hatte John Coffee (2002) für eine strengere Regulierung von Wirtschaftsprüfern und Rating-Agenturen geworben. Die Haltung Coffees und Gordons lässt erkennen, dass sich ein Teil der Aktienrechtler vom kontraktualistischen Paradigma abwandte. Zugleich machen ihre Positionen das Abrücken von Aktienrechtsexperten vom managerialen Autonomieinteresse deutlich. Weil die managerialen Eliten infolge massiven Fehlverhaltens öffentlich in die Defensive geraten waren, schwächte sich der Einfluss ihrer Interessen auf den aktienrechtlichen Diskurs ab. Die krisenbedingte Entkopplung von aktienrechtlichem Diskurs und managerialen Präferenzen ermöglichte es den Aktionären und Arbeitnehmern auch dort auf die aktienrechtliche Meinungsbildung einzuwirken, wo ihre Interessen mit dem Autonomiebedürfnis der Manager kollidierten. Im Gefolge des SOA wurden innerhalb des juristischen Feldes wieder Stimmen laut, die eine Rückbesinnung auf den institutionalistischen Begriff der Aktiengesellschaft forderten (zum Beispiel Elhauge 2005). Auch wenn es den Institutionalisten letztlich nicht gelang, ihre Sichtweise als herrschende Lehre im juristischen Feld zu etablieren, konnten sie die Enron-Krise sowie die Reaktion des Kongresses nutzen, um die Kontraktualisten zu schwächen.

2.5 Fazit

Der Zusammenhang zwischen der Entwicklung der Aktiengesellschaften und der Entwicklung des aktienrechtlichen Diskurses wurde über vier historische Phasen der amerikanischen Aktienrechtsentwicklung hinweg rekonstruiert. Im Hinblick auf die Machtverteilung in den Aktiengesellschaften zeichnen sich die vier Phasen durch eine je unterschiedliche Verteilung des relativen Einflusses von Minderheitsaktionären und den der Maximierung von Aktionärsrenditen entgegenstehenden gesellschaftlichen Kräften aus. Mit der Verschiebung der relativen Gewichtung finanzieller und nicht finanzieller Interessen veränderten sich die im Kreise von Aktienrechtsexperten vorherrschenden Rechtsauffassungen.

Bis in die 1970er-Jahre hinein war die im US-amerikanischen Aktienrecht vorherrschende Rechtsdoktrin durch die Auffassung gekennzeichnet, dass es sich bei der Aktiengesellschaft um eine öffentliche Institution handele, deren Manager einen Ausgleich zwischen Stakeholder-Interessen zu leisten hätten. Die nach dem Zweiten Weltkrieg vollzogene Etablierung institutionalistischer Auffassungen entwickelte sich insofern in dieselbe Richtung wie die Entwicklung in den Aktiengesellschaften, als sich deren Manager als Repräsentanten öffentlicher Institutionen wahrnahmen und den finanziellen Interessen der Minderheitsaktionäre keine herausragende Bedeutung zumaßen. Hinzu kam, dass das Wachstum der Aktiengesellschaften ein allgemeines Bewusstsein für ihre sozialen Außenwirkungen geschaffen hatte. Schließlich wurde die große Bedeutung institutionalistischer Auffassungen durch die positive wirtschaftliche Entwicklung und das hohe Ansehen der Manager befördert.

Als die Wirtschaft in den 1970er-Jahren in eine Krise geriet, gab es zwei unterschiedliche Antworten. William Cary und Ralf Nader versuchten, diese Situation für die von ihnen propagierte Zentralisierung des Aktienrechts zu nutzen. Ihr gemeinsamer Vorstoß zur Schaffung eines einheitlichen Aktienrechts löste jedoch die Entstehung einer marktliberalen Gegenbewegung aus, die mit der Etablierung der Finanzökonomik koinzidierte und durch diese stimuliert wurde. Diese Bewegung trug mit dazu bei, die Unternehmensleitungen vor einer regulatorischen Ausweitung zu bewahren. Die Vertreter des Kontraktualismus verwiesen auf den Umstand, dass die Aktiengesellschaften in verstärkte Abhängigkeit von den Kapitalmärkten geraten waren und dass rechtliche Regeln deshalb nicht mehr nötig seien, um die Vorstände zu effizienteren Praktiken zu veranlassen. In begrifflicher Hinsicht schloss die Vertragstheorie an die vor der Managerherrschaft zwischenzeitlich populäre Aggregattheorie an und löste die Aktiengesellschaft in ein Set privater Vertragsbeziehungen auf. Im Zentrum der vertragstheoretischen Bewegung stand die Wiederentdeckung der Märkte als Kontrollinstrumente und – hiermit verbunden – die Wiederentdeckung des

Aktionärs als wichtigster Anspruchsgruppe. Die Vertreter marktorientierter Auffassungen konnten die Krise der Managerherrschaft und die Entfesselung von Marktkräften dazu nutzen, den Institutionalismus vorübergehend zu diskreditieren, und brachten die von ihnen juristisch kommunizierten Interessen von Managern und Aktionären in den Prozess der Rechtsfortbildung ein. Zum einen trug der Kontraktualismus dazu bei, die Ausweitung zwingenden Aktienrechts zu verhindern. Zum anderen sickerte er aufgrund seiner Unterstützung durch die Reagan-Administration und finanzieller Zuwendungen aus der Wirtschaft auch in die Rechtsprechung ein.

Die während der ersten Hälfte der 1980er-Jahre zu beobachtende Intensivierung der Dynamik auf dem Markt für Unternehmenskontrolle ließ jedoch bei zahlreichen Aktiengesellschaften das Bedürfnis nach einer Bändigung von Marktkräften aufkommen. Die angesichts der destruktiven Konsequenzen des ungezügelten Marktes für Unternehmenskontrolle aufgekommene Gegenbewegung veranlasste die Aktienrechtler zu einer Reetablierung institutionalistischer Ideen. Die juristische Verarbeitung der sozialen Gegenbewegung trug entscheidend dazu bei, dass das gemeinsame Bedürfnis der Manager potenzieller Zielgesellschaften sowie der Arbeitnehmer nach einer Beschränkung des Marktes für Unternehmenskontrolle aktienrechtlich verarbeitet wurde. Das Recht wirkte dann dadurch auf die Wirtschaft zurück, dass die rechtliche Institutionalisierung von Abwehrmaßnahmen die Unternehmen vor Übernahmen schützte und zur Beendung der Übernahmewelle beitrug.

Der von der Gegenbewegung hervorgerufene Prozess der Reinterpretation des Aktienrechts begann im Bereich privater Satzungspraktiken, wo Anwaltskanzleien den Aktiengesellschaften durch kreative Rechtsanwendungen dabei halfen, Abwehrmaßnahmen gegen feindliche Übernahmen zu entwickeln. Privatrechtliche Innovationen wie die *poison pill* wurden in einem nächsten Schritt von der Rechtsprechung von Delaware aufgegriffen und rechtlich institutionalisiert. Parallel zur privaten und richterrechtlichen Etablierung von Abwehrmaßnahmen schränkten auch die von Anwälten beratenen einzelstaatlichen Gesetzgeber die Möglichkeiten zur Durchführung feindlicher Übernahmen ein. Die Entwicklungen im Bereich privater Rechtspraktiken sowie die hierauf reagierende richter- und gesetzesrechtliche Etablierung von Abwehrmaßnahmen wurden von den Aktienrechtlern in einem nächsten Schritt in den Bereich des *soft law*, in diesem Fall den Model Act und die Principles of Corporate Governance, eingespeist. Indem sich private Rechtsanwender, Richter und Gesetzgeber an diesen Kodizes orientierten, wirkte die Manifestation des Institutionalismus im *soft law* auf das positive Recht zurück.

Während der 1990er-Jahre führten der Aufstieg der institutionellen Investoren, die Diffusion einer am Shareholder-Value orientierten managerialen Leitvorstellung sowie die Einführung von Aktienoptionen jedoch zu einer Transformation der Machtverhältnisse in den Aktiengesellschaften. Nachdem die Übernahmegefahr abgewendet worden war, scherten die Manager aus dem Bündnis mit den Arbeitnehmern aus und bewegten sich auf die Interessen der institutionellen Investoren zu. Die Etablierung des Shareholder-Value als neuer managerialer Leitvorstellung kam in einem Trend zur De-Diversifizierung zum Ausdruck, der mit Massenentlassungen und einer Steigerung der Vorstandsgehälter verbunden war. Weil der auf einen Interessenausgleich und eine Begrenzung des Profitstrebens abzielende Institutionalismus nicht mehr länger den Präferenzen der Manager entsprach, verlor die institutionalistische Sichtweise im juristischen Feld an diskursiver Überzeugungskraft. Die Kontraktualisten hingegen konnten ihre Deutungsmacht ausweiten und gewannen neue Anhänger.

Kapitel 3
Der deutsche Aktienrechtsdiskurs im Kontext von Entstehung und Transformation des deutschen Corporate-Governance-Systems

Im vorangegangenen Kapitel wurde die historische Entwicklung des aktienrechtlichen Diskurses der USA in ihrer Beziehung zu den Machtverhältnissen in den Unternehmen untersucht. Dabei wurde deutlich, wie eng der aktienrechtliche Diskurs der USA mit der in den Aktiengesellschaften vorherrschenden Interessen- und Machtkonstellationen verknüpft war. In diesem Kapitel wird nun parallel hierzu untersucht, inwieweit sich eine solche Verknüpfung auch für die deutsche Entwicklung feststellen lässt.

Während das USA-Kapitel in vier Phasen eingeteilt ist, sind es im deutschen Fall nur zwei Phasen, die zur Darstellung kommen. Der Grund hierfür ist, dass die sich in den USA in der dritten Phase ereignende Gegenbewegung in Deutschland innerhalb des Untersuchungszeitraums ausblieb. Ähnlich wie im Fall der USA ist auch hier die erste Phase durch eine weitgehende Außerkraftsetzung marktförmiger Kontrollinstrumente und eine schwache Position der finanzorientierten Minderheitsaktionäre gekennzeichnet. Im Bereich aktienrechtlicher Ideen kamen die Außerkraftsetzung von Märkten und die hiermit einhergehende Randstellung der Minderheitsaktionäre, analog zu den USA, in der Prädominanz institutionalistischer Rechtsideen zum Ausdruck (3.1). Im Laufe der 1990er-Jahre führte die Öffnung der Kapitalmärkte jedoch zu einer Kommodifizierung des Systems der Unternehmenskontrolle, in deren Zuge die Interessen von Minderheitsaktionären in den Vordergrund traten. Im Bereich rechtlicher Ideen führte diese Transition zum Vordringen einer markt- und aktionärsorientierten Betrachtungsweise. Diese übersetzte die Konvergenz von Managerinteressen und finanziellen Aktionärsinteressen in den juristischen Diskurs und ermöglichte hierdurch deren rechtliche Institutionalisierung in Form einer Ausweitung von Aktionärsrechten (3.2).

3.1 Das deutsche Corporate-Governance-System im aktienrechtlichen Diskurs

Mehr noch als in den USA war die Frühphase der Geschichte des Aktienrechts in Deutschland durch eine einflussreiche Stellung der Aktionäre geprägt (Horn 1979: 157–158). Nachdem die Aktiengesellschaften im 1870 vollzogenen Übergang vom Konzessions- zum Normativsystem von ihrer staatlichen Bevormundung befreit worden waren, besaß die Hauptversammlung weitreichende Kompetenzen. Zudem waren die Gesellschafter ursprünglich selbst noch in den Vorständen der Aktiengesellschaften vertreten und konnten auf diesem Wege direkt ihre Interessen zur Geltung bringen. In der Jurisprudenz spiegelte sich diese Situation in einer aktionärszentrierten Betrachtung des Aktienrechts wider (Lehmann [1898]1964, [1904]1964). Der Aktiengesellschaft gehörten dem damals vorherrschenden Begriffsverständnis zufolge neben den Anlageaktionären nur die als Unternehmer tätigen Gesellschafter oder Nichtgesellschafter (Vorstand) an. Die Beschäftigten hingegen traten (ebenso wie Lieferanten, Abnehmer, Verbraucher usw.) nur als Markt- und Vertragspartner der Anteilseignergesellschaft in Erscheinung. In diesem Sinne konzipierte Karl Lehmann ([1898]1964) die Aktiengesellschaft in seinem Lehrbuch *Das Recht der Aktiengesellschaft* als einen Anlegerverband, den er aufgrund der Ausstattung mit Rechtspersönlichkeit zwar als »ein besonderes Wesen« (ebd.: 243) betrachtete, das als rechtliche Eigentümerin des Gesellschaftsvermögens von den Gesellschaftern geschieden sei. Bei der Rechtsfähigkeit handelte es sich nach der Auffassung der im 19. Jahrhundert dominierenden Fiktionstheorie jedoch lediglich um eine juristische Konstruktion, die als solche strikt auf die Aktionärsinteressen bezogen blieb. Die Gleichsetzung der juristischen Person mit der natürlichen Person ist der Auffassung Friedrich Carl von Savignys (1840) zufolge ein voraussetzungsvoller Schritt. Die juristische Person wird nur fingiert. Deshalb, so kann Lehmann interpretiert werden, bleibt die Aktiengesellschaft stets eine Gesellschaft, die »nur um der Mitglieder willen und für die Mitglieder fungirt [sic]« (Lehmann [1898]1964: 243). Die fiktionstheoretische Auflösung des gesellschaftlichen Substrates der juristischen Person gestattet es, überindividuelle, oder gar den Kreis der Gesellschafter überschreitende Interessen auszublenden. Nach Auffassung von Lehmann besaß die Aktiengesellschaft jedoch keine selbstständigen, von den Interessen der Mitglieder losgelösten Zwecke (ebd.: 246). Letztlich war sie daher »nur das Rechtsgewand für eine den Interessen der Mitglieder dienende Vereinigung« (ebd.).

Die sich zwischen der Gründerzeit und dem Ersten Weltkrieg vollziehende Dekommodifizierung der Unternehmenskontrolle (Höpner/Krempel 2004; Jackson 2001) brachte den von Lehmann vertretenen Aktionärszentrismus jedoch ins Wanken. Bereits vor dem Krieg hatte sich im Bereich der Unternehmenskontrolle ein Wandel vollzogen, der zu einer Zurückdrängung der Aktionärsinteressen führte. Ähnlich wie in den USA wuchsen die Aktiengesellschaften zu Großunternehmen heran, deren Bedeutung für Staat und Gesellschaft immer offenkundiger wurde (Horn 1979; Kocka 1981).

Die Kluft zwischen Aktionären und der Leitung der Aktiengesellschaften vergrößerte sich indes nicht so stark wie in den USA. Die Aktionäre blieben nämlich stärker präsent als in den USA, was an der Tatsache abzulesen ist, dass sich das Eigentum der US-Aktiengesellschaften viel weiter streute als in Deutschland (Gourevitch/Shinn 2005; Höpner/Jackson 2003; La Porta/Lopez-de-Silanes/Shleifer 1999; Roe 2003b). Aufgrund der stärkeren Konzentration des Aktienkapitals trat eine andersgeartete unternehmenspolitische Konfliktlinie in Erscheinung als in den USA. Während es in den USA in erster Linie Manager waren, die ihre neu gewonnenen Gestaltungsspielräume für eine Abweichung vom Interesse der Maximierung der Aktionärsrenditen nutzten, waren es in Deutschland die *Großaktionäre*, die den finanzorientierten Minderheitsaktionären zum Problem wurden (zum Konflikt zwischen kleinen und großen Aktionären siehe Callaghan 2009; Dyck/Zingales 2004). Auch wenn sowohl das US-amerikanische als auch das deutsche Corporate-Governance-System über weite Strecken des 20. Jahrhunderts durch eine Außerkraftsetzung von Märkten und die Zurückdrängung von Renditeinteressen gekennzeichnet waren, trat die Dekommodifizierung der Unternehmenskontrolle in unterschiedlichen Formen in Erscheinung. Der Unterschied zwischen Deutschland und den USA entspricht der von Mark Roe (2005) getroffenen Unterscheidung zwischen einem *vertikalen* und einem *horizontalen* Corporate-Governance-Problem. Während die Hauptkonfliktlinie in den breit gestreuten US-amerikanischen Aktiengesellschaften zwischen Managern und Aktionären verläuft (vertikales Corporate-Governance-Problem), herrscht in den durch eine stärkere Konzentration des Aktienkapitals gekennzeichneten deutschen Aktiengesellschaften ein horizontales Corporate-Governance-Problem vor. Die über sehr kleine Anteile und geringe Mitspracherechte verfügenden Anleger sahen sich einem Übergewicht mächtiger Großaktionäre gegenüber, die in den unternehmensinternen Entscheidungsprozess integriert waren und von den Minderheitsaktionären abweichende Interessen verfolgten (Näheres hierzu siehe Höpner 2003; Jackson 2000; Klages 2006).

Das Aktienrecht entwickelte sich mit der Reform von 1884 in eine dem Einfluss der Großaktionäre entsprechende Richtung. Anders als in den USA, wo die Unternehmensleitung von *einem* (als »board« bezeichneten) Verwaltungsrat übernommen wird, ist diese in Deutschland seit 1884 in einen Vorstand und einen Aufsichtsrat unterteilt. Der Aufsichtsrat wurde zunächst ausschließlich von der Hauptversammlung bestellt, sodass die Großaktionäre ihren Einfluss vermittels der Entsendung von Aufsichtsratsvertretern bewahren konnten (Jackson

2001: 132–133). Die Minderheitsaktionäre hingegen waren nicht im Aufsichtsrat repräsentiert. Mehr als in den USA bewahrten die Familieneigentümer in Deutschland ihren Einfluss auf die Großunternehmen (Jackson 2001; Ziegler 2000). Anders als finanzorientierte Minderheitsaktionäre nehmen die Unternehmensgründer eine langfristige Perspektive ein und verfolgen häufig andere Interessen als die Maximierung des Unternehmenswertes (Jackson 2000: 274).

Die Gründerfamilien waren von Beginn an eine einflussreiche Interessengruppe in den Aktiengesellschaften, mussten ihren Einfluss jedoch mit den *Großbanken* teilen. Anders als in den USA, wo rechtliche Regulierungen die Banken von einer effektiven Ausübung der Unternehmenskontrolle abhielten (Roe 1994), erlangten die für die Industrieunternehmen als »Hausbanken« fungierenden Großbanken eine strategisch zentrale Position im deutschen System der Unternehmenskontrolle. Das heißt natürlich nicht, dass Banken keinerlei Bedeutung für das US-amerikanische Corporate-Governance-System haben. Insbesondere Beth Mintz und Michael Schwatz (1985) haben gezeigt, dass sich die US-amerikanischen Banken immer wieder in die internen Angelegenheiten von Aktiengesellschaften einmischten und dass die Manager der Aktiengesellschaften mit der Intervention der Banken rechnen mussten (vgl. Zeitlin 1974: 1099–1100). Die US-Banken und Versicherer erlangten ihren Einfluss durch ihre zentrale Position in einem Netzwerk aus Board-Verflechtungen. Dieses Netzwerk hat sich jedoch ab den 1980er-Jahren aufgelöst (Davis/Mizruchi 1999).

Ein wichtiger Unterschied gegenüber Deutschland liegt in der Tatsache, dass die zwischen Industrie- und Finanzunternehmen bestehenden Personalverflechtungen (»interlocking directorates«) in den USA einen reziproken Charakter haben, die Verwaltungsratsmitglieder also nicht nur von den Finanz- in die Industrieunternehmen, sondern auch umgekehrt von den Industrie- in die Finanzunternehmen entsandt wurden. In Deutschland konnten die Großbanken einen größeren Einfluss auf die Industrieunternehmen erlangen, weil die zwischen Finanz- und Industrieunternehmen bestehenden Verflechtungen *hierarchischen* Charakter hatten. Die Banken entsandten zwar Vertreter in die Aufsichtsräte von Industrieunternehmen, hatten jedoch keine Industrievertreter im eigenen Aufsichtsrat sitzen (Beyer 1999).

Während den US-Banken die gleichzeitige Ausübung von Kreditgeschäften und der Handel mit Wertpapieren durch den zweiten Glass-Steagall Act von 1935 untersagt wurde (zur Vorgeschichte des Glass-Steagall Acts siehe Roe 1994), werden beide Geschäftszweige im deutschen *Universalbanksystem* von denselben Banken ausgeübt. Die gleichzeitige Vergabe von Krediten, der Besitz von Kapitalbeteiligungen, die Ausübung von Depotstimmrechten sowie die Besetzung von Aufsichtsratsmandaten verschaffte den deutschen Großbanken

– Deutsche Bank, Dresdner Bank, Commerzbank – eine einzigartige Machtstellung gegenüber der Industrie (Hilferding [1910]1947: 103ff.).

Sowohl untereinander als auch zu den Industrieunternehmen errichteten die Großbanken seit der Gründerzeit ein später als *Deutschland AG* bezeichnetes Netzwerk aus Kapital- und Personalverflechtungen (Höpner/Krempel 2004; Windolf 2002a; Windolf/Beyer 1995). Dieses schirmte die eingebundenen Unternehmen von den Märkten ab und ermöglichte ihnen langfristige Wirtschaftsbeziehungen. Die Finanzkonzerne wirkten also gerade nicht darauf hin, die Unternehmen durch die Ausübung von Marktdisziplin zur Maximierung individueller Unternehmensprofite anzutreiben, sondern die Unternehmen durch den Aufbau von Kartellen und langfristige Kapitalanlagen vor Marktzwängen zu beschützen (Jackson 2001: 127). Die Deutschland AG wirkte sich insofern beschränkend auf die managerialen Handlungsspielräume aus, als sie den in ihrem Zentrum agierenden Finanzinstituten eine quasi öffentliche Rolle auferlegte und sie öffentlichen Interessen aussetzte (Höpner 2007a; Streeck 2009). Weil diese mit ihren Krediten an einer Vielzahl von Unternehmen beteiligt waren, sahen sich die im Zentrum der Deutschland AG befindlichen Finanzkonzerne gezwungen, Verantwortung für die Aufrechterhaltung der gesamtwirtschaftlichen Stabilität zu übernehmen. Die Zurückdrängung der Interessen der Minderheitsaktionäre durch die Deutschland AG veränderte die Bedingungen, unter denen die Aktienrechtler das Recht auslegten, radikal. Je weiter die Großaktionäre die Vorstände für *unternehmensübergreifende* Interessen vereinnahmten, desto geringer wurde die diskursive Überzeugungskraft eines ausschließlich an den Interessen der Gesellschafter orientierten Rechtsverständnisses.

3.1.1 Die Etablierung der Lehre vom Unternehmen an sich

Vollends von der politökonomischen Entwicklung überholt wurde die aktionärszentrierte Betrachtungsweise durch den Ersten Weltkrieg. Die Eingliederung der Aktiengesellschaften in die Kriegswirtschaft setzte deren Vorstände massiver staatlicher Bevormundung aus und vergrößerte zugleich den Einfluss staatlicher Interessen auf den aktienrechtlichen Diskurs. Der AEG-Manager Walther Rathenau wurde 1914 von der Regierung zur Leitung der Kriegsrohstoffabteilung berufen (Brenner 2006: 310–326). In enger Abstimmung mit den Wirtschaftsvertretern stellte Rathenaus Behörde die Versorgung des Staates mit kriegsnotwendigen Rohstoffen sicher. Für die Industrieunternehmen bedeutete die Kriegswirtschaft, dass sie nur noch unter den staatlich vorgegebenen Bedingungen produzieren durften (ebd.: 317). Die Industrie »musste sich so umbauen, daß sie den Bedürfnissen der Kriegsmaschine Rechnung trug« (ebd.: 320).

Die Errichtung der Deutschland AG und die staatliche Bevormundung der Industrieunternehmen während des Ersten Weltkriegs brachten eine veränderte Auffassung vom Wesen der Aktiengesellschaft hervor, deren Vertreter nach dem Ersten Weltkrieg die Deutungshoheit im juristischen Feld erlangten. Zur Schwächung der Anhänger aktionärszentrierter Auffassungen trug auch der wachsende Einfluss der Arbeitnehmer bei. Bei allen politischen Repressionen, die sie nach der Reichsgründung erdulden musste, hatte die Arbeiterbewegung beachtliche Erfolge errungen (Jackson 2001). Streiks wurden mit dem Anwachsen der Arbeiterschaft immer folgenreicher, sodass die Regulierung der Arbeitsbeziehungen zum Gegenstand des öffentlichen Interesses wurde. Als Reaktion auf die organisatorischen und politischen Erfolge der Arbeiterbewegung führte die Reichsregierung 1891 Arbeiterausschüsse in die Unternehmen ein und verschaffte den Arbeitnehmern begrenzte Konsultationsrechte (Jackson 2001: 150). Während des Ersten Weltkriegs musste die Reichsregierung die Kooperationsbereitschaft der Arbeitnehmer durch die Ausweitung ihrer innerbetrieblichen Kompetenzen erkaufen. Nach 1918 konnten die Arbeitnehmer ihren vergrößerten politischen Einfluss dazu nutzen, ihre Mitwirkungsmöglichkeiten in den Betrieben auszuweiten, so zum Beispiel durch das Betriebsrätegesetz von 1922. Anders als in den USA, wo der unternehmensinterne Einfluss der Arbeitnehmer stark begrenzt blieb, ließen die Erfolge der deutschen Arbeiterbewegung eine weitere Gruppe von Stakeholdern heranwachsen, die ihren Einfluss auf das Unternehmensgeschehen immer weiter ausbaute und hierdurch zur weiteren Schwächung der Aktionäre in den Unternehmen beitrug.

Im Kern ging es der Lehre vom Unternehmen an sich jedoch darum, die Verantwortung der Aktiengesellschaften gegenüber dem *staatlichen* Gemeinwesen zu betonen. Die Aktionärsinteressen waren dieser Einschätzung zufolge unter das Gemeinwohl zu subordinieren. Der Vordenker dieser Sichtweise war Walther Rathenau selbst (Rathenau 1917). Die von Rathenau noch während des Ersten Weltkriegs veröffentlichte Schrift *Vom Aktienwesen* bezog sich zwar vor allem auf die bereits vor dem Krieg eingesetzte Transformation der unternehmensinternen Machtverhältnisse, passte in ihren Aussagen jedoch auch zur Beschreibung der Situation während und nach dem Ersten Weltkrieg (Rathenau 1917). Fritz Hausmann (1928) bezeichnete die von Rathenau in seiner aktienrechtlichen Abhandlung geäußerten Auffassungen später als *Lehre vom Unternehmen an sich*. Der durch das Wachstum der Unternehmen eingeschlagene »Weg von der Familien- und Sozienunternehmung zur Großunternehmung« (Rathenau 1917: 11–12) und der hiermit verbundene Bedeutungsgewinn der Aktiengesellschaft für Staat und Gesellschaft hatten Rathenau zufolge der bisherigen Bestimmung des Wesens der Aktiengesellschaft den Boden entzogen. Weil er die Interessen von »Spekulationsaktionären« als illegitim betrachtete, postulierte

Rathenau deren Unterordnung unter das *gesellschaftlich und staatlich vermittelte Interesse der Aktiengesellschaft.* Die Aktiengesellschaft erscheint dieser Sichtweise zufolge nicht mehr als unselbstständiges Zuordnungsobjekt der Eigentumsrechte der Aktionäre (Gesellschaft), sondern als verselbstständigte Sozialeinheit (Unternehmen) (Laux 1998: 67ff.). Weil letztere in einen politischen und gesamtgesellschaftlichen Interessenzusammenhang eingegliedert sei, sei der Vorstand nur in dem Maße an die Interessen der Aktionäre gebunden, in dem sich diese mit den Interessen von Staat und Gesellschaft vereinbaren ließen. Im Schlusssatz seiner Abhandlung stellte Rathenau zum Wesen und Ziel der Aktiengesellschaft Folgendes fest:

> Dem Wesen der Unternehmung wird nicht die Verstärkung des privatwirtschaftlichen Gedankens beschieden sein, sondern die bewußte Einordnung in die Wirtschaft der Gesamtheit, die Durchdringung mit dem Geiste der Gemeinverantwortlichkeit und des Staatswohls.
> (Rathenau 1917: 62)

Rathenaus Auffassungen zum Wesen und Ziel der Aktiengesellschaft wurden von den Aktienrechtlern nach dem Ersten Weltkrieg aufgegriffen und etablierten sich gegen Ende der 1920er-Jahre zur herrschenden Lehre (Laux 1998: 267). Zwar gab es auch eine Fraktion von Aktienrechtlern, die sich unter dem Etikett der »Aktionärsdemokratie« für eine Verbesserung der Aktionärsrechte einsetzte (Flume 1979; Laux 1998). Da die Deutschland AG die Unternehmen auch nach dem Ersten Weltkrieg unternehmensübergreifenden Anforderungen aussetzte und der Einfluss der Aktionäre zudem durch die Arbeitnehmer zunehmend reduziert wurde, mussten die sich für eine Aktionärsdemokratie einsetzenden Aktienrechtler als realitätsfern erscheinen. Stattdessen erlangten die Vertreter der Lehre vom Unternehmen an sich die Deutungshoheit innerhalb des juristischen Feldes. Ein wichtiger Vertreter der Lehre vom Unternehmen an sich war Karl Geiler (1933). Geilers Einschätzung nach war der »lebendige Organismus des Aktienunternehmens« (ebd.: 83) »in seiner sozialen Gesamtfunktion zu einem den Aktionärsindividualismus einschränkenden Moment geworden« (ebd.: 82). Im Zuge der »Entindividualisierung« des Aktienrechts seien die rein individualistischen Aktionärsinteressen durch das Interesse der Allgemeinheit und »das Interesse des Unternehmens an sich« zurückgedrängt worden (ebd.). Die rechtsethische Grundlage für die Begrenzung eines »hemmungslosen Aktionärsindividualismus« (ebd.: 83) erblickte Geiler im Gebot der guten Sitten.

3.1.2 Der aktienrechtliche Diskurs im Nationalsozialismus

Ernst Fraenkel ([1929]1968) zufolge waren die Richter während der 1920er-Jahre in Distanz zur Regierung geraten und hatten sich stärker an den Interessen der Unternehmensvorstände orientiert. In dem Maße jedoch, in dem die Ausweitung der Deutschland AG die Manager mit unternehmensübergreifenden Anforderungen konfrontierte, wurden die managerialen Präferenzen selbst zu einem Produkt gesellschaftlicher Pflichten (Höpner/Krempel 2004: 342–344; siehe auch Höpner 2007a; Streeck 2009). Wenn die Aktienrechtler ihr Handeln während der 1920er-Jahre verstärkt an den Präferenzen der Vorstände ausrichteten, trugen sie die diese beeinflussenden Verpflichtungen in das Aktienrecht mit hinein.

Ab 1933 trat die Bedeutung wirtschaftlicher Interessen für das Handeln der Aktienrechtler hinter den politischen Repressionen zurück. Die Anpassung des in seiner äußeren Form weitgehend intakten Zivilrechts an die veränderten politischen Verhältnisse besorgten vor allem die Richter, indem sie die fortexistierenden Gesetze mit der nationalsozialistischen Weltanschauung auffüllten. Weil die Juristen ihr Handeln an den Vorstellungen Hitlers und seiner Regierung ausrichteten, konnte das Recht zu einem Instrument der nationalsozialistischen Machthaber werden. Durch die Pervertierung des Zivilrechts zu einem Instrument der politischen Machtausübung machten sich die Juristen mitschuldig an den Verbrechen der Nationalsozialisten. Auch die Großunternehmen kamen Hitler bereitwillig zur Hilfe. Wenn sie von ihrem Bündnis mit Hitler auch profitierten, unterstanden die Vorstände der großen Unternehmen doch den Weisungen der Regierung. Vor allem der Finanzsektor war politischen Repressionen ausgesetzt (Höpner/Krempel 2004: 345). Teile der Großbanken wurden verstaatlicht, und der Rest des Bankensektors wurde unter staatliche Aufsicht gestellt. Durch die Begrenzung von Dividendenzahlungen und ein Verbot von Kapitalerhöhungen lenkten die Nationalsozialisten den Kapitalstrom in Richtung Staatsanleihen. Ab 1937 kam es infolge der »Arisierung« jüdischen Kapitals zur Enteignung jüdischer Aktionäre.

Im Hinblick auf das Aktienrecht ist vor allem die im Jahre 1937 erfolgte Novellierung des Aktiengesetzes erwähnenswert. Mit der Schaffung eines eigenständigen Aktiengesetzes brachte die nationalsozialistische Regierung einen bereits seit Mitte der 1920er-Jahre andauernden Reformprozess zu Ende, der als Reaktion auf die Wirtschaftskrisen der 1920er in Gang gesetzt worden war (Brüggemeier 1979: 156). Bemerkenswert ist hier vor allem die Tatsache, dass sich die mit der Ausarbeitung des Gesetzes beauftragte Akademie für Deutsches Recht an der Lehre vom Unternehmen orientierte. Auf dieser begrifflichen Grundlage wurde die »Generalversammlung« nahezu vollständig entmachtet. In der Begründung zum 1937er Aktiengesetz hieß es hierzu:

> Es geht nicht an, daß diese [die Unternehmensleitungen] bei ihrer Geschäftsführung in dem bisherigen Umfang von der Masse unverantwortlicher Aktionäre abhängig sind, denen meist auch der notwendige Überblick über die Geschäftslage fehlt. (zitiert nach Brüggemeier 1979: 157)

Durch die Statuierung des »Führerprinzips« griffen die Nationalsozialisten den Vorschlag der Akademie für Deutsches Recht auf, die Unternehmensleitungen gegenüber den Aktionären zu stärken (ebd.: 157). Zu den Pflichten des Vorstands heißt es in §70 AktG Abs. 1 1937: »Der Vorstand hat unter eigener Verantwortung die Gesellschaft so zu leiten, wie das Wohl des Betriebs und seiner Gefolgschaft und der gemeine Nutzen von Volk und Reich es fordern.« Indem der Gesetzestext mit der »Gefolgschaft« auch die Interessen der Belegschaft aufführte, trug er auch der Position der Arbeitnehmer in den Unternehmen Rechnung. Diese Tatsache könnte als Versuch interpretiert werden, die Kooperation zwischen Arbeit und Kapital in den Unternehmen aufrechtzuerhalten, um die bevorstehenden Kriegsplanungen nicht zu gefährden (Jackson 2001: 154). Vor allem aber demonstrierten die an der Reform beteiligten Aktienrechtler ihre Gehorsamkeit gegenüber den politischen Machthabern dadurch, dass sie die Unternehmensleitungen durch die Formulierung »gemeine Nutzen von Volk und Reich« dem Diktat der politischen Machthaber unterstellten. Die durch die Novellierung des Aktienrechts erfolgte Entmachtung der Hauptversammlung sowie die Bindung der Vorstände an die Interessen der Regierung stellen das Ergebnis einer an *politischen Interessen* orientierten Fortbildung des Aktienrechts dar.

3.1.3 Vom Gesellschaftsrecht zum Unternehmensrecht: Die 1965er Aktienrechtsreform

Sowohl in den USA als auch in Deutschland setzte sich der Aufstieg des institutionalistischen Rechtsverständnisses nach dem Zweiten Weltkrieg fort. In beiden Fällen brachten die Aktienrechtler die strukturelle Isolation der Minderheitsaktionäre zum Ausdruck und sorgten für ihre rechtliche Verfestigung. Anders als in den USA, wo die Manager die Herrschaft über die Aktiengesellschaften monopolisierten, mussten sich die deutschen Vorstände ihre Macht nach dem Zweiten Weltkrieg zunehmend mit den Arbeitnehmern teilen. Diesen kam die Besatzungspolitik der Alliierten nach dem Zweiten Weltkrieg zugute (Jackson 2001). Die Besatzungsmächte drangen darauf, die Aktiengesellschaften vom Einfluss des Staates zu befreien und die Machtzusammenballung im Bereich von Industrie und Banken zu überwinden (Shonfield 1965: 239ff.). Während die Bemühungen zur Entflechtung der Deutschland AG erfolglos blieben, hinterließ die Besatzungspolitik im Bereich der industriellen Bürgerrechte tiefe Spuren (Jackson 2001: 155). Die britischen Besatzer stärkten die Arbeitnehmer in den Unternehmen, um die Rüstungsindustrie unter Kontrolle zu halten. Den Unternehmensleitungen blieb nichts anderes übrig, als sich mit den Arbeitnehmern zu verbünden, um Schlimmeres zu verhindern. Die IG Metall konnte diese Situation dazu nutzen, ihre Macht in den Unternehmen auszubauen (Raiser 2002: 4). Nachdem die Besatzungsmächte bereits in einigen Unternehmen der Montanindustrie Arbeitnehmervertreter in den Aufsichtsräten platziert hatten, bewegte die IG Metall die Adenauer-Regierung durch Streikdrohungen zur gesetzlichen Einführung der paritätischen Aufsichtsratsmitbestimmung in der Montanindustrie. Das 1951 verabschiedete Montanmitbestimmungsgesetz verpflichtete alle Aktiengesellschaften aus dem Stahl- und Bergbausektor mit einer Größe von mindestens 1.000 Arbeitnehmern, die paritätische Aufsichtsratsmitbestimmung einzuführen. Zusätzlich erhielten die Arbeitnehmer die Möglichkeit, einen Arbeitsdirektor zu bestellen. Die Gewerkschaften bemühten sich zwar darum, die paritätische Mitbestimmung auch in den restlichen Branchen einzuführen, scheiterten jedoch am Widerstand der Arbeitgeberverbände (Jackson 2001: 155). Als Kompromiss wurde durch das 1952 verabschiedete Betriebsverfassungsgesetz eine drittelparitätische Aufsichtsratsmitbestimmung (ohne die Möglichkeit der Ernennung eines Arbeitsdirektors) für alle Aktiengesellschaften außerhalb der Montanindustrie eingeführt (Raiser 2002: 10).

Um der stärkeren Präsenz der Arbeitnehmer in den Aktiengesellschaften auch juristisch gerecht zu werden, bauten die Juristen der Nachkriegszeit das aktienrechtliche Ideensystem zum *Unternehmensrecht* aus (Flume 1978). Die Verfechter unternehmensrechtlicher Ansätze betrachteten die Aktiengesellschaft als ein Sozialgebilde, zu dessen Mitgliedern neben den Aktionären und Unternehmensleitern auch die Arbeitnehmer gehören. Um das Aktienrecht in eine der veränderten »Wirtschafts- und Sozialverfassung« entsprechende Form zu bringen, setzte der Deutsche Juristentag (DJT) 1951 eine von Kurt Ballerstedt geleitete Kommission ein. Das Gesellschaftsrecht erschien dem 1955 veröffentlichten Kommissionsbericht insofern als reformbedürftig, als

> eine gesellschaftsrechtliche Behandlung das Unternehmen nicht in seiner Ganzheit erfasst, weil auf diese Weise nur der Unternehmer und der Kapitaleigner als Subjekte des im Unternehmen ablaufenden Wirtschaftsgeschehens erscheinen. […] Mit dem Begriff des Unternehmensrechts sollen neben den Unternehmern und Kapitaleignern auch die Arbeitnehmer als Träger des Unternehmens gewürdigt werden. (Bericht der Studienkommission des Deutschen Juristentages 1955, zitiert nach Flume 1979: 53)

Es gab jedoch innerhalb des juristischen Feldes noch eine andere Fraktion, die eine Einengung des managerialen Gestaltungsspielraums durch die starke Betonung von Arbeitnehmerrechten befürchtete und insgesamt eher ein aktionärsorientiertes Rechtsverständnis vertrat (Flume 1978; Mestmäcker 1958; Rittner 1973; Zöllner 1963). Solange die Manager sich jedoch stärker an die Arbeitnehmerinteressen als an die Interessen der Minderheitsaktionäre gebunden fühlten, konnte diese Fraktion die Deutungshoheit der Unternehmensrechtler nicht überwinden und blieb deshalb im juristischen Feld marginalisiert.

Die Prädominanz der Vertreter unternehmensrechtlicher Auffassungen zeigte sich an der Reform des Aktiengesetzes von 1965. Die Bundesregierung hatte bereits in den 1950er-Jahren damit begonnen, eine Reform des Aktiengesetzes in die Wege zu leiten. Ihr ging es zum einen darum, das 1937er Aktiengesetz von nationalsozialistischem Gedankengut zu reinigen (Kropff 2007: 724). Vor allem aber wollte die Regierung die aktienrechtlichen Voraussetzungen für die Wiederbelebung des Kapitalmarktes schaffen, um hierdurch den Wiederaufbau mitzufinanzieren. Der Kapitalmarkt sollte dadurch wieder belebt werden, dass die Aktie als Anlageinstrument attraktiver gemacht wurde. In einem frühen Stadium des Reformprozesses wurden daher einige Maßnahmen zur Ausweitung der Rechte von Minderheitsaktionären diskutiert (Assmann [1992]2004: 84). Auch gab es Bestrebungen zur Ausweitung der Kompetenzen der Hauptversammlung. Die Pläne zur Stärkung der Hauptversammlung erwiesen sich jedoch als inkompatibel mit der in den 1960er-Jahren vorherrschenden unternehmensrechtlichen Auffassung. Indem sich die Unternehmensrechtler an den gemeinsamen Interessen der Unternehmensleitungen und der Gewerkschaften an der Bewahrung des Status quo orientierten, trugen sie mit dazu bei, eine weitgehende Ausweitung der Hauptversammlungskompetenzen zu verhindern. Die Hauptversammlung erhielt zwar bessere Informations- und Auskunftsrechte. Auch die Möglichkeit, Hauptversammlungsbeschlüsse anzufechten, wurde erweitert. Eine tief greifende Ausweitung der Hauptversammlungskompetenz konnte jedoch nicht realisiert werden. Der Einfluss der unternehmensrechtlichen Betrachtungsweise auf das 1965er Aktiengesetz ist schon an den zahlreichen Nennungen des Unternehmensbegriffs erkennbar (Raiser 1969: 29–31). Auch in inhaltlicher Hinsicht wurden unternehmensrechtliche Auffassungen in das Aktiengesetz übernommen. Indem es das Führerprinzip als *Leitungsbefugnis* reformulierte, billigte das Aktiengesetz dem Vorstand nach wie vor einen weiten Ermessensspielraum zu. Diesem Prinzip zufolge ist der Vorstand gegenüber den Aktionären weisungsfrei, das heißt, es besteht kein auftragsähnliches Verhältnis zwischen Vorstand und Aktionären. Auch im Hinblick auf das Unternehmensziel rückte die 1965er Novellierung nicht von der unternehmensrechtlichen Konzeption des Aktienrechts ab. Die Gemeinwohlklausel wurde im Unterschied zur 1937er Fassung des Aktiengesetzes zwar ersatzlos gestrichen. Der Gesetzgeber folgte jedoch in der Gesetzesbegründung der unternehmensrechtlichen Betrachtungsweise des Aktienrechts, indem er klarstellte, dass sich die Gemeinwohlbindung von selbst verstehe (Hopt 1993; Mertens 1988: § 76 Rn. 6 & 16; Raiser 1980; Siems 2005).

Eine wichtige Änderung des Aktiengesetzes, die das deutsche Aktienrecht grundlegend vom US-amerikanischen Aktienrecht unterscheidet, war die Einführung der *Satzungsstrenge*.[1] Nach dem neu eingeführten § 23 Abs. 5 AktG 1965

1 Dieser Paragraf taucht zwar zum ersten Mal im Aktiengesetz von 1965 auf, entspricht jedoch nach der im Regierungsentwurf geäußerten Ansicht der herrschenden Lehre und wurde im Grundsatz bereits durch das AktG 1937 vollzogen.

darf die Gesellschaft in ihrer Satzung nur dann von den gesetzlichen Vorschriften abweichen, wenn dies im Aktiengesetz ausdrücklich vorgesehen ist. Diese Möglichkeit ist nur in einigen wenigen Ausnahmefällen gegeben (Raiser 2001: 67). Während gesetzlich zwingende Aktienrechtsnormen in den USA durch den Gesetzgebungswettbewerb immer weiter beschnitten worden waren, nahm das deutsche Aktienrecht einen ganz überwiegend zwingenden Charakter an (Hopt 1998). Dieser Strukturunterschied spiegelt den unterschiedlichen Charakter der beiden Corporate-Governance-Systeme wider. Während sich die Managerherrschaft in den USA rechtlich in einer Zurückdrängung gesetzlicher Vorschriften niederschlug, wurde das Macht zersplitternde Corporate-Governance-System deutscher Prägung durch ein Aktienrecht flankiert, das die Interessen von Aktionären, Gläubigern und Arbeitnehmern ausbalancierte und diese gegenüber dem Vorstand *in Form unabdingbarer Rechtsvorschriften* schützte (Hopt 1998: 128).[2]

Im rechtswissenschaftlichen Diskurs verfestigte sich nach der Novellierung die Auffassung, dass die Unternehmensleitung nicht in erster Linie den Interessen der Gesellschafter, sondern dem *Unternehmensinteresse* verpflichtet sei (Mertens 1988: Rn. 6ff.; Raisch 1976: 360). Ähnlich wie es in den USA der Supreme Court von New Jersey im Jahre 1954 getan hatte, vertraten Adolf Baumbach und Alfred Hueck in ihrem 1968 in der 13. Auflage erschienenen Lehrbuch zum Aktienrecht die Auffassung, dass der Vorstand seine Pflichten gegenüber der Aktiengesellschaft nicht verletze,

> wenn er eine Maßnahme ergreift, die Kosten hervorruft und dadurch den Gewinn der Gesellschafter vermindert und insofern er nicht dem Vermögensinteresse der Gesellschaft und ihrer Aktionäre entspricht, falls er diese Maßnahme aus sozialen Gründen oder im Allgemeininteresse für berechtigt halten dürfe. (zitiert nach Raisch 1976: 353)

Nimmt man das Unternehmensinteresse als Richtschnur für das Vorstandshandeln, erscheint der Vorstand nicht als Agent der Gesellschafter, sondern als Schiedsrichter, der die konkurrierenden Interessen in der Aktiengesellschaft zum Ausgleich bringt (Hueck 1975: 152). Zur Frage, nach welchen Gesichtspunkten der Vorstand die konkurrierenden Interessen abzuwägen habe, verwies Hans-Joachim Mertens (1988: §76 Rn. 19) auf das Prinzip der *praktischen Konkordanz*. Als

2 Eine weitere Änderung der 1965er Novelle war die Begrenzung der Anzahl von Aufsichtsratsmandaten. Der als »Lex Abs« bekannt gewordene Teil der Novellierung begrenzte zudem die pro Person zulässige Höchstzahl von Aufsichtsratsmandaten auf 10 (Gall 2005: 336). Herman Joseph Abs, zwischen 1957 und 1967 Vorstandssprecher der Deutschen Bank, personifizierte gewissermaßen die Deutschland AG durch eine Mitgliedschaft in einer Vielzahl von Aufsichtsräten. 1960 füllte Abs allein in Deutschland 30 Aufsichtsratsmandate aus, davon 21 als Vorsitzender (Gall 2005: 331). Da sich die Begrenzung jedoch nur auf die Personen und nicht auf die Unternehmen bezog, wirkte sich die Novellierung nicht in nennenswerter Weise auf die Verflechtungen zwischen den Unternehmen aus (Höpner/Krempel 2004: 347).

kleinster gemeinsamer Nenner erscheine hierbei die Bestandserhaltung des Unternehmens (vgl. Raisch 1976). Der Vorstand dürfe sein Leitungsermessen nicht gegen das Unternehmen kehren und sei dazu verpflichtet, den Unternehmenserfolg zu wahren. Zu einem gewissen Grad setzten sich die konkurrierenden Zielvorstellungen wechselseitig voraus: Das Unternehmen müsse Gewinn machen, um soziale Zwecke verfolgen zu können. Das hierzu benötigte Eigenkapital setze eine gewisse Zufriedenheit der Aktionäre voraus. Umgekehrt habe ein Unternehmen mit schlechten Arbeitsbedingungen Schwierigkeiten, die für den Unternehmenserfolg unverzichtbaren Arbeitskräfte zu rekrutieren. Zudem müsse ein in sozialer Hinsicht verantwortungsloses Unternehmen »um den Goodwill fürchten« und setze dadurch den Unternehmenserfolg aufs Spiel (Mertens 1988: §76 Rn. 19).

3.1.4 Das Mitbestimmungsgesetz

Die zweite Entwicklung, an der die rechtspolitische Wirksamkeit unternehmensrechtlicher Ideen deutlich wird, ist die 1976 erfolgte Ausweitung der paritätischen, oder in diesem Fall quasi paritätischen, Aufsichtsratsmitbestimmung (zur Vorgeschichte und Entstehung des Mitbestimmungesetzes siehe Raiser 2002: 14ff.). Die Bundesregierung setzte 1968 eine von Kurt Biedenkopf geleitete Mitbestimmungskommission ein, um die bisherigen Erfahrungen mit der Mitbestimmung auszuwerten und Reformbedarf zu identifizieren. Im Einklang mit der damals herrschenden Auffassung vom Wesen und Ziel der Aktiengesellschaft stellte der 1970 veröffentlichte Kommissionsbericht fest,

> daß die Unterwerfung unter fremde Leitungs- und Organisationsgewalt mit der Würde des Menschen nur dann vereinbar ist, wenn dem Betroffenen die Möglichkeit der Einwirkung auf die Gestaltung der Leitungs- und Organisationsgewalt eingeräumt wird, der er unterworfen ist. (zitiert nach Flume 1978: 682)

Dem Widerstand der Arbeitgeber kam der Bericht dadurch entgegen, dass er dem Aufsichtsratsvorsitzenden ein Doppelstimmrecht zusprach und ihm die Möglichkeit einräumte, Pattsituationen zugunsten der Kapitalseite zu lösen (Raiser 2002: 17).

Die sozialliberale Bundesregierung unter Willy Brandt griff den Kommissionsbericht auf und veröffentlichte 1973 eine Regierungserklärung, in der sie das Ziel formulierte, das Unternehmensrecht nach dem Grundsatz der Gleichberechtigung von Arbeitnehmern und Kapitaleignern weiterzuentwickeln (Raiser 2002: 19). Nach teilweise heftigen Auseinandersetzungen zwischen den Koalitionsparteien und den Mitgliedern des zuständigen Ausschusses sowie Kritik von BDI und BDA nahm die Regierung einige Änderungen vor (ebd.: 20) und verabschiedete 1976 das *Mitbestimmungsgesetz*. Das Ziel, »eine gleichberechtigte und gleichgewichtige Teilnahme von Anteilseignern und Arbeitnehmern an den Entscheidungsprozessen im Unternehmen« sicherzustellen (zitiert nach Bundesverfassungsgericht 1979: 146), meinte die Regierung dadurch zu erreichen, dass sie alle Aktiengesellschaften mit mehr als 2.000 Mitarbeitern zur paritätischen Besetzung des Aufsichtsrates mit Vertretern der Arbeitnehmer verpflichtete und, dem Kommissionsbericht folgend, der Kapitalseite ein Doppelstimmrecht zuerkannte.

Einige Aktiengesellschaften sowie Arbeitgebervereinigungen aus der Metallindustrie und der Chemie gaben sich mit dem durch das Doppelstimmrecht repräsentierten Zugeständnis jedoch nicht zufrieden und legten zusammen mit der Deutschen Schutzvereinigung für Wertpapierbesitz (DSW) eine Beschwerde beim Bundesverfassungsgericht ein. Die Beschwerdeführer erblickten im Mitbestimmungsgesetz einen Verstoß gegen den Grundsatz der Eigentumsfreiheit. Das Bundesverfassungsgericht wies die Beschwerde jedoch in seinem Urteil aus dem Jahre 1979 mit der Begründung zurück, dass das Aktieneigentum eine »gesellschaftsrechtlich vermittelte« Form des Privateigentums sei (Bundesverfassungsgericht 1979: 131). Mit seiner Investition in die Aktiengesellschaft übertrage der Anteilseigner, dem Aktiengesetz und der hierin statuierten Leitungsbefugnis des Vorstands folgend, das Recht über die Verfügung des Eigentums auf die zuständigen Organe. Weil der Anteilseigner »sein Eigentum regelmäßig nicht unmittelbar nutzen und die mit ihm verbundenen Verfügungsbefugnisse wahrnehmen« (ebd.) könne, sei er

> hinsichtlich der Nutzung auf den Vermögenswert beschränkt, während ihm Verfügungsbefugnisse – abgesehen von der Veräußerung oder Belastung – nur mittelbar über die Organe der Gesellschaft zustehen. Anders als beim Sacheigentum, bei dem die Freiheit zum Eigentumsgebrauch, die Entscheidung über diesen und die Zurechnung der Wirkungen des Gebrauchs in der Person des Eigentümers zusammenfallen, ist diese Konnexität beim Anteilseigentum also weitgehend gelöst. (ebd.)

Die Eigentumsrechte der Anteilseigner wurden nach der Interpretation der Verfassungsrichter noch weiter durch die Tatsache beschränkt, dass den Anteilsrechten »ein weittragender sozialer Bezug und eine bedeutende soziale Funktion eignet« (ebd.: 141). Von der Verwaltung des Anteilseigentums seien nämlich die Interessen der Arbeitnehmer betroffen:

> Sein sozialer Bezug zeigt sich bereits darin, daß es in aller Regel in der Gemeinschaft mit anderen in einer Gesellschaft besteht, die Eigentümer von Produktionsmitteln ist. Vor allem bedarf es zur Nutzung des Anteilseigentums immer der Mitwirkung der Arbeitnehmer; die Ausübung der Verfügungsbefugnis durch den Eigentümer kann sich zugleich auf deren Daseinsgrundlage auswirken. Sie berührt damit die Grundrechtssphäre der Arbeitnehmer.
> (Bundesverfassungsgericht 1979: 142)

Innerhalb der Rechtswissenschaft wirkten sich das Mitbestimmungsgesetz und das Urteil des Bundesverfassungsgerichts zunächst verfestigend auf die Vorstellung von der Aktiengesellschaft als eines von den Aktionären verselbständigten Unternehmens aus (Flume 1979; Mertens 1988; Schilling 1980). Dieser Befund lässt sich an der Art der Bestimmungen der Aufgaben des Vorstands ablesen. Werner Flume äußerte sich folgendermaßen zur Verantwortung des Vorstands: »Die Eigenverantwortung von Vorstand und Aufsichtsrat ist eine solche nicht gegenüber den Aktionären, sondern gegenüber der Aktiengesellschaft als gegenüber den Aktionären verselbständigte Wirkungseinheit« (Flume 1979: 63). In ähnlicher Weise stellte Hans-Joachim Mertens in seinem Kommentar fest: »Wer sich als Aktionär an der Aktiengesellschaft beteiligt, muß sich in diese Verselbständigung der unternehmerischen Verantwortung der Verwaltung fügen« (Mertens 1988: §76 Rn. 9).

Auch wenn der Kontext hier der der Mitbestimmung ist, erinnert diese Argumentation an die in den USA von Berle und Means ([1932]2007: 304–305) beschriebenen Konsequenzen der Trennung von Eigentum und Kontrolle für die Natur des Privateigentums. Für Berle und Means resultierte aus der Trennung von Eigentum und Kontrolle eine Aufspaltung des Eigentums in machtloses Eigentum und eigentumslose Macht. Weil die Eigentümer mit dem Erwerb von Aktien den Anspruch auf die Verwaltung des Kapitals aufgegeben hätten, reduziere sich ihr Eigentum auf passives Eigentum. Die Anteilseigner könnten ihre Anlagen zwar wieder verkaufen, seien ansonsten jedoch von den unternehmensinternen Entscheidungen ausgeschlossen. Auch wenn in Deutschland ein horizontales Corporate-Governance-Problem vorlag und die Arbeitnehmer einen weitaus größeren Einfluss erlangen konnten als in den USA, passte die institutionalistische Interpretation des Aktienrechts doch gleichermaßen auf die Situation des deutschen und des US-amerikanischen Corporate-Governance-Systems nach dem Zweiten Weltkrieg. Insofern das Eigentum der Anteilseigner in beiden Ländern in einen von diesem losgelösten Interessenzusammenhang eingegliedert wurde, gab die institutionalistische Auffassung die Situation in beiden Ländern besser wieder als der in beiden Ländern noch zum Ende des 19. Jahrhunderts vorherrschende Aktionärszentrismus. Die gesetzes- und richterrechtliche Etablierung der institutionalistischen Betrachtungsweise ging mit der Einführung der Mitbestimmung jedoch über die USA hinaus, wo die Arbeitnehmer in den Aktiengesellschaften ohne nennenswerten Einfluss blieben.

Auch im Bereich der normativen Grundannahmen gibt es eine Parallele zur Situation in den USA. In beiden Ländern ließen die Aktienrechtler während der Zeit nach dem Zweiten Weltkrieg rechtsethische Einschätzungen erkennen, die einem ausschließlich auf der Gewinnmaximierung basierenden Rechtsverständnis Schranken auferlegten. So hatte das Aktienrecht nach der Auffassung von

Alfred Hueck (1975) die Funktionen der Gerechtigkeit und Zweckmäßigkeit zu erfüllen. Ein expliziter Versuch, die rechtsethische Fundierung des deutschen Aktienrechts zu spezifizieren und auf dieser Grundlage zur Bestimmung der Ziele des Aktienrechts zu gelangen, stammt von Herbert Wiedemann (1980b). Wiedemann zufolge basiert das deutsche Gesellschaftsrecht nicht ausschließlich auf dem Prinzip des Anlegerschutzes, sondern habe zudem die Prinzipien des Gläubigerschutzes und des Arbeitnehmerschutzes mit zu berücksichtigen.

3.1.5 Zur Regulierung feindlicher Übernahmen

Ein weiteres Kennzeichen des deutschen Systems der Unternehmenskontrolle, an dem die Randstellung der auf Marktdisziplin angewiesenen Minderheitsaktionäre einerseits und der Nexus zwischen den Machtverhältnissen in den Aktiengesellschaften und dem aktienrechtlichen Diskurs deutlich wird, ist die rechtliche Regulierung des Marktes für Unternehmenskontrolle. Wie der Kapitalmarkt im Allgemeinen ist der Markt für Unternehmenskontrolle in Deutschland im Besonderen weitaus schwächer ausgeprägt als in den USA (La Porta et al. 1998). Während es in den USA bereits in den 1960er-, vor allem aber in den 1970er- und 1980er-Jahren zahlreiche Fälle von direkt an die Aktionäre der Zielgesellschaft gerichteten Übernahmeofferten gab, ließen das Übergewicht geduldigen Kapitals und die schützende Rolle der Großbanken feindliche Übernahmen in Deutschland von vornherein aussichtslos erscheinen. Solange im Kreise der Eigentümer strategische gegenüber finanziellen Interessen überwogen, wurden jegliche Versuche einer feindlichen Übernahme im Keim erstickt. Insbesondere die Großbanken wirkten bis zu Beginn der 1990er-Jahre darauf hin, dass es entweder gar nicht zu Übernahmeversuchen kam oder dass im Fall einer Übernahmeofferte ein Abwehrblock organisiert wurde.[3]

Die Außerkraftsetzung des Marktes für Unternehmenskontrolle kam sowohl im Bereich der juristischen Ideen als auch im Recht zum Ausdruck. Anders als in den USA fehlte in Deutschland bis 2002 ein verlässlicher rechtlicher Rahmen für die Durchführung feindlicher Übernahmen. Zudem gestattete das Aktienrecht der Zielgesellschaft die Ergreifung von Abwehrmaßnahmen, sofern diese überhaupt nötig waren. Ein Instrument zur Abwehr feindlicher Übernahmen waren *Stimmrechtsdifferenzierungen* (Becht/Böhmer 2002; Höpner/Jackson 2006). Diese wurden in Deutschland und anderen kontinentaleuropäischen Ländern

---

3 Als beispielsweise der italienische Reifenhersteller Pirelli im Jahr 1990 ein Übernahmeangebot an die Aktionäre seines deutschen Konkurrenten Continental richtete, organisierte die als Hausbank von Continental fungierende Deutsche Bank den Aufbau eines Aktienpaketes und verhinderte das Zustandekommen der Übernahmen (Höpner/Jackson 2003: 158).

von Großaktionären eingesetzt, um den ihnen aufgrund ihrer Beteiligung zustehenden Einfluss auf der Hauptversammlung gegenüber kleineren Aktionären zu vergrößern. Hierbei lassen sich stimmrechtslose Vorzugsaktien, Depotstimmrechte, Höchststimmrechte und Mehrfachstimmrechte unterscheiden (Barca/Becht 2001). Die Depotstimmrechte werden von den Großbanken im Auftrag ihrer Privatkunden auf den Hauptversammlungen ausgeübt und verschaffen ihnen einen über ihre tatsächliche Kapitalbeteiligung hinausgehenden Stimmrechtsanteil. Während die Großbanken ihr Stimmrecht durch die Ausübung von Depotstimmrechten vergrößerten, setzten Familien und andere langfristig orientierte Großaktionäre Höchst- und Mehrfachstimmrechte ein, um ihren Einfluss gegenüber neuen Eigentümern zu bewahren (Becht/Böhmer 2002; Höpner/Jackson 2006). Mehrfachstimmrechte, wie sie beispielsweise von der Siemens-Familie oder von Eigentümern der RWE AG gehalten wurden, vergrößern das Stimmgewicht der Alteigentümer auf Kosten neuer Aktionäre.

Solange das geduldige Kapital im Kreise der Aktionäre überwog und feindliche Übernahmen unmöglich machte, wurden der Markt für Unternehmenskontrolle sowie der rechtliche Spielraum für Abwehrmaßnahmen innerhalb der Juristengemeinschaft kaum thematisiert. Die in den USA um 1980 geführte Debatte wurde in Deutschland zwar zur Kenntnis genommen. Auch gab es einige Vorläufer für den Vorschlag zur Einführung einer begrenzten Neutralitätspflicht (Behrens 1975; Mertens 1988; Mestmäcker 1958). Hans-Joachim Mertens (1988: §76 Rn. 26) leitete zum Beispiel ein »Zurückhaltegebot bei Übernahmekämpfen« aus dem Grundsatz der Nichteinmischung ab. Im Unterschied zu Easterbrook und Fischel (1981) billigte er der Unternehmensleitung jedoch in bestimmten Fällen zu, Abwehrmaßnahmen zu ergreifen.

Entscheidend ist jedoch, dass feindliche Übernahmen in Deutschland nicht als Instrument der Unternehmenskontrolle wahrgenommen wurden. Die Vorstellung einer marktgetriebenen Disziplinierung der Unternehmensleitungen passte nicht in das verbreitete Bild vom Wesen und Ziel der Aktiengesellschaft. Feindliche Übernahmen und der Markt für Unternehmenskontrolle schienen den im juristischen Feld vorherrschenden unternehmensrechtlichen Ideen zu widersprechen und wurden daher als Fremdkörper wahrgenommen (Meier-Schatz 1985).

3.1.6 Zur Situation des Kapitalmarktrechts in den 1970er-Jahren

Ein weiteres Strukturmerkmal der Corporate Governance, an dem der Nexus von Unternehmensverhältnissen und rechtlichen Ideen in seiner für die Nachkriegszeit typischen Ausprägung sichtbar wird, betrifft die Beziehung zwischen Gesellschafts- beziehungsweise Aktienrecht zum Kapitalmarktrecht. Die beiden Rechtsgebiete zeichnen sich sowohl durch grundsätzlich unterschiedliche Regelungsbereiche als auch durch verschiedene Regelungsziele aus (Assmann [1992]2004: Rn. 352ff.). Der Regelungsbereich des Gesellschaftsrechts ist die innere Ordnung privater Zweckverbände (Wiedemann 1980a). Die Regeln haben grundsätzlich rechtsformspezifischen Charakter (Assmann [1992]2004: Rn. 353). Das Kapitalmarktrecht hingegen regelt den öffentlichen Vertrieb von fungiblen Kapitalmarktpapieren und ist nicht rechtsformspezifisch (Hopt 1977: 421). Dafür unterscheidet das Kapitalmarktrecht aber zwischen börsennotierten und nicht börsennotierten Aktiengesellschaften. Es ist in erster Linie auf die börsennotierten Aktiengesellschaften bezogen. Die kapitalmarktrechtlichen Regeln lassen sich danach unterscheiden, ob sie auf den Primär- oder den Sekundärmarkt bezogen sind. Der Primärmarkt umfasst die erstmalige Emission von Wertpapieren (Börsengänge, Kapitalerhöhungen usw.), während der Sekundärmarkt den restlichen Wertpapierhandel regelt (Hopt 1977: 425). Während das Gesellschaftsrecht somit die *Innenbeziehungen* privater Zweckverbände rechtsformspezifisch reguliert, bezieht sich das Kapitalmarktrecht auf die *Außenbeziehungen* sämtlicher Rechtsformen zum Kapitalmarkt (Assmann [1992]2004: Rn. 353).

Anders als in den USA, wo es bereits seit dem Securities Act von 1933 und dem Securities Exchange Act von 1934 ein *nationales* Kapitalmarkrecht gibt, fiel das deutsche Kapitalmarktrecht bis vor wenigen Jahren in die Kompetenz der Länder. Die Kompetenzverteilung zwischen Bund und Ländern entspricht im Bereich des Kapitalmarktrechts traditionell eher der Situation im US-amerikanischen Aktienrecht, während das deutsche Aktienrecht aufgrund der Zuständigkeit des Bundes der Kompetenzstruktur im US-amerikanischen Kapitalmarktrecht entspricht. Faktisch waren es jedoch nicht die Bundesländer, die in Deutschland die Regulierung des Kapitalmarktes und der Börse wahrnahmen, sondern die privaten, von den Großbanken dominierten Selbstregulierungsgremien (Lütz 2002: 79ff.). Das bisherige System der Kapitalmarkt- und Börsenregulierung lässt sich demzufolge als ein *System dezentraler Selbstregulierung* kennzeichnen. Während in den USA die SEC seit den 1930er-Jahren der zentrale Akteur der Kapitalmarktregulierung ist, waren in Deutschland bislang die Großbanken und die in Ländern organisierten Börsen für die Regulierung des Wertpapierhandels zuständig. Anders als im Bereich des Aktienrechts waren die Anlegerinteressen im Kapitalmarktrecht in den USA besser repräsentiert als in Deutschland. Jegliche Bemühungen, die Regulierung der Börsen und des Kapitalmarkts zu zentralisieren, scheiterten zunächst am gemeinsamen Widerstand der Banken und der Länder. Gerade im Vergleich mit den USA fällt die mangelnde Präsenz staatlicher Regulierungsbehörden auf, die das deutsche System in seiner traditionellen Gestalt kennzeichnet (Lütz 2002).

Dementsprechend schwach ist das (bundes-)staatliche Kapitalmarktrecht in Deutschland traditionell ausgeprägt. Anders als in den USA waren Publizitäts- oder Verhaltensvorschriften in Deutschland bisher unterentwickelt. In vielen Bereichen wiesen die Transaktionen auf dem Kapitalmarkt ein Regelungsdefizit auf. Eine gesetzliche Regelung des Insider-Handels fehlte völlig. Die Randständigkeit des deutschen Kapitalmarktrechts zeigte sich auch darin, dass das geltende Recht nicht ausreichend zwischen Eigentümern und Anlegern differenzierte. Zudem wurden börsennotierte Gesellschaften nicht grundsätzlich anders als andere Aktiengesellschaften behandelt (Assmann [1992]2004: Rn. 347).

Während die SEC in den USA für die Interessen der Anleger eintrat und umfassende Transparenzerfordernisse gegenüber den Emittenten von Wertpapieren durchsetzte, waren Anlegerschutz und Marktransparenz im deutschen Kapitalmarktrecht kaum vorhanden. Kurzum, im Unterschied zu den USA verfügt die deutsche Rechtsordnung traditionell über kein eigenständiges Kapitalmarktrecht. Für die Rechte der Minderheitsaktionäre bedeutet dies, dass diese im Kapitalmarktrecht der USA stärker ausgeprägt sind als in Deutschland, während es sich im Bereich des Aktienrechts umgekehrt verhält.

In der deutschen Rechtsdogmatik nahm das Kapitalmarktrecht noch in den 1980er-Jahren eine marginale Position ein. In den wichtigen Lehrbüchern aus der Zeit vor den 1980er-Jahren, teilweise auch danach, fanden der Anlegerschutz und das Kapitalmarktrecht kaum oder keine Erwähnung. Das Gros der Lehrbuchautoren behandelt den Bereich des Kapitalmarktrechts gar nicht (Grunewald 1996; Schmidt 1991) oder nur unter dem Gesichtspunkt des Anlegerschutzes (Kübler 1981; Wiedemann 1980a). Auch in den Zeitschriftenbeiträgen aus den 1970er-Jahren wird die Randständigkeit des Kapitalmarktrechts deutlich. Die meisten Autoren charakterisierten das deutsche Kapitalmarktrecht als »kapitalmarktfern« (Hopt 1977; Schwark 1976; Wiedemann 1975a). Zwar erhielt das Prinzip des Anlegerschutzes durch die 1965er Reform eine gewisse Aufwertung. Da es Herbert Wiedemann zufolge jedoch keinen Konsens unter den Beteiligten gab, fehlte aus seiner Sicht das rechtsethische Fundament zur Behandlung des Anlegerschutzes als eigenständiger Wertungsmaxime (Wiedemann 1975b; abweichend hiervon jedoch Wiedemann 1980b).

3.1.7 Zwischenfazit

Wie in den USA kam die strukturelle Isolation der Minderheitsaktionäre auch im deutschen Aktienrechtsdiskurs in der Prädominanz einer institutionalistischen Rechtsauffassung zum Ausdruck. Die den aktienrechtlichen Diskurs seit der Weimarer Republik kennzeichnende Konzipierung der Aktiengesellschaft als ein *über die Interessen der Aktionäre hinausgehendes* Unternehmen befindet sich insoweit im Einklang mit den organisationalen Machtverhältnissen, als der Einfluss der Minderheitsaktionäre durch Großaktionäre, den Staat sowie die Arbeitnehmer verringert wurde. Die Kopplung des aktienrechtlichen Diskurses an die Machtverhältnisse in den Unternehmen deutet darauf hin, dass die Aktienrechtler ihr Handeln nicht ausschließlich an rechtsimmanenten Kriterien ausrichteten, sondern an politischen und wirtschaftlichen Interessen orientierten. In der Terminologie Max Webers waren sie nicht ausschließlich am Prinzip der formalen Rationalität orientiert, sondern bildeten das Aktienrecht auf der Basis materialer Rationalität fort. Vor dem Ende des Zweiten Weltkrieges standen hierbei die politischen Interessen und Wertvorstellungen der jeweiligen Regierungen im Vordergrund. Vor allem während des Ersten Weltkrieges und der Zeit des Nationalsozialismus wurden die Aktiengesellschaften für politische Zwecke instrumentalisiert. Insbesondere die durch die 1937er Novellierung des Aktiengesetzes erfolgte Etablierung des »gemeinen Nutzens von Volk und Reich« als Leitlinie des Vorstandshandelns ist ein Resultat der Orientierung aktienrechtlicher Akteure an Ideologie und Interessen der nationalsozialistischen Machthaber.

Erst als die Juristen größere Unabhängigkeit gegenüber der Regierung erlangt hatten, weitete sich der Spielraum für den Einfluss wirtschaftlicher Interessen aus. Hinsichtlich der Art der maßgeblich wirksamen Interessen deutet die Verknüpfung des aktienrechtlichen Diskurses mit der Machtkonstellation in den Unternehmen auf die besondere Relevanz der Vorstände hin. Zieht man nämlich in Betracht, dass sich die Macht zwischen den Stakeholdern an ihren jeweiligen Möglichkeiten bemisst, auf die Präferenzen und das Handeln der Vorstände einzuwirken, so erscheinen letztere als Funktion unternehmenspolitischer Machtverhältnisse. Die für die unternehmensrechtlichen Ideen charakteristische Betonung der Arbeitnehmerinteressen lässt sich zum Teil aus der Bereitschaft der Vorstände erklären, die Arbeitnehmerinteressen mit zu berücksichtigen. Eine juristische Betonung der Interessen der Minderheitsaktionäre hingegen hatte im aktienrechtlichen Diskurs so lange keine Überzeugungskraft, wie die Vorstände anderen Interessen eine größere Relevanz zumaßen. Wichtig ist hierbei zu betonen, dass der wachsende Einfluss der Arbeitnehmer in den Unternehmen nicht auf Wunsch der Vorstände erfolgte. Vielmehr wurden diese durch die Einführung der Mitbestimmung zur stärkeren Berücksichtigung der Arbeitnehmerinteressen politisch gezwungen. Das eng mit der sukzessiven Einführung der Mitbestimmung nach dem Zweiten Weltkrieg verbundene Aufblühen unternehmensrechtlicher Ideen ist daher nicht primär durch wirtschaftliche Interessen bedingt, sondern in erster Linie als eine Reaktion auf die durch die jeweiligen Bundesregierungen geschaffenen Tatsachen zu interpretieren. Zwar konnten sich die sozialliberalen Bundesregierungen bei der flächendeckenden

Einführung der Aufsichtsratsmitbestimmung auf bereits vorhandene unternehmensrechtliche Ideen stützen. Ihr politischer Wille zur sektorübergreifenden Einführung der Mitbestimmung lässt sich jedoch nicht schlichtweg als Ausfluss des aktienrechtlichen Diskurses interpretieren, sondern hat dessen Verlauf mindestens ebenso bestimmt wie umgekehrt. Wenn sich der aktienrechtliche Diskurs somit nach dem Zweiten Weltkrieg gegenüber dem Einfluss wirtschaftlicher Interessen öffnete, so zeigt die Einführung der Unternehmensmitbestimmung, dass die politischen Interessen der jeweiligen Bundesregierungen nach wie vor in der Lage waren, das Handeln der Aktienrechtler sowie den Verlauf des aktienrechtlichen Diskurses maßgeblich zu bestimmen.

3.2 Die Auflösung der Deutschland AG im aktienrechtlichen Diskurs

Für die USA hat sich gezeigt, dass die in den späten 1970er-Jahren einsetzende Kommodifizierung der Corporate Governance zu einem Vordringen eines aktionärsbezogenen Rechtsverständnisses führte. Wie im Folgenden dargelegt wird, lässt sich für Deutschland ein ähnlicher Ablauf der wirtschaftlichen, interpretativen und institutionellen Entwicklungen feststellen. Wie in den USA während der 1990er-Jahre gewannen die Renditeinteressen der Minderheitsaktionäre infolge der Entfaltung von Marktkräften auch in Deutschland eine größere Relevanz für die Vorstände und gaben den Aktienrechtlern Anlass, die Aktionärsinteressen bei der Interpretation des Rechts stärker zu akzentuieren. Hierdurch verschoben sich die Kräfteverhältnisse innerhalb des juristischen Feldes zugunsten der Vertreter aktionärsorientierter Auffassungen.

3.2.1 Der Strategiewandel der Großbanken und die Auflösung der Deutschland AG

Der wirtschaftliche Hintergrund, der zum Machtgewinn der Minderheitsaktionäre führte, wurde in zahlreichen Studien ausführlich untersucht und wird daher im Folgenden nur knapp skizziert (Beyer 2003, 2006b; Beyer/Hassel 2002; Höpner 2003; Höpner/Jackson 2003, 2006; Jackson 2003; Klages 2006; Sanders/Tuschke 2007; Streeck 2009; Windolf 2002b; Wójcik 2001).

Mitte der 1970er-Jahre begannen sich die wirtschaftlichen Rahmenbedingungen der Unternehmenskontrolle auch in Deutschland in einer Weise zu verändern, die sowohl exogene als auch endogene Kräfte freisetzte, welche in ihrer gemeinsamen Wirkung einen Machtgewinn der Minderheitsaktionäre zur Folge hatten. Von den exogenen Einflussfaktoren ist zunächst die *Internationalisierung der Finanzmärkte* zu nennen (Cerny 1994; Helleiner 1994; Huffschmid 1999; Lütz 2002). Durch die Aufkündigung des Bretton-Woods-Systems und die Einführung eines Systems flexibler Wechselkurse legten die USA den Grundstein für die Ausweitung des grenzüberschreitenden Kapitalverkehrs. Durch den weiteren Abbau von Kapitalverkehrskontrollen erhielten die Finanzmarktteilnehmer die Möglichkeit, ihre Investitionen stärker zu internationalisieren und diese schneller umzuschichten (Huffschmid 1999: 30).

Für die Entwicklung der Unternehmenskontrolle war die Internationalisierung der Finanzmärkte vor allem deshalb relevant, weil sie zu einer folgenreichen *Hinwendung der Großbanken zum Investmentbanking* beitrug. Die Internationalisierung der Finanzmärkte bestärkte diese darin, sich aus dem Geschäft mit Unternehmenskrediten zurückzuziehen und nach alternativen Geschäftsfeldern Ausschau zu halten (Beyer 2003; Deeg 2005). Es wäre jedoch nicht richtig, die Erklärung für den Strategiewechsel der Großbanken auf die Internationalisierung der Finanzmärkte zu reduzieren. Das Geschäft mit Unternehmenskrediten hatte sich nämlich bereits aus endogenen Ursachen heraus verschlechtert (Deeg 2005). Erstens hatten die Sparkassen und Genossenschaftsbanken ihre Marktanteile bereits seit Mitte der 1970er-Jahre ausgebaut (Deeg 2005: 178). Zweitens gelang es den Industrieunternehmen in den 1970er-Jahren, den Anteil der Innenfinanzierung zu vergrößern und hierdurch ihre Abhängigkeit von Bankkrediten zu verringern (ebd.: 179). Zusätzlich konnten die großen Industriegesellschaften die Öffnung der Kapitalmärkte nutzen, um sich mit zusätzlichem Eigenkapital zu versorgen und hierdurch von den Banken zu emanzipieren (Hassel et al. 2000: 514). Ulrich Jürgens und seinen Koautoren (2002: 8) zufolge verringerte sich der Anteil von Bankkrediten an der Unternehmensfinanzierung allein zwischen 1998 und 2000 von 40,7 auf 13,5 Prozent, während andere Investoren ihren Anteil während desselben Zeitraums von 21,9 auf 45,1 Prozent ausbauen konnten.

Während die zunehmende Konkurrenz im Marktsegment für Unternehmenskredite als *Push-Faktor* charakterisiert werden kann, wirkten die durch die Öffnung der Kapitalmärkte entstandenen Geschäftsmöglichkeiten als *Pull-Faktoren* auf die strategische Umorientierung zum Investmentbanking ein (Beyer 2003; Deeg 2005; Lütz 2002). Zu den Pull-Faktoren gehörten die im Rahmen des EU-Binnenmarktprogramms 1987 beschlossene Liberalisierung der Kapitalmärkte und der 1991 gefasste Beschluss zur Währungsunion. Weil die Beratung bei Übernahmen und Fusionen neben dem Handel mit Wertpapieren einen wichtigen Bereich des Investmentbankings darstellt, ließ auch die Expansion des Marktes für Fusionen und Übernahmen das Investmentbanking als weitaus profitablere Alternative zum Hausbank-Geschäft erscheinen. Bereits 1989 tat die Deutsche Bank mit der Akquisition der Investmentbank Morgan Grenfell einen wichtigen Schritt in Richtung Investmentbanking. Die Dresdner Bank und die Allianz vollzogen in den 1990er-Jahren ähnliche Veränderungen (Beyer 2003). Durch die Hinwendung zum Investmentbanking veränderten sich die Erwartungen und die Rolle der Großbanken im deutschen System der Corporate Governance auf dramatische Weise. In dem Maße, in dem sie ihre Rolle als Hausbanken aufgaben, verloren die in erster Linie zur Absicherung von Großkrediten dienenden Unternehmensbeteiligungen und Aufsichtsratsmandate ihre Bedeutung. Insoweit die im Zusammenhang mit dem Kreditgeschäft gewählte Verflechtung feindliche Übernahmen verhinderte und die Kapitalmärkte schwächte, erwiesen sich Kapital- und Personalverflechtungen sogar als Hindernisse für den Ausbau des Investmentbankings. Zudem hatten die Großbanken im Zusammenhang mit der Abwicklung feindlicher Übernahmen Interessenkonflikte durch ihre Präsenz in den Aufsichtsräten möglicher Zielgesellschaften zu befürchten (Beyer 2006a: 102). Konsequenterweise trennten sie sich während der 1990er-Jahre von der Mehrzahl ihrer Industriebeteiligungen (ebd.). Parallel hierzu zogen sich die Banken und Versicherer auch aus den Aufsichtsräten der Industrieunternehmen zurück (Beyer 2003, 2006a; Heinze 2003; Höpner 2003; Klages 2006). Jürgen Beyer (2006a: 106) zufolge war die Deutsche Bank 1980 noch in insgesamt 40 der größten 100 deutschen Unternehmen präsent. 2002 waren es nur noch 5. Ähnliches lässt sich für die Dresdner Bank und die Münchner Rück feststellen (Klages 2006: 45).

Infolge der Veräußerung von Kapitalbeteiligungen durch die Großbanken kam es allein zwischen 1996 und 2000 zu einer deutlichen Reduzierung der Dichte der Kapitalverflechtung (Höpner/Krempel 2004). 1996 waren noch insgesamt 60 der 100 größten deutschen Unternehmen zu einem Netzwerk aus Kapitalverflechtungen verflochten. 2000 waren es nur noch 41. Die Anzahl der Kapitalverflechtungen verringerte sich während der zweiten Hälfte der 1990er-Jahre von 168 auf 80 (Höpner/Krempel 2004: 349). Infolge der im Jahre 2000 von der Schröder-Regierung eingeführten Befreiung der bei der Veräußerung von Kapitalbeteiligungen erzielten Gewinne von der Körperschaftssteuer (Höpner 2000) setzte sich der Trend zur *Entflechtung der Deutschland AG* nach 2002 fort (Höpner/Krempel 2006). Im Bereich der Eigentümerstrukturen ist die Auflösung der Deutschland AG an der schwindenden Anzahl und Größe von Unternehmensbeteiligungen zu erkennen (Klages 2006). Die Unternehmen reduzierten ihren Anteil zwischen 1996 und 2002 von durchschnittlich 16,8 auf 9,9 Prozent (Klages 2006: 47). Nicht nur die Banken und Versicherer, sondern auch die Industrieunternehmen veräußerten einen Teil ihrer Beteiligungen (Höpner/Jackson 2006: 144). Zugleich wurde anhand der sich verringernden Größe der Kapitalbeteiligungen ein Trend zur Dekonzentration festgestellt (Klages 2006: 47).

Dennoch sind die Großaktionäre nach wie vor wesentlich stärker präsent als in den USA. Dies trifft insbesondere auf den Familienbesitz zu (Klages 2006). Auch wenn die fortgesetzte Präsenz der Familieneigentümer ein Element der Kontinuität darstellt, erhielt die Beziehung zwischen Aktionären und Unternehmen doch infolge des Ausscherens der Kredit- und Versicherungsunternehmen in zunehmenden Teilen den Charakter einer rein marktförmigen, auf Renditen ausgerichteten Beziehung. Die Großbanken und Versicherer gliederten ihre Anteile im Laufe der 1990er-Jahre in eigenständige Holdings aus und reinvestierten sie unter der Maßgabe des *Shareholder-Value-Prinzips* (Jürgens/Rupp/Vitols 2000: 18). Der als »patient capital« charakterisierbare Anteil des deutschen Aktienbesitzes verringerte sich infolge dieser Umorientierung signifikant (Höpner/Jackson 2006; Jackson 2003). Verbunden hiermit war auch eine Veränderung der Strategie der Aktionäre in den Unternehmen. Die hierbei zu beobachtende Entwicklung verhält sich spiegelverkehrt zu der in den USA: Während die institutionellen Investoren in den USA nach dem Zusammenbruch des Marktes für Unternehmenskontrolle gegen Ende der 1980er-Jahre von der Exit- zur Voice-Option übergegangen waren, machten die in der Vergangenheit auf die Voice-Option beschränkten Anteilseigner in Deutschland verstärkt von der Exit-Option Gebrauch.

3.2.2 Zur Etablierung des Kapitalmarktrechts

Die Internationalisierung der Kapitalmärkte und der Strategiewandel der Großbanken haben sowohl im Kapitalmarktrecht als auch im Aktienrecht eine diskursive Veränderung hervorgerufen und hierdurch in beiden Rechtsgebieten rechtliche Veränderungen ausgelöst. Der im ersten Abschnitt dieses Kapitels aufgezeigte Unterschied zwischen dem zentralstaatlich organisierten, von der SEC dominierten Kapitalmarktrecht der USA und dem auf einem System dezentraler Selbstregulierung beruhenden, mit einem schwach ausgeprägten Kapitalmarktrecht einhergehenden System der Kapitalmarktorganisation in Deutschland wurde durch den *Export des US-amerikanischen Kapitalmarktrechts* eingeebnet.

Die Rezeption von Teilen des US-amerikanischen Kapitalmarktrechts und die hiermit verbundene Ausweitung von Aktionärsrechten resultierte aus einer Reihe sich wechselseitig verstärkender Prozesse (Beyer 2003; Deeg 2005; Lütz 2002). Die Internationalisierung der Finanzmärkte führte zu einer Veränderung wirtschaftlicher Interessen, die sich auf die Entwicklung juristischer Ideen ausgewirkt hat. Ein wichtiger Impuls ging von den USA aus (zum Folgenden siehe Lütz 2002). Infolge der Ausweitung des grenzüberschreitenden Kapitalverkehrs und der zunehmenden Konkurrenz der nationalen Finanzplätze wurde das regulierungsintensive Kapitalmarktrecht der USA den US-amerikanischen Finanzdienstleistern zum Wettbewerbsnachteil. Letztere mussten zusehen, wie eine zunehmende Anzahl von Unternehmen ihre Wertpapiere außerhalb der USA emittierten, um dem hohen Regulierungsaufwand des US-amerikanischen Kapitalmarktrechts zu entgehen. Um dem Verlust von Weltmarktanteilen entgegenzuwirken, bewegten die US-amerikanischen Investmentbanken die SEC dazu, das US-amerikanische Kapitalmarktrecht zu exportieren und hierdurch das Regulierungsgefälle gegenüber den konkurrierenden Finanzplätzen zu verkleinern. Die SEC intensivierte ihre Kooperation mit den Regulierungsbehörden der anderen Länder und entwickelte mit diesen in bilateralen Abkommen gemeinsame Standards zur Bekämpfung des grenzüberschreitenden Wertpapierbetrugs. In diesem Zusammenhang erwies sich der das deutsche System kennzeichnende Mangel an öffentlichen Kapitalaufsichtsbehörden als Nachteil. Dies war einmal deshalb der Fall, weil private Regulierer – in Deutschland also vor allem die Bankenverbände – nicht hinreichend neutral erschienen, um glaubwürdig gegen Wertpapierbetrug vorzugehen. Zudem benachteiligte die für die Abwicklung der bilateralen Abkommen gegründete International Organization of Securities Commissions (IOSCO) private Selbstverwaltungskörperschaften, indem sie die Mitgliedschaft auf öffentliche Körperschaften begrenzte.

Anders als im Bereich des Aktienrechts, dessen Reform im Wesentlichen eine inländische Angelegenheit blieb (siehe jedoch Callaghan 2006; Lutter 1996), gingen im Bereich des Kapitalmarktrechts wichtige Impulse von der Entwicklung in der EU aus. Innerhalb der EU verstärkten die Bemühungen der SEC die Bestrebungen zur Harmonisierung der nationalen Kapitalmarktrechte (Lütz 2002: 177). Nach ersten Versuchen in den 1970er-Jahren intensivierte die EU ihre Bemühungen zur Harmonisierung des Kapitalmarktrechts und verabschiedete in den 1980er-Jahren eine Reihe von Richtlinien, welche den Mitgliedsstaaten strengere Publizitätsvorschriften nach dem US-amerikanischen Vorbild auferlegte und den Insider-Handel zum Strafbestand erklärte. Die 1993 verabschiedete Wertpapierrichtlinie verpflichtete die Mitgliedsstaaten, staatliche Regulierungsbehörden zu schaffen. Kurzum, in der EU setzte sich in den 1980er-Jahren ein Modell der Kapitalmarktregulierung durch, das den Interessen der Anleger und der Schaffung von Markttransparenz einen höheren Stellenwert einräumte, als dies in den Kapitalmarktrechten der Mitgliedsstaaten der Fall gewesen war.

Die Bestrebungen der SEC und der EU zur Amerikanisierung des europäischen Kapitalmarktrechts koinzidierten mit einer Rekonfiguration der kapitalmarktpolitischen Interessenkonstellation in Deutschland. Bislang hatten sich die für die Kapitalmarktregulierung hauptverantwortlichen Großbanken gemeinsam mit den Landesregierungen für eine Beibehaltung des bisherigen Systems der Kapitalmarktregulierung eingesetzt. Wie zu Beginn dieses Abschnitts dargelegt, wandten sich die Großbanken im Verlauf der 1980er-Jahre jedoch dem Investmentbanking zu. Um das Geschäft mit dem Wertpapierhandel auszubauen, gaben die Großbanken ihren anfänglichen Widerstand gegen die kapitalmarktrechtlichen Bestrebungen der EU-Kommission auf und setzten sich nun selbst für eine Modernisierung des Finanzplatzes Deutschland ein. Die Bemühungen der deutschen Großbanken, in den Wertpapierhandel vorzudringen, machten die internationalen Anleger zu einer wichtigen Klientel und sensibilisierten die Großbanken für deren Bedürfnisse. Um den Markt für die in Deutschland emittierten Wertpapiere auszubauen, wirkten die deutschen Finanzinstitute auf eine Verbesserung der Rahmenbedingungen für Investoren hin (Lütz 2002: 234). Da die dezentrale Börsenorganisation die Anleger abschreckte, drangen Teile der Finanzwirtschaft auf eine Zentralisierung der Börse. Die zunächst aus den drei Großbanken (Deutsche Bank, Dresdner Bank, Commerzbank) und der Deutschen Girozentrale (DGZ) sowie dem Sparkassenverband bestehende, jedoch auch von der Hessischen Landesregierung unterstützte »Frankfurter Koalition« setzte sich dafür ein, die regionale Zersplitterung der Börsenorganisation zu überwinden, indem sie die Frankfurter Börse zum zentralen Handelsplatz ausbaute. 1990 wurde mit der Deutschen Terminbörse (DTB) erstmalig eine bundesweite Plattform für den Wertpapierhandel geschaffen. 1993 wurde mit der Gründung der Deutschen Börse AG, die als Trägergesellschaft der Regionalbörsen fungierte, das Regionalprinzip endgültig überwunden. Parallel zur Zentralisierung der Börse wirkten die Großbanken darauf hin, die in den USA herrschenden Anforderungen an die Wertpapieremittenten in das deutsche Kapitalmarktrecht zu importieren. Die Veränderung der Haltung der Banken zur Kapitalmarktregulierung wurde von Susanne Lütz folgendermaßen auf den Punkt gebracht:

> Banker und Börsianer, die bislang das deutsche System der Selbstregulierung verteidigt hatten, erkannten nun, dass dieses in einem globalisierten Markt zu einem Wettbewerbsnachteil wurde. Vielmehr hatte man jetzt seine Seriosität als Anbieter von Finanzdienstleistungen dadurch unter Beweis zu stellen, dass man sich rigider staatlicher Überwachung unterwarf. Ein hoher regulativer Standard wurde nun als »Qualitätssiegel« der eigenen Produkte [...] interpretiert, welches dem Heimatmarkt einen Spitzenplatz in der Rangliste internationaler Finanzplätze einbrachte. (Lütz 2002: 238)

Entscheidend für den dieser Arbeit zugrunde liegenden theoretischen Rahmen ist die Tatsache, dass die Veränderung der Interessen der Finanzunternehmen innerhalb des juristischen Feldes zur Stärkung der Fraktion führte, die sich für einen Ausbau des Kapitalmarktrechts einsetzte. Die Diskussion um die Schaffung eines eigenen Kapitalmarktrechts begann in Deutschland in den 1970er-Jahren (siehe zum Beispiel Schwark 1976). Als Vorreiter des Kapitalmarktrechts in Deutschland gilt der Rechtswissenschaftler Klaus Hopt (1976b, 1977). In einem Gutachten für den Deutschen Juristentag arbeitete Hopt bereits 1976 die Vorzüge eines kapitalmarktrechtlich konzipierten Anlegerschutzes heraus und empfahl die Verabschiedung eines Anlegerschutzgesetzes (Hopt 1976a). Als tragendes Prinzip des Kapitalmarktrechts identifizierte Hopt die *Vertriebspublizität*, welche durch die *Prospektpflicht* erreicht werde. Diesem Prinzip zufolge müssten die Emittenten von Wertpapieren bei einer staatlichen Aufsichtsbehörde einen Prospekt einreichen, der alle relevanten Geschäftsinformationen enthalte. Nach einer Karenzzeit werde der Antrag entweder genehmigt oder abgelehnt. Erst danach dürften die Emittenten die infrage stehenden Wertpapiere auf dem Kapitalmarkt zum Kauf anbieten. Ein weiteres Element der Vertriebspublizität bestehe in der regelmäßigen Rechnungslegung. Während sich die Prospektpflicht auf den Ersterwerb beziehe, sorge die Rechnungslegungspflicht für periodische Publizität. Durchgesetzt werden sollte das Kapitalmarktrecht Hopt zufolge *von einer staatlichen Kapitalmarktaufsichtsinstanz*. Nach dem US-amerikanischen Vorbild sollte diese Behörde alle für den öffentlichen Handel vorgesehenen Wertpapiere anhand der von den Emittenten für diese anzufertigenden Prospekte überprüfen und diese testieren. Es dauerte Jahrzehnte bis Hopt sich in der Juristengemeinschaft und in der Rechtspolitik mit seinen Vorstellungen zur Schaffung eines Kapitalmarktrechts durchsetzen konnte.

Erst als das ökonomische Interesse der deutschen Großbanken nach Schaffung eines dem US-amerikanischen Kapitalmarktrecht ähnlichen Regimes sowie die Bestrebungen der EU zur Harmonisierung des Kapitalmarktrechts erkennbar wurden, gewann die kapitalmarktrechtlich ausgerichtete Fraktion im juristischen Feld an Deutungshoheit. Dieser Befund kann an der Tatsache abgelesen werden, dass Hopt im Jahre 1992 in das Editorial der angesehenen Zeitschrift für Unternehmens- und Gesellschaftsrecht (ZGR) aufgenommen wurde. Noch im selben Jahr lösten Hopt und Wiedemann Wilhelm Gadow und Karl Heinz Barz als Herausgeber des Großkommentars zum Aktiengesetz ab. Eine Innovation der seit 1992 erscheinenden vierten Auflage des Kommentars ist die Einleitung von Heinz-Dieter Assmann ([1992]2004), in der er dem Kapitalmarktrecht einen mehr als hundertseitigen Abschnitt widmet. Die Ausdifferenzierung des Kapitalmarktrechts macht sich auch an der Tatsache bemerkbar, dass die in den 1990er- und 2000er-Jahren erschienenen Neuauflagen der Lehrbücher zum Gesellschaftsrecht dem Kapitalmarktrecht eigene Abschnitte widmeten (Grunewald 2005; Kübler 1998; Raiser 2001; Schmidt 2002). Nicht nur Friedrich Kübler (1998: 19) stellte in der Neuauflage seines Lehrbuchs die zunehmende Bedeutung des Kapitalmarktrechts für die Regulierung der Aktiengesellschaften heraus. Auch Karsten Schmidt (2002: § 1 II. 3) fügte in die 2002 erschienene Auflage seines Lehrbuchs einen Abschnitt zum Kapitalmarktrecht ein. Thomas

Raiser (2001: 65–78) widmete einen Teil seines Lehrbuchs dem Kapitalmarktrecht (siehe auch Grunewald 2005).

Die juristische Etablierung des Kapitalmarkrechts trug dazu bei, dass das Interesse der Großbanken an einem Import des US-amerikanischen Kapitalmarktrechts auch rechtspolitisch an Gewicht gewann. Rechtspolitischen Einfluss erlangte die juristische Fraktion der Kapitalmarktrechtler unter anderem durch die Arbeit der Börsensachverständigenkommission (Lütz 2002: 240–241). Diese wurde von der Bundesregierung zu Beginn der 1990er-Jahre beauftragt, einen Vorschlag zur Umsetzung der EU-Vorgaben im Bereich des Kapitalmarktrechts auszuarbeiten. Im Einklang mit den Vorarbeiten Klaus Hopts und den Vorgaben aus der EU empfahl diese die Ausweitung von Publizitätsanforderungen, ein Verbot des Insiderhandels und die Errichtung einer Bundesaufsichtsbehörde für den Wertpapierhandel. Im Anschluss an die Veröffentlichung des Berichts der Börsensachverständigenkommission kündigte der damalige Finanzminister Theo Waigel 1992 ein Reformprogramm an, das zur Grundlage des 1994 in Kraft getretenen *Wertpapierhandelsgesetzes* (WpHG) wurde. Das auch als 2. Finanzmarktförderungsgesetz bezeichnete WpHG hat das Ziel, die rechtlichen Rahmenbedingungen für eine effiziente Verteilung des Kapitals auf dem deutschen Finanzmarkt herzustellen. Um dieses Ziel zu erreichen, »will das Gesetz das Vertrauen der Anleger durch konkrete Verbesserungen im Bereich des Anlegerschutzes erhöhen« (Deutscher Bundestag 1994a: 33). Die hierzu ergriffenen Maßnahmen beinhalten das Verbot des Insiderhandels, die Ausweitung der Publizitätsvorschriften sowie die Einführung von Ad-hoc-Publizität. Zur Durchsetzung dieser Bestimmungen wurde nach dem US-amerikanischen Vorbild das Bundesaufsichtsamt für den Wertpapierhandel (BaWe) geschaffen (Lütz 2002: 243–244). Es folgten das 3. und 4. Finanzmarktförderungsgesetz in den Jahren 1998 und 2002 sowie das Anlegerschutzverbesserungsgesetz im Jahre 2004. Die kapitalmarktrechtlichen Innovationen trugen wesentlich dazu bei, dass sich das Ausmaß der Rechte von Minderheitsaktionären deutlich vergrößerte. Hierdurch verringerte sich der Abstand zum US-amerikanischen Kapitalmarktrecht.

3.2.3 Zur aktienrechtlichen Verarbeitung von Shareholder-Value-Strategien

Die Neuausrichtung der Großbanken und Versicherer löste im juristischen Feld nicht nur eine Ausdifferenzierung des Kapitalmarktrechts aus, sondern veränderte zugleich auch die äußeren Rahmenbedingungen des aktienrechtlichen Diskurses. Mit dem Rückzug der Banken und der Auflösung der Deutschland AG erodierte eine Barriere, die die deutschen Aktiengesellschaften während der Ära des Nachkriegskapitalismus vor den finanziellen Ansprüchen der Minderheits-

Abbildung 1 Kapitalanlagen institutioneller Investoren in deutschen Aktiengesellschaften, 1990–2000

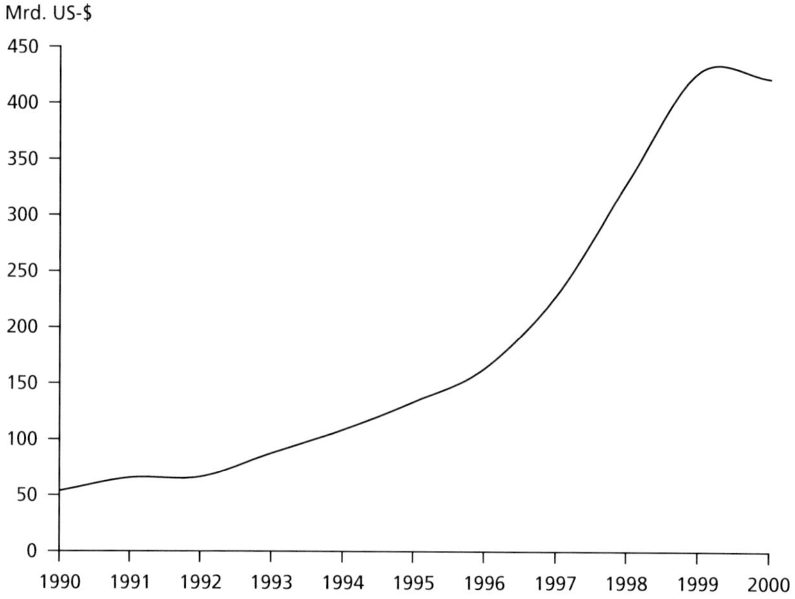

Quelle: Deutsches Aktieninstitut (2006).

aktionäre bewahrt hatte. Hierdurch wurden die Aktiengesellschaften zugleich für in- und ausländische Finanzinvestoren attraktiver. Parallel zum Rückzug der strategischen Investoren lässt sich eine *zunehmende Präsenz von Investmentfonds und Pensionsfonds* beobachten. Der Anteil von Investmentfonds und ausländischen Eigentümern stieg während der 1990er-Jahre rapide an (Höpner/Jackson 2006: 144). Wie an Abbildung 1 zu erkennen ist, haben diese ihr Investitionsvolumen in deutschen Aktiengesellschaften während der 1990er-Jahre beinahe verzehnfacht.

Infolge des Rückzugs der Banken und Versicherer vergrößerten sich die Anforderungen, denen die Unternehmen vonseiten der Kapitalmärkte ausgesetzt sind. Die in zunehmendem Maße präsenten institutionellen Investoren konfrontierten die Manager deutscher Großunternehmen verstärkt mit ihren Renditeerwartungen. Im Bereich der Unternehmensführung deutscher Großunternehmen koinzidierte das Vordringen institutioneller Investoren mit der *Einführung von Shareholder-Value-Strategien* (Höpner 2003: 36–78). Nachdem der Vorstandsvorsitzende von Daimler Benz, Jürgen Schrempp, den Shareholder-

Value zum Leitprinzip erklärt hatte, stellten auch BASF, Bayer, Henkel und Siemens ihre Praktiken auf den Shareholder-Value um (Höpner 2003: 62). Zu den im Zuge dieser Umorientierung ergriffenen Maßnahmen gehörten die Umstellung der Rechnungslegung auf internationale Standards, die Einführung von Renditezielen, die Einrichtung von Investor-Relations-Abteilungen sowie die Begebung von Aktienoptionen für Vorstände (ausführlich hierzu siehe Höpner 2003: 36–78).

Die Einführung von Shareholder-Value-Strategien und die zunehmende Präsenz institutioneller Investoren riefen sich wechselseitig hervor: Die Verbreitung kapitalmarktorientierter Praktiken unter deutschen Großunternehmen war eine Reaktion auf die Internationalisierung der Eigentümerstrukturen. Zugleich erhöhte die Hinwendung vieler Unternehmen zum Shareholder-Value ihre Attraktivität für internationale Investoren und trug hierdurch selbst zum weiteren Einströmen »ungeduldigen Kapitals« bei.

Die Autonomie der Vorstände hat sich durch die Einführung von Shareholder-Value-Praktiken gleichzeitig verringert als auch vergrößert. Ohne Zweifel wurden die Handlungsspielräume der Vorstände deutscher Aktiengesellschaften durch deren Hinwendung zu den Kapitalmärkten eingeschränkt. Diese Interpretation wird durch die Tatsache gestützt, dass sich die durchschnittliche Verweildauer der Vorstände deutlich verringert hat. Betrug die Amtsdauer der Vorstandsvorsitzenden 1960 noch durchschnittlich 11,3 Jahre, war für das Jahr 2000 nur noch ein Wert von 8,4 Jahren zu beobachten (Freye 2009: 65). Die Autonomie der Vorstände gegenüber den Interessen der Nicht-Aktionäre hat sich mit ihrer Hinwendung zu den Kapitalmärkten jedoch vergrößert. Die Vorstände waren nämlich nicht lediglich ein Opfer eines sich internationalisierenden Finanzmarktes, sondern haben diesen Prozess selbst forciert, um sich eine größere Autonomie gegenüber nicht finanziellen Interessen zu verschaffen (Streeck 2009: 187ff.). Während die Auflösung der Deutschland AG und die Hinwendung zum Shareholder-Value im Hinblick auf die Anforderungen an die Renditeentwicklung zu einer Verringerung managerialer Autonomie führten, hatten diese hinsichtlich der Bindungskraft nicht finanzieller Ansprüche an das Vorstandshandeln einen *emanzipativen Effekt*. Die Präsenz der Banken in den Aufsichtsräten hatte die Vorstände deutscher Aktiengesellschaften zwar vor Marktzwängen beschützt und sie in die Lage versetzt, die Renditeansprüche der Minderheitsaktionäre zu vernachlässigen. Gleichzeitig hatte die Einbindung der Aktiengesellschaften in die Deutschland AG deren Vorstände jedoch mit unternehmensübergreifenden Interessen konfrontiert. Die Herauslösung der Unternehmen aus der Deutschland AG und ihre Hinwendung zu den Kapitalmärkten lassen sich demzufolge auch als Versuch der Unternehmensleitungen interpretieren, den dem bisherigen Corporate-Governance-System inhärenten Verpflichtungen zu entkommen (Streeck 2009: 195). Dieser Sichtweise zufolge befreite die Unterordnung der Aktiengesellschaften unter das Diktat der Kapitalmärkte ihre Vorstände von sämtlichen einer ausschließlich an der Gewinnmaximierung orientierten Unternehmensführung entgegenstehenden Interessen. Der durch die Kapitalmarktorientierung ermöglichte Verweis auf die Zwänge des Kapitalmarktes und die Ansprüche der internationalen Investoren bieten den Vorständen die Möglichkeit, unbeliebte und im bisherigen Kontext unrealisierbare Entscheidungen als Sachzwänge darzustellen. Während die finanzielle Internationalisierung die Vorstände somit in größere Abhängigkeit von den finanziellen Interessen der institutionellen Investoren brachte, verschaffte sie ihnen gegenüber den restlichen Stakeholdern ein größeres Maß an Autonomie.

Wie ihre amerikanischen Kollegen haben auch die Vorstände deutscher Aktiengesellschaften persönlich von ihrer Hinwendung zum Shareholder-Value profitiert. Dies zeigt eine nähere Betrachtung der Gehaltsentwicklung während der zweiten Hälfte der 1990er-Jahre (Höpner 2003: 139–149). Die Vorstände reagierten auf den Rückzug der Banken mit einer Besetzung der Aufsichtsratsvorsitze mit ehemaligen Vorstandsvorsitzenden (ebd.: 138). Diese ermöglichten ihren Nachfolgern enorme Gehaltssteigerungen. Allein zwischen 1996 und 1999 stiegen die Vorstandsgehälter der von Höpner betrachteten vierzig Großunternehmen um durchschnittlich 66 Prozent (ebd.: 145). Ähnlich wie in den USA wurden die Gehaltssteigerungen vor allem durch die Einführung von *Aktienoptionsprogrammen* für Vorstandsmitglieder ermöglicht (Höpner 2003: 55–59).

Anhand der Einführung von Aktienoptionen für Vorstandsmitglieder lässt sich illustrieren, wie sich die Veränderung managerialer Interessen auf den aktienrechtlichen Diskurs auswirkte. Solange die Banken und Versicherer in den Aufsichtsräten der Aktiengesellschaften für die Vorstandsgehälter zuständig waren, waren die managerialen Verdienstmöglichkeiten stark begrenzt. An den Marktwert der Aktiengesellschaft gekoppelte Vergütungsbestanteile gab es nicht. Die Begebung von Aktienoptionen für Vorstände war auch nicht vom Aktienrecht vorgesehen. Als sich die Deutschland AG aufzulösen begann, versuchten die Unternehmensleitungen einiger deutscher Aktiengesellschaften jedoch, das hierdurch entstandene Kontrollvakuum zu nutzen, um die aktienrechtlichen Hürden für die Begebung von Aktienoptionen für Vorstandsmitglieder zu überwinden (Sanders/Tuschke 2007: 40). Zu diesem Zwecke simulierten Daimler Benz sowie die Deutsche Bank Aktienoptionen, indem sie Wandelschuldverschreibungen (Daimler Benz) beziehungsweise Optionsschuldverschreibungen (Deutsche Bank) an ihre Vorstandsmitglieder ausgaben. Die diesem Manöver zugrunde liegende Interpretation des Aktienrechts war jedoch nicht unumstritten. Nachdem die Deutsche Bank ihren Vorständen den Bezug von Optionsschuldverschreibungen ermöglicht hatte, reichte der Aktionärsaktivist Ekkehard

Wenger eine Klage beim Landgericht Frankfurt ein. Der Rechtsstreit drehte sich um die Frage, ob die für eine Begebung von Optionsschuldverschreibungen erforderliche Kapitalerhöhung und der zu diesem Zwecke erfolgte Bezugsrechtsausschluss rechtmäßig seien. Angesichts der Tatsache, dass sich die Unternehmensleitung und die große Mehrheit der auf der Hauptversammlung vertretenen Aktionäre für die Regelung ausgesprochen hatten, folgte das Gericht der Rechtsinterpretation der Unternehmensleitung und wies die Klage zurück (LG Frankfurt 1997). Eine ähnliche Entwicklung gab es bei Daimler Benz AG. Nachdem diese 1996 einen ersten Aktienoptionsplan eingeführt hatte, legte die Unternehmensleitung der Hauptversammlung einen Beschlussantrag vor, der eine Ausweitung der Aktienoptionen von 170 auf 1.600 Manager vorsah. Die Hauptversammlung beschloss, dass die Manager als Teil ihrer Entlohnung zukünftig Wandelschuldverschreibungen zeichnen und diese zu einem festgesetzten Termin in Daimler-Aktien umwandeln konnten, falls der Aktienkurs bis dahin um 15 Prozent gestiegen sein sollte. Weil das Optionsprogramm aus dem Jahr zuvor einen kurzfristigen Zeithorizont beinhaltete und die Vorstände die Optionen bereits nach wenigen Monaten Gewinn bringend veräußert hatten, hatten einige Aktionäre die Einführung einer Zweijahresfrist durchgesetzt (*Börsenzeitung* vom 29. Mai 1997, 1). Aus Sicht Wengers stellte jedoch auch diese Regelung aufgrund des erforderlichen Bezugsrechtsausschlusses einen Verstoß gegen das Aktienrecht dar. Wenger reichte beim Landgericht Stuttgart eine Anfechtungsklage ein, um den Hauptversammlungsbeschluss außer Kraft zu setzen (*Frankfurter Allgemeine Zeitung* vom 8. Juli 1997, 19). Das Landgericht Stuttgart folgte jedoch dem Landgericht Frankfurt und kam wie dieses dem vom größten Teil der Aktionäre akzeptierten Bedürfnis des Vorstands nach einer Begebung von Aktienoptionen nach und wies die Klage ab (LG Stuttgart 1997). In der Begründung hierzu hieß es:

> Die Zuwendung einer zusätzlichen Vergütung an Führungskräfte durch Schaffung eines sog. Aktienoptionsprogramms ist positiv zu beurteilen, da es ein wirksames Instrument zur Steigerung des Unternehmenswertes darstellt und zugleich die Position des Unternehmens im Wettbewerb um Führungskräfte verbessern kann. (LG Stuttgart 1997: Orientierungssatz 1)[4]

Während die Rechtsstreitigkeiten um die Aktienoptionen vor Gericht ausgetragen wurden, begannen auch die Rechtswissenschaftler, die vom Aktienrecht vorgegebenen Möglichkeiten für die Einführung von Aktienoptionen neu auszulegen (Baums 1997a; Lutter 1997; Schneider 1996). Dass die Rechtswissenschaftler nicht lediglich auf die Gerichtsentscheidungen reagierten, sondern auch deren

4 Eine Klage Wengers gegen die Einführung von Aktienoptionen bei Volkswagen beim Landgericht Braunschweig war zwar zunächst erfolgreich, scheiterte jedoch im Berufungsverfahren (OLG Braunschweig 1998).

Verlauf beeinflussten, zeigt die Tatsache, dass der Rechtswissenschaftler Marcus Lutter die Genehmigung der umstrittenen Hauptversammlungsbeschlüsse zur Einführung von Aktienoptionen unter anderem mit dem Hinweis auf den »Wettbewerb um die besten Führungskräfte« begründet hatte (Lutter 1997: 3). Wie das Zitat des Landgerichts Stuttgart belegt, griff dieses Lutters Argumentation auf. Umgekehrt wurden die Rechtswissenschaftler in ihrer Befürwortung von Aktienoptionen durch die richterrechtliche Entwicklung bestärkt. Bezogen auf die dieser Arbeit zugrunde liegende Argumentation lässt sich das Verhalten der Richter und Rechtswissenschaftler dahin gehend interpretieren, dass die aufgrund der unklaren Rechtslage bestehende Handlungskontingenz durch eine Orientierung der Richter und Rechtswissenschaftler an ökonomischen Interessen reduziert wurde. In diesem Fall konnten sich die Richter sowohl auf die Präferenzen der Manager als auch auf die Beschlüsse der Hauptversammlungen stützen. Diejenigen Interessen, welche durch die Kopplung der managerialen Vergütung an den Aktienkurs jedoch potenziell beeinträchtigt werden, wie zum Beispiel die Interessen der Arbeitnehmer, wurden hingegen sowohl von den Richtern als auch von den Rechtswissenschaftlern ausgeblendet.

Die Unternehmensvorstände erzielten durch die zitierten Gerichtsurteile einen gewissen Erfolg. Solange die Begebung von Aktienoptionen jedoch nur über den Umweg eines Bezugsrechtsausschlusses möglich war, befand sich das Recht noch nicht im Einklang mit ihren Interessen. Aus diesem Grund äußerten der BDI und das DAI gegenüber dem Bundesjustizministerium den Wunsch, eine Begebung von Aktienoptionen für Vorstandsmitglieder von der Notwendigkeit eines Bezugsrechtsausschlusses zu befreien (Seibert 1997: 68). Die Kohl-Regierung kam diesem Wunsch mit dem 1998 in Kraft getretenen *Gesetz zur Kontroll- und Transparenzgesetz im Unternehmensbereich* (KonTraG) nach. Hierdurch wurde die Möglichkeit geschaffen, Aktienoptionen über eine bedingte Kapitalerhöhung einzuführen, die ohne einen Bezugsrechtsausschluss auskommt. Die Unternehmensleitungen profitierten bei diesem Beschluss von der vorangegangenen juristischen Entwicklung. Die Begründung des Referentenentwurfs griff die Argumentation Marcus Lutters und des Landgerichts Stuttgarts auf, indem sie äußerte, dass »deutsche Unternehmen sie [Aktienoptionen] als Faktor im Wettbewerb um Führungskräfte einsetzen und diese an sich binden« können (ZIP-Dokumentation 1996a: 2138). Die dem Kontroll- und Transparenzgesetz vorausgegangene Entwicklung im Richterrecht und der Rechtswissenschaft hatte das Interesse der Unternehmensleitungen an einer leichteren Einführung von Aktienoptionen bereits in eine juristische Form gekleidet und trug hierdurch dazu bei, dieses Bedürfnis im Gesetzgebungsprozess zu legitimieren.

Das Oberlandesgericht Stuttgart reagierte in einem Urteil aus dem Jahre 2001 wiederum auf die Entwicklung im Gesetzesrecht, indem es eine Kapitalerhöhung zum Zwecke der Einführung von Aktienoptionen ohne Bezugsrechtsausschluss genehmigte (OLG Stuttgart 2001). Die rechtlichen Veränderungen trugen zur Institutionalisierung von Aktienoptionen im Kreise deutscher Aktiengesellschaften bei (Sanders/Tuschke 2007). Nach der Verabschiedung des KonTraG führte eine Vielzahl von Unternehmen, die aufgrund der rechtlichen Unsicherheit noch gezögert hatten, auch Aktienoptionen ein. Im Jahre 2004 hatten 62 Prozent der DAX-100-Unternehmen Aktienoptionen eingeführt (Sanders/Tuschke 2007: 41). Im Jahre vor der Verabschiedung des KonTraG waren es gerade einmal 10 Prozent gewesen (ebd.).

Der Verlauf dieser Episode in der Entwicklung des Aktienrechts weist eine Parallele zur Etablierung der *poison pill* in den USA auf, nur dass es im einen Fall zu einer Verringerung und im anderen Fall zu einer Ausweitung von Aktionärsrechten kam. Wie in den USA der frühen 1980er-Jahre hatten die deutschen Unternehmen das Aktienrecht in einer Weise angewendet, die zu Rechtsstreitigkeiten führte. Diese wurden von den Richtern zugunsten der managerialen Interessen entschieden und fanden daraufhin auch in das Gesetzesrecht Eingang. Nach ihrer rechtlichen Institutionalisierung wurden die *poison pill* in den USA und die Aktienoptionen in Deutschland von der Mehrzahl der Unternehmen implementiert. In beiden Fällen wirkten zunächst die privaten Rechtsanwender sowie, als Reaktion hierauf, die Richter und Gesetzgeber darauf hin, das Aktienrecht in Einklang mit der veränderten Erwartungshaltung der Unternehmensvorstände zu bringen. Die rechtlichen Veränderungen wirkten als Katalysator, der eine zunächst deviante Praktik legitimierte und ihrer Diffusion hierdurch einen entscheidenden Antrieb verschaffte.

3.2.4 Vom Unternehmensrecht zur ökonomischen Analyse des Rechts

Die juristischen Reaktionen auf die oben skizzierte Veränderung im deutschen System der Unternehmenskontrolle waren nicht auf die rechtliche Beurteilung von Aktienoptionen beschränkt, sondern erstreckten sich auch auf die begrifflichen und normativen Grundlagen des Aktienrechts. Wie es in den USA um 1980 (und nach der Unterbrechung durch die Gegenbewegung dann wieder in den 1990er-Jahren) geschehen war, führte die Freisetzung von Marktkräften im Bereich der Unternehmenskontrolle auch in Deutschland während der zweiten Hälfte der 1990er-Jahre zu einer juristischen Reinterpretation des Aktienrechts, die auf eine stärkere Betonung der Aktionärsinteressen abzielte.

Im ersten Abschnitt wurde bereits erwähnt, dass die Etablierung der institutionalistischen Betrachtungsweise von der Kritik derjenigen Juristen begleitet worden war, die bereits einem aktionärsorientierten Verständnis des Aktienrechts anhingen, als die Minderheitsaktionäre noch unternehmenspolitisch isoliert waren. Hier sind vor allem Herbert Wiedemann (1980a) und Wolfgang Zöllner (1984) zu nennen. Während die herrschende Meinung die Aktiengesellschaft in den 1970er-Jahren mehr denn je als ein nicht auf die Gesellschafter reduzierbares Unternehmen betrachtete, plädierte Wiedemann (1980a) nur ein Jahr nach dem Mitbestimmungsurteil des Bundesverfassungsgerichts für eine gesellschaftsrechtliche Unternehmensordnung, die die »gedankliche Einheit von Eigentums- und Unternehmensherrschaft« (ebd.: 298) stärker herausstelle und den Vorstand als Treuhänder des Aktionärsvermögens begreife (ebd.). Die sich nach dem Zweiten Weltkrieg verfestigende Betrachtung der Aktiengesellschaft als Sozialverband wies Wiedemann deshalb zurück, weil sie nicht hinreichend deutlich mache, welche Akteure zu den *berechtigten* Verbandsmitgliedern gehörten. Zudem sei die Heterogenität der beteiligten Akteure zu groß, um von einer für einen Sozialverband charakteristischen Gleichbehandlung der Verbandsmitglieder ausgehen zu können (so auch Rittner 1973: 299). Die von einem Verband vorausgesetzte gemeinsame Zielsetzung rücke durch die Hinzuziehung weiterer Interessengruppen in weite Ferne. Auch Wolfgang Zöllner (1984: Rn. 104) kritisierte frühzeitig die sozialverbandstheoretische Auslegung des Aktiengesellschaftsbegriffs, indem er die Verbandsinteressen von den Interessen der Arbeitnehmer, Gläubiger und Mitglieder einerseits und vom Unternehmensinteresse andererseits abgrenzte. Das Verbandsinteresse sei auf den Verbandszweck reduziert. Dieser werde von der Hauptversammlung beschlossen und bleibe daher *ausschließlich auf die Aktionäre bezogen*. Daher sei es nicht das Unternehmen, das sich in seiner Willensbildung vom Unternehmensträger verselbstständigt habe, sondern die Gesellschaft, welche den Zweck des Unternehmens bestimme.

Der aktionärsorientierte Aktiengesellschaftsbegriff konnte sich jedoch erst im Feld etablieren, als Großbanken und Teile des Topmanagements der Industrieunternehmen aus der bisherigen Interessenkonstellation ausscherten und sich den finanzorientierten Minderheitsaktionären annäherten. Solange die Minderheitsaktionäre strukturell isoliert waren, besaß die Konzeptualisierung der Aktiengesellschaft als Unternehmen im juristischen Diskurs eine größere Überzeugungskraft als die aktionärszentrierte Sichtweise. Die Vertreter institutionalistischer Auffassungen waren daher mit einem größeren Maß an Deutungsmacht ausgestattet als die aktionärsorientierte Fraktion. Sobald sich die Großbanken auf das Investmentbanking verlegten und die Auflösung der Deutschland AG auch von den Industrievorständen zur Emanzipation von gesellschaftlichen Pflichten genutzt wurde, starteten die Kritiker unternehmensrechtlicher Ansätze einen erneuten, diesmal erfolgreicheren Angriff auf die unternehmensrechtliche Sichtweise. Durch die Auflösung der Deutschland AG und den Machtgewinn der Minderheitsaktionäre in den Unternehmen geriet die Konzeptualisierung der Aktiengesellschaft als Unternehmen in Widerspruch zu den ökonomischen Interessen der Vorstände. Ähnlich wie die amerikanischen Manager schrieben auch die Vorstände der deutschen Großbanken und Versicherer sowie einer wachsenden Anzahl großer Industrieunternehmen den finanziellen Interessen der Minderheitsaktionäre eine größere Bedeutung zu, als sie es bislang getan hatten. Gemäß der ihnen im ersten Kapitel unterstellten Neigung, die innerhalb des juristischen Feldes herrschende Handlungskontingenz durch die Orientierung an managerialen Interessen zu reduzieren, wendete sich eine wachsende Anzahl von Aktienrechtlern vom Institutionalismus ab und lief zur bislang marginalisierten Fraktion der aktionärsorientierten Aktienrechtler über.

Neben der Veränderung managerialer Präferenzen kam den Kritikern des unternehmensrechtlichen Ansatzes die Entwicklung in den USA zugute. Auch wenn der aktionärsorientierte Ansatz dort bereits Mitte der 1980er-Jahre zwischenzeitlich in die Defensive geraten war, nutzte er den deutschen Juristen doch zugleich als Inspirations- und Legitimationsquelle, um eine aktionärsorientierte Sichtweise wirksamer gegen die Betrachtung der Aktiengesellschaft als Unternehmen in Stellung zu bringen. Parallel zur Rezeption der in den USA entwickelten *ökonomischen Analyse des Rechts* (Assmann/Kirchner/Schanze 1978; Fleischer 2001; Schäfer/Ott 2005) versuchte eine zunehmende Anzahl deutscher Aktienrechtler, die Vorstellung von der Aktiengesellschaft als Unternehmen durch eine vertragstheoretische Konzeption zu ersetzen, der zufolge die Aktiengesellschaft lediglich ein Netzwerk freiwilliger Vertragsbeziehungen (»nexus of contracts«) sei (in Deutschland unter Bezugnahme auf die amerikanischen Referenztexte Bonin 2004; Eidenmüller 2001; Hopt 1998; Kübler 1999; Schäfer/Ott 2005; Spindler 1998; Walz 1993). Im Unterschied zum institutionalistischen Begriffsverständnis betonten die Vertreter der ökonomischen Analyse des Aktienrechts den fiktiven Charakter der juristischen Person (vgl. Easterbrook/Fischel 1991; Kraakman et al. 2004). Den Vertretern der ökonomischen Analyse des Kapitalgesellschaftsrechts zufolge besitzt die Kapitalgesellschaft keinen von den Aktionären verselbstständigten Verbandszweck (Eidenmüller 2001: 1042).

Auch wenn in der Debatte die aus den USA entlehnten Begriffe im Vordergrund standen, lässt sich die Rekonzeptualisierung der Aktiengesellschaft als Reaktivierung des um 1900 herum vorherrschenden Begriffs des Anlegerverbandes interpretieren (Klages 2007). Analog zu der im US-Kapitel erwähnten Interpretation des Nexus-of-Contracts-Begriffs als Wiederentdeckung der in den 1880er-Jahren populären Aggregattheorie fügt sich der Nexus-of-Contracts-Begriff seiner inhaltlichen Logik nach auch in Deutschland in den historisch überlieferten Deutungsschatz ein. Wenn auch in seiner Form weniger vertragstheoretisch ausgerichtet, weist doch der vor der Etablierung der Lehre vom Unternehmen an sich einflussreiche Begriff des Anlegerverbandes inhaltliche Parallelen zu dem in den 1990er-Jahren aufgekommenen Nexus-of-Contracts-Begriff auf. Die Aktiengesellschaft erscheint beiden Betrachtungsweisen als eine *auf die Aktionärsinteressen bezogene* Rechtsform, die aufgrund ihres fiktiven Charakters keine über die Aktionärsinteressen hinausgehende Wesenhaftigkeit besitzt. Beiden Begriffsverständnissen zufolge besitzen die Arbeitnehmer ebenso wenig wie die Gläubiger der Aktiengesellschaft einen Mitgliedsstatus. Die in den 1990er-Jahren vollzogene Hinwendung zum Nexus-of-Contracts-Begriff schließt an die aktienrechtliche Situation vor der Etablierung des in der ersten Phase dargestellten Corporate-Governance-Systems an und lässt sich in diesem Sinne als eine Wiederbelebung einer »schlafenden Alternative« interpretieren (Klages 2007).

Der Nexus-of-Contracts-Begriff trug dem Zusammenrücken von Managern, Minderheitsaktionären sowie der Verringerung geduldigen Kapitals Rechnung, indem er die Art der in den Aktiengesellschaften vorherrschenden wirtschaftlichen Beziehungen juristisch artikuliert. Das Aktienunternehmen, das sich zwischen Verwaltung und Gesellschafter geschoben und den gegen die Minderheitsaktionäre gerichteten Nachkriegskonsens symbolisiert hatte, wurde beseitigt. Durch die Auflösung der aktiengesellschaftlichen Entität stellten die Vertreter der vertragstheoretischen Sichtweise eine direkte Beziehung zwischen Vorständen und Aktionären her.

Die juristische Rekonzeptualisierung des Verhältnisses von Vorständen und Aktionären wurde durch das Principal-Agent-Schema weiter elaboriert (Hopt 1993). Die aus den USA übernommene Agency-Theorie begreift den Vorstand als Agenten, der die ihm anvertrauten Ressourcen verwaltet und die vom Prinzipal vorgegebene Zielfunktion zu maximieren hat. Entsprechend der Auffassung, dass der Vorstand »Fremdinteressenwahrer für die Aktiengesellschaft« *und nicht gegenüber dem Unternehmen* sei, ist das Verhältnis zwischen Vorstand und Aktiengesellschaft eine Auseinandersetzung zwischen dem Auftraggeber *(principal)* und dem Beauftragten *(agent)* (ebd.).

Im Zusammenhang mit der Abkehr vom unternehmensrechtlichen Konzept der Aktiengesellschaft wurde die bisherige Bestimmung des Unternehmensziels verstärkt infrage gestellt. Der mit der Konzeptualisierung der Aktiengesellschaft als Unternehmen assoziierte Interessenpluralismus und der diesen zum Ausdruck bringende Begriff des Unternehmensinteresses erschienen einer wachsenden Anzahl von Aktienrechtlern nicht mehr zeitgemäß. War es in den 1980er-Jahren noch nahezu einhellige Auffassung gewesen, dass der Vorstand sein Handeln am Unternehmensinteresse auszurichten habe, gewann die Fraktion aktionärsorientierter Aktienrechtler in den 1990er-Jahren an Zulauf. Diese setzen an unterschiedlichen Stellen an. Peter Mülbert (1997) stellte die rechtlichen Grundlagen des Unternehmensinteresses infrage. Seiner Auffassung zufolge lassen sich dem geltenden Aktienrecht keinerlei verbindliche Vorgaben entnehmen, die eine maßgebliche Bindung des Vorstandshandelns an Arbeitnehmerinteressen oder Interessen des Gemeinwohls rechtfertigen (so auch Ulmer 2002a; Wymeersch 2001; Zöllner 2000, 2003). Klaus Hopt (1993) und Wolfgang Schön (1996) führten die Satzungsautonomie der Hauptversammlung gegen den Begriff des Unternehmensinteresses ins Feld. In Übereinstimmung mit Wiedemann (1975b) und Mertens (1988: § 76 Rn. 24) lehnte Hopt (1993) die Vorstellung eines von den Anteilseignern unabhängigen Eigeninteresses der Aktiengesellschaft unter Verweis auf die vom Gesetzgeber vorgegebene alleinige Ermächtigung der Hauptversammlung zu strukturellen Entscheidungen ab (so auch Schön 1996: 439).

Der Begriff des Unternehmensinteresses wurde zudem für seine Unbestimmtheit kritisiert (so bereits Wiedemann 1980a; Zöllner 1963). Nach Ansicht Wolfgang Zöllners (2000: 7) verbietet sich eine Bindung des Vorstands an das Unternehmensinteresse »schon deshalb, weil es unmöglich ist, dieses Interesse konsistent zu bestimmen«. Diese Sichtweise wurde von ökonomisch argumentierenden Autoren unterstützt. Christoph Kuhner (2004: 254) zufolge stellt das Prinzip der praktischen Konkordanz keine angemessene Leitmaxime für das Vorstandshandeln dar, weil es unmöglich ist, gleichzeitig mehr als eine Zielfunktion zu maximieren. Aus Kuhners Sicht setzt die effiziente Steuerung von Unternehmen eindeutige Zielvorgaben voraus. Die Entscheidung, welcher Anspruchsgruppe die Priorität zuerkannt werde, erscheine damit unausweichlich. Kuhner versuchte, diese entscheidungslogische Problematik durch eine *aktionärszentrierte Rekonzeptualisierung der Leitmaximen des Vorstandshandelns* zu lösen.

Auch im Hinblick auf die inhaltliche Bestimmung des Unternehmensziels wurden die Interessen finanzorientierter Aktionäre stärker akzentuiert. So wurde argumentiert, dass es sich bei Aktiengesellschaften im Regelfall um Erwerbsgesellschaften handele. Deshalb sei davon auszugehen, dass das normtypische Formalziel der Aktiengesellschaft in der Gewinnerzielung bestehe (Bonin 2004; Mülbert 1997). Insofern der Vorstand bei der Ausübung seiner Leitungsautonomie an das Formalziel der Gewinnerzielung gebunden sei, könne er kein übergeordnetes Unternehmensinteresse geltend machen. Auch ein Bestandsschutz, der die Aktionäre oder den Vorstand daran hindere, die Liquidation des Unternehmens zu beschließen, lasse sich dem geltenden Aktienrecht nicht entnehmen (Hopt 1998: 538).

Ein weiteres gegen das Unternehmensinteresse angeführtes Argument verwies auf die zunehmende Wettbewerbsintensität auf den Produktmärkten (Schilling 1997). Angesichts der Intensivierung der Konkurrenz auf den Absatzmärkten habe sich die Bedeutung des Rentabilitätsprinzips für den Bestandserhalt der Unternehmen vergrößert. In einem durch Marktkräfte beherrschten Umfeld sei das Überleben des Unternehmens an die erfolgreiche Behauptung im Konkurrenzkampf gebunden. Versäume das Management die für das langfristige Überleben auf den Konkurrenzmärkten erforderlichen Rationalisierungsmaßnahmen, setze es die Substanz des Unternehmens aufs Spiel (Schilling 1997: 381). Der Konkurrenzdruck auf den Absatzmärkten führe tendenziell zur Konvergenz der Arbeitnehmer- und Aktionärsinteressen. Insofern diese den Bestand des Unternehmens sichern helfe, komme eine *marktwertorientierte Unternehmensführung* nicht nur den Interessen der Eigentümer zugute, sondern sichere auch die Interessen der Arbeitnehmer. Der Gegensatz zwischen verbandsrechtlichen Ansätzen, die das Unternehmensinteresse als geeignete Leitmaxime für das Vorstandshandeln betrachten, und Ansätzen, die das Formalziel der Gewinnerzielung betonen, werde durch die auf Konkurrenzmärkten herrschende Notwendigkeit zur Gewinnmaximierung eingeebnet (so ähnlich bereits Laske 1979; Mertens 1988).

Als Alternative zum Begriff des Unternehmensinteresses brachte eine zunehmende Anzahl von Juristen den *Shareholder-Value* als eine nach ihrer Ansicht begrifflich exaktere Form zur Bestimmung des Unternehmensziels ins Spiel (Bonin 2004; Kübler 1999; Kuhner 2004; Mülbert 1997; eine kritischere Haltung vertrat der Betriebswirt Werder 1998). Nach Auffassung Kuhners (2004: 269) handelt es sich beim Shareholder-Value-Konzept um die einzig brauchbare, weil spezifischere Alternative zum Konzept des Unternehmensinteresses (so auch Bonin 2004; Escher-Weingart 2001; Kübler 1999; Zöllner 2003).

Wie in den USA ging auch in Deutschland die juristische Einführung des Shareholder-Value-Konzepts mit dem Vordringen effizienztheoretischer Überlegungen einher (Kübler 1999; Schäfer/Ott 2005; Wymeersch 2001). Während der Institutionalismus, der die Situation in der Nachkriegszeit zum Ausdruck brachte, den Wert der *Gerechtigkeit* als rechtsethische Grundlage des Aktienrechts betrachtet, erklärten die sich zur ökonomischen Analyse des Aktienrechts bekennenden Aktienrechtler *Effizienz* zum Rechtsprinzip (Eidenmüller 2005; Fleischer 2007; Kirchner 1997). Diese Verschiebung ist im Zusammenhang mit dem *Import der ökonomischen Analyse des Rechts aus den USA* zu sehen (vgl. Posner 1986). Mit der Rezeption der ökonomischen Analyse des Rechts verlagerte sich der Fokus der (aktien-)rechtlichen Grundlagendiskussion auf die *Rechtsfolgenabschätzung*. Diese analysiert Rechtsnormen im Hinblick auf ihre allokativen Auswirkungen. Die Schutzfunktion rechtlicher Normen oder die durch sie generierte Rechtssicherheit werden somit nicht mehr primär als deren Geltungsgrundlage betrachtet, sondern zumindest tendenziell dem Effizienzziel untergeordnet. In ihrer radikalen Form resultierte die wohlfahrtsökonomische Umformulierung der (aktien-)rechtlichen Geltungsgründe in dem Grundsatz, dass Rechtsnormen (nur) insofern Geltung beanspruchen können, wie sie in der Lage sind, die gesamtwirtschaftliche Effizienz zu steigern. Dabei wurden aus der Wohlfahrtsökonomik unterschiedliche Effizienzbegriffe entlehnt (siehe hierzu Eidenmüller 2005: 47ff.), wobei sich das Kaldor-Hicks-Kriterium, wie in den USA, gegenüber der Pareto-

Effizienz durchsetzte (Schäfer/Ott 2005). Im Denkmodus der ökonomischen Analyse des Rechts geht es darum, rechtliche Institutionen so auszugestalten, dass Kooperationsprobleme der gesellschaftsrechtlichen Akteure überwunden werden können. Dies erreicht das Recht nach Auffassung der Rechtsökonomen dadurch, dass es die rechtlichen Vorgaben so gestaltet, wie es die Vertragspartner in einer hypothetisch rekonstruierten Situation vollständiger Informationsversorgung selbst unter der Bedingung rationaler Wahlhandlungen getan hätten. Der Einfluss Richard Posners ist hier unverkennbar. Der Sichtweise der Rechtsökonomik zufolge hat das Recht ein institutionelles Anreizsystem zu schaffen, das die freie Vertragsgestaltung auf vollkommenen Märkten simuliert und dadurch eine Wohlfahrt maximierende Allokation knapper Ressourcen ermöglicht.

Allerdings beeilten sich die Vertreter der ökonomischen Analyse des Rechts zu betonen, dass die von ihnen propagierten Effizienzüberlegungen nicht als Ersatz distributiver Gerechtigkeitskriterien gedacht seien, sondern eher ergänzenden Charakter hätten (Eidenmüller 2005: 489; Walz 1993: 51). Auf die Grenzen der Ökonomisierung deutete auch Thomas Raiser (2006) hin. Raiser betrachtete die Aufgabe des Rechts nach wie vor darin, »die Schwachen zu schützen, und zwar wiederum auch dann, wenn dies etwas kostet« (ebd.: 495). Symptomatisch für die Beharrungskraft der Gerechtigkeitsvorstellungen erscheint zudem die Debatte um das feste Grundkapital. Unter dem hier diskutierten Gesichtspunkt ist vor allem bemerkenswert, wie Marcus Lutter (2006) die von ihm favorisierte Beibehaltung des Systems des festen Grundkapitals begründete: Das feste Grundkapital sorge seiner Meinung nach nicht nur für die Herstellung von *Rechtssicherheit* der Gläubiger und Gesellschafter, sondern stehe auch im Dienste der *Gerechtigkeit* und sei genau aus diesem Grunde beizubehalten.

Im Hinblick auf die rechtsethischen Grundlagen des Aktienrechts zeigt sich jedoch insgesamt, dass die Vertreter der ökonomischen Analyse des Rechts sowohl in den USA als auch in Deutschland ihre Deutungsmacht innerhalb des juristischen Feldes ausweiten konnten. Auch wenn diese dem Effizienzkriterium keinen Ausschließlichkeitsanspruch zuwiesen und die fortwährende Bedeutung distributiver und materialer Gerechtigkeit betonten, wurde die Fraktion der Aktienrechtler, welche das Recht ausschließlich auf der Basis von Gerechtigkeitsannahmen auslegt, im Kampf um die Deutungshoheit innerhalb des juristischen Feldes geschwächt.

Das Vordringen des Effizienzdenkens erleichterte die weiter oben skizzierte Einführung des Shareholder-Value-Konzepts, indem es eine Rechtfertigung für eine aktionärszentrierte Bestimmung des Unternehmensziels zu liefern schien. Im Anschluss an Easterbrook und Fischel (1991) wurden die Aktionäre in den späten 1990er-Jahren auch in Deutschland als *residuale Risikoträger* charakterisiert (Kübler 1999). Da sie im Unterschied zu den anderen Stakeholdern keine spezifischen Verträge mit den Aktiengesellschaften vereinbaren könnten, seien sie stärker als diese auf die Maximierung des Gesamtgewinns angewiesen und erfüllten daher eine *Effizienz* steigernde Funktion. Analog hierzu begründete Eddy Wymeersch (2001: 303) die ausschließliche Ausrichtung des Aktienrechts auf die Aktionärsinteressen mit einem im Falle der Berücksichtigung weiterer Stakeholder zu erwartenden Effizienzverlust.

3.2.5 Zur Beharrungskraft der Unternehmensmitbestimmung

Trotz einer Fülle von Kritiken am Konzept des Unternehmensinteresses sowie der Bemühungen, das Unternehmensinteresse durch den Shareholder-Value zu ersetzen, wies die Bestimmung des Unternehmensziels als Unternehmensinteresse bis zum Ende des Untersuchungszeitraums ein großes Maß an Beharrungskraft auf. In dieser Frage herrscht im juristischen Feld zurzeit wohl eher eine Pattsituation als eine eindeutig zu identifizierende herrschende Meinung vor. Dies wird besonders an der Diskussion um die Unternehmensmitbestimmung deutlich.

Die Umdeutung des Unternehmensziels und das Vordringen des Effizienzdenkens gaben auch der Kritik an der Aufsichtsratsmitbestimmung neuen Auftrieb. Begrifflich wird die Mitbestimmung bereits durch die Konzeptualisierung der Aktiengesellschaft als »nexus of contracts« infrage gestellt. Nach der vertragstheoretischen Sichtweise erscheinen die Arbeitnehmer nicht mehr länger als Verbandsmitglieder, sondern als Gläubiger, die zum Unternehmen in einer vertraglichen Beziehung stehen (Hopt 1993). Die Aufsichtsratsmitbestimmung war zahlreichen Juristen, wie zum Beispiel Fritz Rittner oder Peter Ulmer, als Fremdkörper im Aktienrecht erschienen. Unter Hinweis auf die von der EU ausgehenden Einführung der Europäischen Aktiengesellschaft, die lediglich eine Drittelparität vorsieht, setzten sich einzelne Aktienrechtler auch in jüngster Zeit dafür ein, die Aufsichtsratsmitbestimmung einzuschränken (Fleischer 2004; Ulmer 2002b). Dieser Vorstoß konnte sich jedoch weder im juristischen Diskurs noch politisch durchsetzen. Die Mitbestimmung blieb, mit Ausnahme des Gesetzes zur Kleinen Aktiengesellschaft von 1994, das kleinere Aktiengesellschaften von der Mitbestimmung befreite, unangetastet. Hierzu trugen auch die beiden letzten Berichte der Mitbestimmungskommission bei (Frick/Kluge/Streeck 1999; Kommission zur Modernisierung der deutschen Unternehmensmitbestimmung 2006).

Die Resistenz der Unternehmensmitbestimmung im Aktienrecht und im juristischen Diskurs deutet auf die Grenzen der rechtswissenschaftlichen Reinterpretierbarkeit des Aktienrechts hin. Als rechtliche Institution ist die Unternehmensmitbestimmung so fest im Rechtssystem verankert, dass sie sich nicht einfach weginterpretieren lässt. Das Beispiel der Mitbestimmung zeigt zugleich, dass die nationalen Unterschiede zwischen dem deutschen und dem amerikanischen Aktienrecht trotz einer starken Annäherung im aktienrechtlichen Diskurs in wichtigen Bereichen weiter bestehen blieben. Das Aktienrecht ist zwar in weiten Teilen auf Initiative der Rechtswissenschaftler hin reformiert worden. In der Frage der Mitbestimmung herrscht unter den Aktienrechtlern jedoch eine auffällige Zurückhaltung vor. Die Tatsache, dass auch unter den Rechtswissenschaftlern bislang kein Konsens für eine Abschaffung der Mitbestimmung erzielt werden konnte, kann auf zweierlei Arten interpretiert werden. Die erste Interpretation versucht, die Entwicklung des aktienrechtlichen Meinungsbildes aus der Orientierung der aktienrechtlichen Experten an ökonomischen Interessen zu erklären. Diese Interpretation basiert auf der Annahme, dass die Präferenzen der Unternehmensvorstände eine wichtige Orientierungsfunktion für das Handeln der Aktienrechtler haben können. Die Erklärung für die zögerliche Haltung der Mehrheit der Rechtswissenschaftler in der Frage der Mitbestimmung könnte darin bestehen, dass es unter den Vorständen keine eindeutigen Anzeichen auf den Wunsch gibt, die Aufsichtsratsmitbestimmung abzuschaffen. Auch wenn sich die Vorstände ursprünglich gegen die Einführung der Mitbestimmung zur Wehr gesetzt hatten, erkannten sie doch in der Folgezeit deutlich ihre Vorzüge und arrangierten sich mit den Arbeitnehmervertretern im Aufsichtsrat (Höpner 2004b: 356). Auch aus Sicht der Aktionäre muss die Mitbestimmung so lange unbedenklich erscheinen, bis kein negativer Zusammenhang zwischen der Implementierung der Aufsichtsratsmitbestimmung und dem Aktienkurs nachgewiesen werden kann (Baums/Frick 1998). Für die Kompatibilität von Mitbestimmung und Shareholder-Value-Ausrichtung sorgte auch die Hinwendung der Arbeitnehmervertreter zum Co-Management (Höpner 2003; Jackson 2005). Aufgrund der Flexibilität der Arbeitnehmervertreter im Aufsichtsrat haben sich die Vorstände jedoch mit der Mitbestimmung arrangiert. Die Arbeitnehmervertreter im Aufsichtsrat sind den Vorständen zum Beispiel durch ihre Unterstützung für Gehaltserhöhungen oder umfangreiche Abfindungen wie im Fall Mannesmann sehr weit entgegengekommen und werden von diesen nicht mehr als Bedrohung wahrgenommen. Gegen eine solche Interpretation spricht jedoch die Tatsache, dass es von den Wirtschaftsverbänden auch in jüngerer Zeit Kritik an der Aufsichtsratsmitbestimmung gab. Ein Beispiel ist ein gemeinsam von BDI und BDA herausgegebener Kommissionsbericht, in der die beiden Verbände für die Einführung einer Drittel-Parität eintraten (Bundesverband der Deutschen Industrie/Bundesvereinigung der Deutschen Arbeitgeberverbände 2004). Dieser Vorschlag stützt die oben dargelegte Interpretation der Hinwendung deutscher Vorstände zum Shareholder-Value als Versuch, sich von den einem reinen Gewinnstreben entgegenstehenden gesellschaftlichen Fesseln zu befreien. Dass es also in erster Linie die Vorstände waren, die die Aktienrechtler von einer radikaleren Positionierung hinsichtlich der Mitbestimmung abgehalten haben, darf also zumindest bezweifelt werden. Eine zweite Interpretation der zögerlichen Haltung der Mehrheit aller aktienrechtlichen Experten in der Frage der Unternehmensmitbestimmung sieht die Ursache im Einfluss *politischer Interessen*. War für die Einführung der Unternehmensmitbestimmung schon der politische Wille der damaligen Bundesregierungen unter Brandt und Schmidt erforderlich, so lässt sich auch umgekehrt die Unternehmensmitbestimmung nicht ohne eine politische Mehrheit einschränken oder gar abschaffen. Eine solche war weder unter der Rot-Grünen Bundesregierung noch bislang unter der Kanzlerschaft Merkels vorhanden. In Bezug auf die im ersten Kapitel erläuterten Bestimmungsgründe juristischen Handelns könnte hier die im juristischen Habitus inkorporierte Regel der *Gesetzesbindung* als Erklärung für die zögerliche Haltung der Aktienrechtler in der Mitbestimmungsfrage dienen. Der Wille des Gesetzgebers ist in der Frage der Mitbestimmung durch die entsprechenden Paragrafen im Aktiengesetz hinreichend deutlich geworden. Die Schröder-Regierung verdeutlichte diese Haltung noch einmal nachdrücklich, als sie die Corporate-Governance-Kommission einsetzte. Eine Vorgabe der Rot-Grünen Bundesregierung für die Arbeit der Baums-Kommission bestand nämlich darin, dass die Mitbestimmung unangetastet bleiben sollte. Die Kommission konnte sich nur in dem durch die Regierung vorgesteckten Rahmen bewegen und wurde in ihrem Spielraum zur Ausarbeitung aktienrechtlicher Reformvorschläge politisch eingeschränkt. Dieser Interpretation zufolge verhindert der zu den professionellen Verhaltensstandards gehörende Respekt einer hinreichend großen Anzahl von Aktienrechtlern gegenüber dem Willen der Regierung es, dass diese die Mitbestimmung zur Disposition stellen. Solange die Regierung keine Neigung erkennen lässt, denjenigen Managern und Aktienrechtlern, die sich für eine Beschneidung oder Abschaffung der Mitbestimmung einsetzen, entgegenzukommen, scheinen die professionellen Verhaltensstandards, die den aktienrechtlichen Diskurs strukturieren, eine Abweichung der herrschenden Lehre zu verbieten.

Weil der politische Wille zur Abschaffung der Mitbestimmung zumindest bei den beiden großen Volksparteien nach wie vor fehlt, ist auch die Bestimmung des Unternehmensziels noch nicht eindeutig vom Unternehmensziel auf den Shareholder-Value umgestellt worden. Nach wie vor gibt es eine ganze Reihe von Aktienrechtlern, die die fortgesetzte Relevanz des Unternehmensinteresses als Maßstab des Vorstandshandelns betrachten (Grunewald 2005; Hüffer 2006; Raiser 2001). Der deutlichste Hinweis auf die Persistenz der interessenpluralistischen Konzeption des Unternehmensziels innerhalb des aktienrechtlichen Diskurses findet sich in dem im Jahre 2002 veröffentlichten Corporate-Governance-Kodex (zu seiner Entstehung siehe weiter unten). Im Einklang mit der »herrschenden Meinung«, so der Kodex-Kommentar (Ringleb et al. 2003: 134), haben sich die

Mitglieder der Kodex-Kommission dafür entschieden, sowohl den Vorstand als auch die Mitglieder des Aufsichtsrates an das Unternehmensinteresse zu binden und dadurch die Interessen der Mitarbeiter, Kunden, Gläubiger sowie der Öffentlichkeit neben den Aktionärsinteressen zur Geltung zu bringen. Stärker noch als die ökonomischen Interessen hat hier das Bekenntnis des Gesetzgebers zur Mitbestimmung die Entwicklung des aktienrechtlichen Diskurses bestimmt.

3.2.6 Juristische Ideen im Gesetzgebungsprozess zum KonTraG

Im ersten Kapitel wurde die Annahme formuliert, dass die Rechtspraktiker in den juristischen Feldern der Common-Law-Systeme ein höheres Maß an Deutungshoheit haben als die Rechtswissenschaftler, während es sich bei den juristischen Feldern in den Civil-Law-Systemen andersherum verhält. In den USA hat sich der wichtigste Teil der Entwicklungen innerhalb des Aktienrechts tatsächlich im Bereich anwaltlicher Rechtsinnovationen und Gerichtsurteile abgespielt. In diesem Abschnitt wird deutlich gemacht, dass die in den 1990er-Jahren beginnenden Reformen im deutschen Aktienrecht der im Hinblick auf die juristischen Felder der Civil-Law-Systeme formulierten Annahme der Prädominanz der Rechtswissenschaftler entsprechen. Im Gegensatz zu Richtern sind Rechtswissenschaftler jedoch zur Verwirklichung ihrer Ideen auf die Unterstützung politischer Akteurgruppen angewiesen sowie auf deren Fähigkeit, parlamentarische Mehrheiten zu beschaffen. Anders als im Falle der Tätigkeit von Richtern, die unmittelbar verändernd in das Recht eingreifen, ist der Einfluss von Rechtswissenschaftlern auf die Rechtsentwicklung durch die *Tätigkeit politischer Akteure* vermittelt. Die in Deutschland zwischen 1998 und 2005 erfolgten Reformen im Aktienrecht bestanden aus einer Serie von *Gesetzen*, die das Produkt der *Kooperation politischer Entscheidungsträger und rechtswissenschaftlicher Experten* sind. Neben den Bundestagsfraktionen der FDP und der Grünen fungierte vor allem die Bundestagsfraktion der SPD als *politischer Unternehmer*, der die sich im aktienrechtlichen Diskurs vollziehende Verschiebung zu den Aktionärsinteressen aufgriff und sie dazu nutzte, die Ausweitung der Aktionärsrechte politisch durchzusetzen.

Die SPD hatte *unabhängig vom aktienrechtlichen Diskurs bestehende* Interessen, die sie dazu veranlasste, die von aktionärsorientierten Aktienrechtlern produzierten Ideen aufzugreifen und sich um ihre politische Umsetzung zu bemühen (Cioffi/Höpner 2006a, 2006b). Die SPD verfolgt seit den 1970er-Jahren eine liberale Wirtschaftspolitik, zu deren Kernzielen die *Entflechtung der Deutschland AG* und die *Entmachtung der Großbanken* gehören (zu den historischen Ursachen für diese Haltung siehe Höpner 2004a). Nach zahlreichen Bemühungen, die alle an der Union gescheitert waren (Deutscher Bundestag 1988, 1989, 1992), gelang es der SPD-

Bundestagsfraktion angesichts einer Anhäufung von *Unternehmenskrisen*, die unionsgeführte Bundesregierung zum Handeln zu bewegen (Cioffi 2002b: 358ff.).

Die Grundlage der politischen Debatte um eine Reform des Aktienrechts bildeten zwei von der SPD-Bundestagsfraktion Mitte der 1990er-Jahre eingebrachte Gesetzentwürfe (Deutscher Bundestag 1994b, Bundestag 1995). Für beide Gesetzentwürfe konsultierte die SPD-Fraktion die Rechtswissenschaftler Michael Adams und Theodor Baums, die beide stark an der US-amerikanischen Rechtsökonomik orientiert sind und sich im juristischen Feld für die Etablierung einer aktionärs- und marktorientierten Betrachtung des Aktienrechts einsetzen. Sowohl Baums als auch Adams nahmen maßgeblichen Einfluss auf Inhalt und Gestaltung der beiden Entwürfe. Laut Homepage von Michael Adams erstellte dieser zusammen mit Theodor Baums den Gesetzentwurf von 1995. Die Verwendung der Ideen von Adams geschah auch in dem 1994er Entwurf in so ungewöhnlich offensichtlicher Weise, dass sich Otto Graf Lambsdorff bei der anschließenden Bundestagsdebatte mit der folgenden Bemerkung vernehmen ließ:

> Interessenten, denen die Bundestagsdrucksachen nicht immer ganz so geläufig sind, die nicht wissen, wie man sie beziehen kann, können diesen Text, den Sie hier in der Bundestagsdrucksache abgeliefert haben, weitgehend wortgleich in einer juristischen Fachzeitschrift nachlesen, allerdings unter dem Namen eines Rechtslehrers, der im übrigen in anderem Zusammenhang massiv für die Einschränkung der Mitbestimmung eingetreten ist.
> (Deutscher Bundestag 1994c: 20163)

Gemeint war ein von Adams in der Zeitschrift *Die Aktiengesellschaft* kurz vor Veröffentlichung des SPD-Entwurfs erschienener Artikel mit dem Titel *Die Usurpation von Aktionärsbefugnissen mittels Ringverflechtung in der »Deutschland AG«* (Adams 1994). Der 1994er SPD-Entwurf übernahm nicht nur Wendungen wie »die Usurpation der Rechte der Aktionäre« im selben Wortlaut von Adams, sondern enthielt auch dessen Vorstellung vom Wesen der Aktiengesellschaft. Wie Adams (1991: 14–15, 1994: 153) dies zuvor auf der Grundlage des amerikanischen Diskurses getan hatte, beschreibt der Entwurf die Aktiengesellschaft als »ein kompliziertes Gebilde von expliziten und impliziten Verträgen« (Deutscher Bundestag 1994b: 9; vgl. den 1995er Gesetzentwurf, Deutscher Bundestag 1995: 9). Beide Gesetzentwürfe enthielten die bereits zu früheren Zeitpunkten von der SPD geforderten Maßnahmen zur Einschränkung des Einflusses der Großbanken. Zu den Forderungen zur Begrenzung der Bankenmacht gehörten eine Beschränkung des Beteiligungsbesitzes von Banken an Nicht-Finanzunternehmen auf 5 Prozent, die Absenkung der pro Person zulässigen Höchstzahl von Aufsichtsratsmandaten auf fünf sowie die Abschaffung des weisungsfreien Depotstimmrechts (Deutscher Bundestag 1994b, 1995). Darüber hinaus sah der 1994er Entwurf die Ausweitung der Rechte von Minderheitsaktionären vor, und zwar in Form verbesserter Klagerechte sowie ausgedehnterer Offenlegungsvorschriften. Der 1995er Entwurf enthielt zusätzlich noch einen Teil zur Reform des Übernahmerechts, der die Einführung eines Pflichtangebotes und der Neutralitätspflicht vorsah.

Die von rechtswissenschaftlichen Experten auf der Basis der oben skizzierten diskursiven Verschiebung ausgearbeiteten Maßnahmen zur Ausweitung von Aktionärsrechten sowie zur Freisetzung von Marktkräften fügten sich in die wirtschaftspolitische Grundausrichtung der SPD ein und wurden von dieser als weitere Maßnahme zur Überwindung des bisherigen Corporate-Governance-Systems in ihren Reformkatalog aufgenommen. Die Konvergenz politischer Ziele, managerialer Präferenzen und juristischer Ideen fiel in einen historischen Kontext, der aufgrund der Rezession von 1993 und einer Reihe von Unternehmenskrisen durch einen *Problemdruck* gekennzeichnet war, welcher die von der Union geführte Bundesregierung zur Auseinandersetzung mit den Reformvorschlägen der SPD zwang (Cioffi 2002b). Angesichts zahlreicher Unternehmenskrisen, von denen die Beinahe-Insolvenz der Metallgesellschaft und die Insolvenz des Bauunternehmers Jürgen Schneider die bekanntesten waren (zur Krise der Metallgesellschaft siehe Westerburg 2002), gelang es der SPD-Bundestagsfraktion gemeinsam mit der FDP, die Union zu einem Gegenentwurf zu bewegen (ZIP-Dokumentation 1996a, 1996b). Während die Regierung die Forderungen der SPD-Bundestagsfraktion zur Reduzierung des Bankeneinflusses weiterhin ablehnte und es in diesem Bereich bei kleineren Eingriffen beließ, *griff sie das SPD-Vorhaben zur Stärkung der Aktionäre auf.*[5] Die Union ließ zwar die übernahmerechtlichen Forderungen fallen, nahm jedoch die Forderung nach einer besseren Ausstattung der Minderheitsaktionäre mit Klagerechten auf und führte zudem das One-Share-one-Vote-Prinzip und die Erleichterung von Aktienoptionen sowie von Aktienrückkäufen ein. Hiermit reagierte die Bundesregierung auf die Hinwendung der Vorstände zu den Kapitalmärkten sowie auf das von wirtschaftlicher und rechtswissenschaftlicher Seite verstärkt artikulierte Bestreben, attraktive Rahmenbedingungen für internationale Anleger herzustellen. Die aktienrechtliche Ausweitung von Aktionärsrechten musste auch angesichts des ökonomischen Interesses der Großbanken an einer Schaffung attraktiverer Rahmenbedingungen für internationale Investoren sowie ihrer seit Beginn der 1990er-Jahre stattfindenden Bemühungen um eine Modernisierung des Finanzplatzes Deutschland als naheliegende Ergänzung zu den weiter oben skizzierten Reformen im Kapitalmarktrecht

5 Die Ausnahme, in der die Regierung dem Anliegen der SPD zur Begrenzung der Bankenmacht nachkam, war eine Regelung, der zufolge die Banken sich ab einer Kapitalbeteiligung von 5 Prozent entscheiden müssen, ob sie die ihnen aufgrund ihrer Beteiligung zustehenden Stimmrechte oder Depotstimmrechte ausüben wollen.

erscheinen. Der Begründung des Gesetzentwurfs zufolge »richtet sich die Unternehmensstrategie deutscher Unternehmen zunehmend auf die Anleger aus« (Deutscher Bundestag 1998a: 11). Deshalb solle »die Ausrichtung unserer Publikumsgesellschaften auf die Bedürfnisse und Erwartungen der internationalen Finanzmärkte gesetzlich aktiv begleitet werden« (ebd.). Wie weiter oben deutlich wurde, lag der Einführung des One-Share-one-Vote-Prinzips sowie der Erleichterung der Begebung von Aktienoptionen ein Bedürfnis der auf die Kapitalmärkte zustrebenden Vorstände zugrunde, attraktivere Rahmenbedingungen für das internationale Kapital zu schaffen. Zugleich wurde gezeigt, dass dieses Bedürfnis von Aktienrechtlern diskursiv verarbeitet und hierdurch sowohl politisch kommunizier- als auch legitimierbar gemacht wurde.[6] Aktionärsorientierte Ideen dienten der Regierung dazu, die eingeleiteten Maßnahmen gegenüber denjenigen Akteuren zu rechtfertigen, die ablehnend auf aktionärsorientierte Reformen reagierten. Zu den Kritikern gehörten die an der RWE beteiligten öffentlichen Körperschaften, die um eine Bewahrung ihrer Mehrheitsstimmrechte bemüht waren und den Bundesrat zur Artikulation dieses Ziels gewinnen konnten. In einer Gegenäußerung auf eine kritische Stellungnahme des Bundesrates verwies die Bundesregierung auf eine »mehrjährige […] intensive […] Erörterung mit Wissenschaft und Praxis« (Deutscher Bundestag 1998a: Anl. 3).

Die Union konnte sich in ihrer Ablehnung der von der SPD geforderten Maßnahmen zur Reduzierung des Bankeneinflusses auf ein Votum des Deutschen Juristentages berufen, in dem sich dieser für eine Beibehaltung des Bankeneinflusses ausgesprochen hatte (Ständige Deputation des Deutschen Juristentages 1996). In der Bundestagsdebatte zum KonTraG verwies der Unionspolitiker Joachim Gres erneut auf die enge Abstimmung der Regierung mit den Juristen:

> Das Gesetz ist gründlich vorbereitet worden; gute Vorarbeit hat vor allem der Deutsche Juristentag 1996 geleistet, der sich insbesondere mit dem Thema des Einflusses von Kreditinstituten auf börsennotierte Unternehmen, mit der Rolle des Aufsichtsrates und mit dem Ablauf von Hauptversammlungen befaßt hat. Außerdem haben wir vor einem Jahr eine große Anhörung mit einer Vielzahl von Experten durchgeführt und schließlich eine kaum noch zu überschauende Fülle von Anregungen aus der Wissenschaft in dem Gesetzentwurf verarbeitet. (Deutscher Bundestag 1998c: 20350)

Weil sie sich im Einklang mit der herrschenden Meinung der Aktienrechtler befanden, fiel es den Rechtspolitikern der Union leichter, die Forderung nach einer Begrenzung der Bankenmacht zurückzuweisen und dennoch die Zustimmung der SPD für das KonTraG zu gewinnen.[7] Die Regierung folgte dem Deutschen

6 Adams (1990a) und Baums (1990) hatten bereits frühzeitig eine Zurückdrängung von Stimmrechtsdifferenzierungen ins Gespräch gebracht.

7 Die Zustimmung der SPD-Fraktion lässt sich der Beschlussempfehlung des Rechtsausschusses entnehmen (Deutscher Bundestag 1998b).

Juristentag in der Einschätzung, dass die Verbesserung der Unternehmenskontrolle nicht durch eine Begrenzung der Bankenmacht, sondern durch eine Hinzufügung marktbasierter und gerichtlicher Kontrollinstrumente erreicht werden sollte. Dass die Union sich sowohl mit ihrem Verzicht auf eine nennenswerte Begrenzung der Bankenmacht als auch mit den vom KonTraG vorgesehenen Maßnahmen zur Ausweitung der Aktionärsrechte auf die mehrheitliche Zustimmung der Juristen berufen konnte, wurde auch bei der vom Rechtsausschuss zum Entwurf des KonTraG einberufenen Anhörung anhand der Stellungnahmen von Klaus Hopt, Marcus Lutter und Theodor Baums deutlich (Deutscher Bundestag 1997a).

3.2.7 Vom KonTraG zum Corporate-Governance-Kodex

Wie im US-amerikanischen Diskurs ging die effizienztheoretische Umdeutung des Aktienrechts und die Priorisierung der Aktionärsinteressen auch in Deutschland mit einer Infragestellung der Notwendigkeit zwingenden Rechts einher (Hirte 1998; Hopt 1998; Mertens 1994; Spindler 1998). Wie es in den USA bereits um 1980 geschehen war, brachten nun auch deutsche Juristen Marktbeziehungen als Alternative zu zwingenden Rechtsnormen ins Spiel. Die Prämissen des Effizienzprinzips und des Shareholder-Value führten nämlich zu anderen Schlussfolgerungen hinsichtlich der Notwendigkeit zwingender gesetzlicher Normen als die institutionalistische Betrachtungsweise. Solange die Funktion des Aktienrechts darin gesehen wurde, Eigentümer *sowie Nicht-Eigentümer* zu schützen und zwischen diesen einen gerechten Interessenausgleich herzustellen, wurde der beschränkende Charakter des deutschen Aktienrechts nicht zur Disposition gestellt. Zudem schien es keine Alternative zur rechtlichen Regulierung der Aktiengesellschaften zu geben, solange marktförmige Kontrollinstrumente noch nicht in Sichtweite waren. Als sich die Marktkräfte jedoch infolge der Auflösung der Deutschland AG zu entfalten begannen und die Interessen finanzorientierter Minderheitsaktionäre einen größeren Einfluss auf die Präferenzen der Vorstände erlangten, kam auch unter Aktienrechtsexperten die Ansicht auf, dass das Aktienrecht weniger regulierenden als ermöglichenden Charakter haben sollte (Fleischer 2007: 63). Sobald sich die Auffassungen zum Ziel des Aktienrechts sowie zum Unternehmensziel auf effizienz- beziehungsweise aktionärsorientierte Sichtweisen verlagert hatten, wurden die in erster Linie den Aktionären zugutekommenden Marktkräfte als Ersatz für weite Teile des zwingenden Rechts wahrgenommen. Vor dem Hintergrund der Auflösung der Deutschland AG folgte eine zunehmende Anzahl deutscher Juristen der Annahme, dass Effizienzgewinne prinzipiell auch ohne zwingende rechtliche Regeln erreicht werden könnten. Bei voller Entfaltung der Märkte könne das Aktienrecht auf die Funktion einer »vertragsergänzende[n] Reserveordnung« (Walz 1993: 55) reduziert werden, die nur dann zum Einsatz komme, wenn sich die Verhandlungspartner (aufgrund zu hoher Transaktionskosten oder Informationsasymmetrien) nicht einigen könnten. Nach all dem, was die deutschen Juristen aus dem US-amerikanischen Diskurs gelernt hatten, erschien ihnen ein Festhalten an zwingenden Regeln nur noch schwerlich mit dem Effizienzziel vereinbar.

Ihren realweltlichen Hintergrund hatte die Infragestellung gesetzlicher Vorschriften in der vergrößerten Abhängigkeit der Aktiengesellschaften von den Kapitalmärkten einerseits und dem Streben der Managereliten nach einer Befreiung von den institutionellen Beschränkungen des deutschen Aktienrechts andererseits. Die Kritik an der Überregulierung der Aktiengesellschaft lässt sich demnach als Reaktion auf das immer sichtbarer werdende Autonomiestreben derjenigen Vorstände interpretieren, die die sozialen Verpflichtungen des Nachkriegskapitalismus als Zumutung empfanden und die Öffnung der Kapitalmärkte als Gelegenheit nutzten, sich von ihren Verpflichtungen gegenüber den Nicht-Eigentümern zu befreien. Die Kritik an der Überregulierung im Aktienrecht machte das Autonomiestreben der Manager juristisch artikulierbar und half diesen dabei, auf eine Rechtsentwicklung hinzuwirken, die durch einen Bedeutungsgewinn von Empfehlungen *(soft law)* gegenüber gesetzlichen Vorschriften gekennzeichnet ist.

Die Verschiebung zum *soft law* lässt sich an der Veröffentlichung des Deutschen Corporate Governance Kodex (DCGK) ablesen. Der Hintergrund hierfür war folgender: Die SPD führte ihre Bemühungen zur Reform des Aktienrechts nach dem Regierungswechsel im Jahre 1998 entschlossen fort und setzte hierbei sowohl die in Wirtschaft und Jurisprudenz aufgekommene Hinwendung zu den Aktionären als auch die Kritik an gesetzlichen Verhaltensvorschriften um. Den äußeren Anlass für die Fortführung der Aktienrechtsreformen bot die Krise der Philipp Holzmann AG (Westerburg 2002: 136–185). Nachdem die Schröder-Regierung eine Insolvenz des Bauunternehmens abgewendet hatte, berief sie im Mai 2000 eine Regierungskommission ein, um »sich aufgrund der Erkenntnisse aus dem Fall Holzmann mit möglichen Defiziten des deutschen Systems der Unternehmensführung und -kontrolle zu befassen« und »im Hinblick auf den durch Globalisierung und Internationalisierung der Kapitalmärkte sich vollziehenden Wandel unserer Unternehmens- und Marktstrukturen Vorschläge für eine Modernisierung unseres rechtlichen Regelwerkes [zu] unterbreiten« (Baums 2001: 1).

Um die Reformdiskussion, gemäß ihrer wirtschaftspolitischen Grundausrichtung, in eine aktionärs- und marktorientierte Richtung zu lenken, ernannte die Schröder-Regierung laut einer Auskunft eines an diesem Prozess beteiligten Politikers den aktionärsnahen und zugleich marktorientierten Theodor Baums zum Kommissionsvorsitzenden. Die Baums-Kommission erarbeitete eine ganze

Reihe aktienrechtlicher Reformvorschläge, die von der Rot-Grünen Bundesregierung bis 2005 in zahlreiche Gesetze gegossen wurden. Die Kernempfehlung der Baums-Kommission war, eine weitere, aus nicht staatlichen Mitgliedern bestehende Kommission einzusetzen. Diese sollte, nach dem Vorbild des englischen Cadbury Reports, einen Corporate-Governance-Kodex für börsennotierte Aktiengesellschaften entwickeln (Baums 2001: Rn. 5–17).

Das Handeln der Aktienrechtsexperten war in dieser Phase eindeutig an den Interessen der Vorstände ausgerichtet. Ihrem eigenem Bekunden zufolge reagierte die Baums-Kommission mit ihrem Vorschlag zur Einführung eines Kodexes *auf Forderungen* derjenigen *Vorstände*, die sich den internationalen Kapitalmärkten angenähert hatten und laut dem Bericht »ihrerseits Interesse daran bekunden, die Besonderheiten des deutschen Modells und zugleich die Beachtung internationaler Standards in nachvollziehbarer Form darzulegen« (Baums 2001: Rn. 6).

Der Kodex sollte das deutsche Corporate-Governance-System transparent machen, das Recht der Aktionäre verdeutlichen und dadurch das Vertrauen der Anleger fördern. Die Empfehlung zur Einführung eines Kodex entsprach zudem dem Bedürfnis der Vorstände, gesetzliche Eingriffe durch Selbstverpflichtungen abzuwenden (Rucht 2007: 138). Zu seiner Ausarbeitung und späteren Aktualisierung setzte die Bundesregierung den Vorschlägen der Baums-Kommission folgend im August 2001 eine ausschließlich aus privaten Akteuren zusammengesetzte Kodexkommission ein, die vom damaligen Vorsitzenden von Thyssen Krupp, Gerhard Cromme, geleitet wurde, mit Markus Lutter einen aktionärs- und marktorientierten Rechtswissenschaftler zu ihren Mitgliedern zählte und sonst im Wesentlichen aus Vorständen großer deutscher Aktiengesellschaften, wie zum Beispiel Paul Achleitner von der Allianz und Rolf Breuer von der Deutschen Bank, bestand (Rucht 2007: 139).[8] Die Corporate-Governance-Kommission brachte im Februar 2002 den Deutschen Corporate-Governance-Kodex hervor und aktualisiert diesen seitdem in einjährigen Abständen. Beim Kodex handelt es sich um eine Zusammenstellung von Verhaltensregeln für kapitalmarktorientierte Aktiengesellschaften, die zu Teilen das geltende Recht wiedergibt und zu weiteren Teilen nicht verbindliche Regeln enthält, wobei letztere noch einmal in Empfehlungen und Anregungen unterteilt sind. Einer Äußerung Gerhard Crommes zufolge bezweckt der Kodex,

8 In Deutschland gab es zuvor mit dem von dem Betriebswirt Axel von Werder geleiteten Berliner Initiativkreis Corporate Governance und dem von dem Rechtswissenschaftler Uwe Schneider geleiteten Frankfurter Initiativkreis zwei Vorläufer, die im Jahre 2000 jeweils einen eigenen Verhaltenskodex für die Unternehmenskontrolle veröffentlicht hatten und die Grundlagen für die Arbeit der Cromme-Kommission bildeten.

den Standort Deutschland für internationale – und nationale – Investoren attraktiver [zu] machen, in dem wir alle wesentlichen – vor allem internationalen – Kritikpunkte an der deutschen Unternehmensverfassung und -führung aufgegriffen und einer Lösung zugeführt haben. (zitiert nach Rucht 2007: 140)

Zahlreiche vom Kodex aufgestellte Verhaltensvorschriften zielen darauf ab, die mangelhafte Ausrichtung auf Aktionärsinteressen zu korrigieren. Der Corporate-Governance-Kodex ist ein Instrument der Selbstregulierung und kommt seiner Tendenz nach einer *Überlagerung des staatlich gesatzten hard law durch ein privat geschaffenes soft law* gleich. Soweit die im Kodex enthaltenen Vorschriften nicht ohnehin nur zwingende Vorschriften aus dem Aktiengesetz wiedergeben, haben sie *dispositiven Charakter*. Allerdings wurden die börsennotierten Aktiengesellschaften durch das 2002 verabschiedete Transparenz- und Publizitätsgesetz (TransPuG) dazu verpflichtet, die Öffentlichkeit einmal im Jahr im Rahmen einer sogenannten *Entsprechenserklärung* über die Einhaltung des Kodexes zu informieren. Auch diese Maßnahme beruhte auf einem Vorschlag der Baums-Kommission (Baums 2001: Rn. 10). Indem die Bundesregierung auf gesetzlich zwingende Regeln verzichtete, die Aktiengesellschaften jedoch dazu verpflichtete, die Kapitalmarktteilnehmer über die Einhaltung des Kodexes zu informieren, delegierte sie die Sanktion gegen Verletzungen der Prinzipien einer »good corporate governance« tendenziell an die Kapitalmärkte.

Der Kodex lässt sich als ein Resultat der Konvergenz ökonomischer Interessen und rechtlicher Ideen interpretieren. Er basiert auf dem Bedürfnis einer wachsenden Anzahl von Vorständen, aktienrechtliche Rahmenbedingungen für die Weiterverfolgung kapitalmarktorientierter Unternehmensstrategien zu schaffen, ohne zwingende gesetzliche Vorschriften einzuführen. Juristisch verarbeitet wurde dieses Interesse, hier wie in den anderen Fällen, durch die sich innerhalb des juristischen Feldes verbreitenden marktliberalen und aktionärsorientierten Ideen, wie sie von Theodor Baums produziert wurden.

3.2.8 Das Übernahmegesetz

Parallel zur Schaffung des Corporate-Governance-Kodex kam es auch im Bereich des Übernahmerechts zu einer Ausweitung der Rechte von Minderheitsaktionären. Auch hier waren es juristische Akteure, die das ökonomische Interesse einer zunehmenden Anzahl von Vorständen an der Erzeugung eines anlegerfreundlichen Rechtssystems aufgriffen und in Form rechtlicher Ideen in den politischen Prozess einspeisten.

Während die Fusions- und Übernahmeaktivitäten in den 1970er- und 1980er-Jahren in Deutschland noch stark begrenzt waren, entfaltete sich infolge der Wiedervereinigung und der durch das Europäische Binnenmarktprogramm erfolgten Entgrenzung wirtschaftlicher Transaktionen eine rege Aktivität auf dem deutschen Markt für Fusionen und Übernahmen (Höpner/Jackson 2006; Jackson/Miyajima 2007).[9] Martin Höpner und Gregory Jackson deuten die Vergrößerung der Anzahl von Fusionen und Übernahmen als Hinweis auf die *Entstehung eines Marktes für Unternehmenskontrolle* (ebd.). Eine wichtige Ursache hierfür sehen sie in der Erosion von Schutzmechanismen, welche die Aktiengesellschaften in der Vergangenheit vor feindlichen Übernahmen bewahrt hatten. Auch die bei feindlichen Übernahmen von Großbanken eingenommene Rolle hat sich im Zuge ihrer Hinwendung zum Investmentbanking dramatisch verändert. War die Deutsche Bank während des Versuchs der Continental-Übernahme der Unternehmensleitung von Continental noch zur Hilfe gekommen, befand sie sich bei der Übernahme der Hoesch AG und der Übernahmeschlacht zwischen Krupp und Thyssen im Jahre 1997 auf der Seite der Bietergesellschaften (Höpner/Jackson 2006: 145).

Die Chancen für eine feindliche Übernahme deutscher Aktiengesellschaften sollten jedoch nicht überschätzt werden. Insofern die Unternehmensleitung der Zielgesellschaft bei den meisten Transaktionen mit in die Verhandlungen einbezogen wurde, blieben *feindliche* Übernahmeofferten in Deutschland auch in den 1990er-Jahren, gerade im Vergleich zu der in den 1980er-Jahren in den USA vorherrschenden Situation, eine Seltenheit (Hopt 1997: 370). Die nach wie vor feststellbare Präsenz von Großaktionären und die Aufsichtsratsmitbestimmung haben den Markt für Unternehmenskontrolle bislang an einer der Situation in den USA oder Großbritannien vergleichbaren Entfaltung gehindert.

Solange es in Deutschland keine nennenswerte Anzahl feindlicher Übernahmen gab und die Übernahmebedrohung nicht greifbar war, erschienen vielen Unternehmensleitungen die mit einer Ausweitung von Marktbeziehungen verbundenen Chancen größer als deren Risiken. Im Zuge der Umstellung auf den Shareholder-Value schien eine wertorientierte Unternehmensführung gerade den Unternehmen mit einem hohen Börsenwert als Schutz vor feindlichen Übernahmen auszureichen (Interview mit einem BDI-Vertreter). Die Bereitschaft zahlreicher Vorstände, eine Liberalisierung des Marktes für Unternehmenskontrolle in Kauf zu nehmen, könnte auch daraus resultieren, dass eine Bekämpfung marktbasierter Kontrollinstrumente ihre Glaubwürdigkeit gegenüber den institutionellen Investoren, die in den Kreis der Eigentümer aufgenommen werden sollten, verringert hätte. Gerade angesichts der traditionellen Vernachlässigung der Interessen finanzorientierter Aktionäre trachteten viele Unternehmenslei-

9 Zwischen 1991 und 1997 gab es in Deutschland insgesamt 1.479 Transaktionen auf dem Markt für Unternehmenskontrolle; diese Zahl hat sich zwischen 1998 und 2005 sogar noch auf 1.697 erhöht (Höpner/Jackson 2006; Jackson/Miyajima 2007).

tungen während der 1990er-Jahre danach, ihre Hingabe an die Kapitalmärkte von jedem Zweifel zu bereinigen.

Das Bedürfnis zahlreicher Großunternehmen, sich auf den Kapitalmarkt auszurichten und den internationalen Anlegern glaubwürdig die Bereitschaft zur wertorientierten Unternehmensführung zu signalisieren, wurde von den Juristen nicht ignoriert. Während Hans-Joachim Mertens (1990), Uwe Schneider (1990) sowie Peter Hommellhoff und Detlef Kleindieck (1990) noch die traditionelle Skepsis gegenüber feindlichen Übernahmen als Instrument der Unternehmenskontrolle repräsentierten, schrieben Theodor Baums (1990), Michael Adams (1990a) sowie Heinz-Dieter Assmann und Friedrich Bozenhardt (1990) dem Markt für Unternehmenskontrolle bereits frühzeitig eine positive Wirkung zu und legten den im Aktienrecht für die Ergreifung von Abwehrmaßnahmen vorgesehenen Spielraum dementsprechend eng aus.

Ein Impuls für die Etablierung eines übernahmeorientierten Aktienrechtsverständnisses in der deutschen Juristengemeinschaft ging von einer Initiative der EU-Kommission aus. Diese präsentierte 1989 und 1990 die ersten beiden Entwürfe für eine 13. Richtlinie zu Übernahmeangeboten (Lutter 1996: 281ff.). Die Entwürfe waren am britischen Recht orientiert (Assmann/Bozenhardt 1990: 33) und folgten in wesentlichen Teilen dem Pennington-Report von 1974 (abgedruckt in Fleischer/Kalss 2002: 827ff.). Im Zentrum des Richtlinienentwurfs stand die Einführung eines *Pflichtangebotes* und der *Neutralitätspflicht*. Zum Schutze der verbleibenden Aktionäre schließt die Richtlinie Teilangebote aus, indem sie jede Bietergesellschaft, die mehr als ein Drittel der Stimmrechte erwerben will, zur Abgabe eines Pflichtangebotes an alle Aktionäre verpflichtet (ausführlich hierzu siehe Baums 1989). Darüber hinaus übernahm der Richtlinienentwurf aus dem Pennington-Report die *Neutralitätspflicht*, um die in den USA in der ersten Hälfte der 1980er-Jahre erbitterte Auseinandersetzungen geführt wurden. Mit Ausnahme der Einholung konkurrierender Angebote sind der Verwaltung nach Abgabe des Angebotes (laut Art. 8 des 1989er Entwurfes) alle zum Zwecke der Verteidigung getroffenen Maßnahmen untersagt, falls hierfür kein eigenständiger Hauptversammlungsbeschluss vorliegt.

Eine beträchtliche Zahl von Aktienrechtlern interpretierte die Ergreifung von Abwehrmaßnahmen als Verstoß gegen das *bereits geltende* Aktienrecht (Adams 1990b; Assmann/Bozenhardt 1990; Baums 1990; Fleischer 2002; Fleischer/Kalss 2002; Hopt 1993, 1997, 2000; Merkt 2001; Mülbert/Birke 2001). Um dem Markt für Unternehmenskontrolle zur Entfaltung zu verhelfen, plädierten Michael Adams (1990a) und Theodor Baums (1990) darüber hinaus für ein gesetzliches Verbot der den Markt für Unternehmenskontrolle beschränkenden Stimmrechtsdifferenzierungen. Auch Hopt (1993) schrieb dem Markt für Unternehmenskontrolle eine große Bedeutung für die Unternehmenskontrolle zu. Der Vorstand sei aus Hopts Sicht als Fremdinteressenwahrer einzustufen, der als Agent der Gesellschafter fungiere und deshalb nicht dazu befugt sei, auf eine Veränderung in den Eigentumsverhältnissen hinzuwirken. Da die Aktionäre selbst darüber zu entscheiden hätten, ob sie ein an sie gerichtetes Angebot annehmen oder nicht, unterliege der Vorstand einer *Stillhaltepflicht* (siehe auch Hopt 2000). Die Zunahme der juristischen Deutungsmacht der Fraktion marktorientierter Aktienrechtler wurde auch an den Verhandlungen des 61. Deutschen Juristentages deutlich (Ständige Deputation des Deutschen Juristentages 1996). Friedrich Kübler sprach dem Markt für Unternehmenskontrolle in seinem Referat eine positive Kontrollfunktion zu und warb dafür, den »Aufbau und die Beibehaltung von Überkreuz- und Ringverflechtungen, die dem Zwecke dienen, Übernahmeangebote zu erschweren und den Markt für Unternehmenskontrolle zu behindern« als Pflichtverletzung zu interpretieren (Ständige Deputation des Deutschen Juristentages 1996: N24). Dieser Vorschlag wurde bei der abschließenden Abstimmung mit großer Mehrheit angenommen (ebd.: N62).

Rechtspolitisch wirksam wurde die von den Juristen befürwortete Zurückdrängung von Abwehrmaßnahmen im 1998 vom Bundestag verabschiedeten KonTraG. Das für die Ausarbeitung des Gesetzentwurfs zuständige BMJ folgte dem im juristischen Diskurs repräsentierten Interesse der Unternehmen, die auf die Kapitalmärkte drängten, und ergriff diverse Maßnahmen zur gesetzlichen Flankierung der Shareholder-Value-Ausrichtung (vgl. die Begründung des Referentenentwurfs ZIP-Dokumentation 1996a; ZIP-Dokumentation 1996b). Neben der Erleichterung von Aktienoptionen und Aktienrückkäufen gehörte hierzu auch die Einführung des One-Share-one-Vote-Prinzips. Dieses sah ein Verbot der zur Abwehr von feindlichen Übernahmen eingesetzten Höchst- und Mehrfachstimmrechte vor. In der Begründung des Referentenentwurfs hieß es hierzu: »Die Einräumung von Einfluß ohne korrespondierendes Anteilseigentum entspricht auch nicht den Erwartungen des Kapitalmarktes und schwächt die Eigentümerkontrolle« (ZIP-Dokumentation 1996a: 2130). Das Verbot von Höchststimmrechten fand dem Gesetzentwurf zufolge seinen Grund darin, dass diese den Kapitalmarkt beeinträchtigen, »weil Übernahmephantasie behindert und damit Übernahmephantasie fehlt« (ebd.: 2135).

Die geplante Aufhebung von Stimmrechtsdifferenzierungen rief auf der Anhörung des Rechtsausschusses nicht nur die mehrheitliche Zustimmung der angehörten Juristen hervor (Deutscher Bundestag 1997a: 38), sondern wurde auch von den relevanten Verbänden unterstützt. Die sich gerade auf den Shareholder-Value umstellenden Aktiengesellschaften setzten der Einführung des One-Share-one-Vote-Prinzips ebenso wenig entgegen wie der Erleichterung bei den Aktienoptionen, sondern begrüßten beide Maßnahmen als positives Signal an die Kapitalmärkte.[10] Der BDI hielt sich mit Kritik zurück (Bundesverband der Deutschen Industrie 1998). Das als Interessenvertretung börsennotierter Aktiengesellschaften fungierende Deutsche Aktienrechtsinstitut äußerte sich folgendermaßen:

> Die geplante Abschaffung der Mehr- und Höchststimmrechte zur Durchsetzung des Grundsatzes »one share – one vote« unterstützt die Bemühungen zur Gewinnung neuer Aktionäre, die ein einfach nachvollziehbares Aktienrecht benötigen.
> (Deutsches Aktieninstitut e.V. 1997)

Da sich die Großbanken statt Mehrfachstimmrechten eher des Depotstimmrechts bedienten, nahmen sie die Einführung des One-Share-one-Vote-Prinzips gelassen auf, während sie sich jedoch gegen die gleichzeitig geplante Begrenzung des Depotstimmrechts zur Wehr setzten (Cioffi 2002b).

Nachdem das KonTraG den deutschen Aktiengesellschaften durch die Einführung des One-Share-one-Vote-Prinzips ein wichtiges Instrument zur Abwehr feindlicher Übernahmen genommen und hierdurch zur Erweiterung der Rechte von Minderheitsaktionären beigetragen hatte, kam es im Jahr darauf mit der Übernahme des Mannesmann-Konzerns zu einer erneuten Beschäftigung mit dem Thema feindlicher Übernahmen (zu Einzelheiten der Mannesmann-Übernahme siehe Höpner/Jackson 2003, 2006). Die Bundesregierung hatte zwar 1995 einen *Übernahmekodex* erstellen lassen, der den Zielgesellschaften empfahl, auf die Ergreifung von Abwehrmaßnahmen zu verzichten (abgedruckt in Fleischer/Kalss 2002: 201ff.). Sie war hiermit jedoch auf keine hinreichende Akzeptanz bei den deutschen Aktiengesellschaften gestoßen. Zwei Jahre nach seiner Einführung hatten ihn lediglich 56 der DAX-100-Unternehmen übernommen (Hopt 1997: 395).

Die von der Bundesregierung anlässlich der Mannesmann-Übernahme eingesetzte *Übernahmekommission*, zu deren Mitgliedern Theodor Baums und Klaus Hopt gehörten, sprach sich daher für eine *gesetzliche* Regulierung von Unternehmensübernahmen aus (Pötzsch/Möller 2000: Anlage 2). In Anlehnung an einen von Theodor Baums (1997b) bereits im Jahre 1997 für die SPD-Bundestagsfraktion angefertigten Gesetzentwurf empfahl die Kommission eine *gesetzliche* Einführung der *Neutralitätspflicht*. Dieser Vorschlag wurde vom Bundesfinanzministerium in den Gesetzentwurf mit aufgenommen (§ 33 Abs. 1 Satz 1). Um die Aktionäre gegenüber der Verwaltung zu stärken, wollte die Bundesregierung die juristische Interpretation, der zufolge die Entscheidungskompetenz über die Annahme einer Übernahmeofferte bei der Hauptversammlung liegt, gesetz-

10 Eine Ausnahme war der Widerstand der kommunalen Eigentümer einiger Energieversorger (wie zum Beispiel RWE und VES), die durch eine Einführung des One-Share-one-Vote-Prinzips ihren Einfluss zu verlieren fürchteten.

lich verdeutlichen. Begründet wurde diese Maßnahme mit der von Klaus Hopt (1993) zuvor geäußerten Ansicht, dass der Vorstand als Fremdinteressenwahrer auch bei feindlichen Übernahmen im Interesse *der Gesellschaft* zu handeln habe (Pötzsch/Möller 2000: 25).

Durch die Mannesmann-Übernahme veränderte sich sowohl die Haltung der Vorstände als auch die der Juristen. Während sowohl die Unternehmen als auch die Juristen vor der Mannesmann-Übernahme die mit einem entfesselten Übernahmemarkt verbundenen Chancen höher als dessen Risiken einschätzten, begann sich angesichts der Mannesmann-Übernahme die Einstellung vieler Unternehmen zu wandeln (Interview mit einem BDI-Vertreter). Die One-Share-one-Vote-Regelung war von der Mehrzahl der Unternehmen noch mit Gelassenheit aufgenommen worden. Der von der Bundesregierung gehegte Plan, ein Neutralitätsgebot verbindlich vorzuschreiben, ging vielen Unternehmen jedoch zu weit. Infolge der bislang nur in Deutschland eingeführten One-Share-one-Vote-Regelung fühlten sie sich gegenüber ihren ausländischen Konkurrenten aus den USA und den europäischen Mitgliedsstaaten benachteiligt, weil diese innerhalb von Rechtssystemen operierten, die größere rechtliche Spielräume für die Ergreifung von Abwehrmöglichkeiten zulassen, als dies in Deutschland nach dem KonTraG der Fall war. Laut einer vom Deutschen Aktieninstitut unter seinen Mitgliedern durchgeführten Umfrage sprach sich 2001 nur ein Drittel der Vorstände der DAX-100-Unternehmen für ein Verbot von Abwehrmöglichkeiten aus.[11]

Herrschte im Hinblick auf ein Verbot von Höchst- und Mehrfachstimmrechten noch weitgehende Übereinstimmung im Kreise der Betroffenen vor, kam es bei der Diskussion um das Übernahmegesetz zu einer Spaltung der Aktiengesellschaften. Die Unternehmen aus der Finanzbranche sowie die Unternehmen mit einem hohen Marktwert glaubten, eine Beschränkung von Abwehrmaßnahmen verkraften zu können. Diejenigen Unternehmen hingegen, die vor den Konsequenzen des Shareholder-Value-Prinzips zurückschreckten, weil sie aufgrund niedriger Marktbewertungen mit Übernahmeofferten zu rechnen hatten, versuchten, eine Beschränkung von Abwehrmöglichkeiten zu verhindern (Interview mit einem BDI-Vertreter).

In den Verbänden konnten sich die vor feindlichen Übernahmen zurückschreckenden Unternehmen durchsetzen. Sowohl die Wirtschaftsverbände (Bundesverband der Deutschen Industrie et al. 2001) als auch das Deutsche Aktieninstitut (DAI; 2000) äußerten sich kritisch zur vorgesehenen Einführung

11 Indes akzeptierten 53 Prozent der befragten Unternehmen eine gesetzliche Begrenzung von Verteidigungsmöglichkeiten, wenn die in anderen EU-Staaten weiterhin bestehenden Übernahmehindernisse, wie Höchst- und Mehrfachstimmrechte, abgeschafft würden (DAI, Webseite, 12.12.2008).

des Vereitelungsverbotes. Der Zentrale Kreditausschuss (ZKA) schloss sich der ablehnenden Haltung des DAI an (Zentraler Kreditausschuss 2001: 5).[12] Die Gewerkschaften reihten sich angesichts der bei feindlichen Übernahmen zu befürchtenden Stellenkürzungen in das Lager der Unternehmen ein, die sich einer weiteren Beschneidung von Abwehrmöglichkeiten widersetzten (Deutscher Gewerkschaftsbund 2000). Zudem befürchtete der DGB eine Kompetenzverlagerung vom (mitbestimmten) Aufsichtsrat auf die Hauptversammlung und stellte deshalb in seiner Stellungnahme die Zuständigkeit des Aufsichtsrates für die Ergreifung von Abwehrmaßnahmen heraus.

Innerhalb des juristischen Feldes führte die Veränderung der ökonomischen Interessen in der Unternehmen zu einer Belebung der juristischen Debatte um den Entwurf des Übernahmegesetzes (Fleischer 2002; Hopt 2000; Kirchner 1999, 2000; Kirchner/Painter 2002; Merkt 2001; Mülbert/Birke 2001). Galt die Einführung der strengen Neutralitätspflicht vor der Veröffentlichung des Diskussionsentwurfs noch nahezu als juristischer Konsens, *wurde dieser angesichts der von den Wirtschafts- und Finanzverbänden geäußerten Sorgen brüchig*. Die Schlüsselfigur, welche die wirtschaftlichen Ängste vor einer Benachteiligung gegenüber ausländischen Bietergesellschaften juristisch kommunizierte, war Christian Kirchner (1999, 2000, 2002). Kirchner (1999) argumentierte, dass die Übertragung der Entscheidungskompetenz über Abwehrmaßnahmen auf die Hauptversammlung durch den wegen der kurzen Angebotsfrist nur sehr kurzen Zeithorizont praktisch nicht möglich sei. Zudem wies er darauf hin, dass eine strikte Neutralitätspflicht zu *Effizienzeinbußen* führen könne, indem sie dem Management die Möglichkeit verwehre, den Übernahmepreis in die Höhe zu treiben. Schließlich sei der Vorstand nicht lediglich als Interessenwahrer der Aktionäre zu betrachten, sondern darüber hinaus ein Repräsentant anderer Stakeholder. Anders als beispielsweise Klaus Hopt (1993) betrachtete Kirchner (2000: 1824) den Vorstand nicht als Wahrer des Gesellschaftsinteresses, sondern als Repräsentanten des Unternehmensinteresses. Zu der von Hopt propagierten Principal-Agent-Terminologie äußerte sich Kirchner wie folgt:

> Ist der Vorstand nicht dem Gesellschafterinteresse, sondern dem »Gesellschaftsinteresse« bzw. dem »Unternehmensinteresse« verpflichtet, existiert eben nicht diese simple Hierarchie im Verhältnis zwischen Anteilseigner und Vorstand; es existiert vielmehr eine komplexe Hierarchie, in der auf der oberen Stufe nicht ein Geschäftsherr (Prinzipal) steht, sondern auf der mehrere Geschäftsherren (Prinzipale) stehen. (Kirchner 2000: 1825)

12 Der Zentrale Kreditausschuss vertritt die Interessen des Bundesverbandes der Deutschen Volksbanken und Raiffeisenbanken, des Bundesverbandes Deutscher Banken, des Bundesverbandes Öffentlicher Banken Deutschlands, der Deutschen Sparkassen- und Giroverbände sowie des Verbandes Deutscher Hypothekenbanken.

Für die im Entwurf des Übernahmegesetzes vorgesehene Neutralitätspflicht war Kirchner zufolge davon auszugehen,

> daß die These von einer bereits unternehmens- und gesellschaftsrechtlich begründeten allgemeinen Neutralitäts- und Stillhaltepflicht des Vorstands der Zielgesellschaft nicht aufrechterhalten werden kann. Damit verliert aber die Begründung von § 31 Übernahmegesetz (Diskussionsentwurf) seine notwendige Stütze. (ebd.: 1829)

Zwar riefen Kirchners Einwände wieder Gegenäußerungen hervor, die den ursprünglichen Entwurf zu verteidigen versuchten (Merkt 2001; Mülbert/Birke 2001). Dies änderte jedoch nichts daran, dass der übernahmeorientierte Konsens aufgebrochen worden war und sich das Bundesfinanzministerium mit seinem Plan zur Einführung der strengen Neutralitätspflicht nicht mehr auf die herrschende Lehre berufen konnte. Da sich im juristischen Feld ein Gegengewicht gegen die Auffassungen von Hopt oder Baums gebildet hatte, fiel es den Unternehmensvertretern leichter, im politischen Prozess eine *Aufweichung der strengen Neutralitätsregel* herbeizuführen. Indem der Widerstand einer wachsenden Anzahl von Vorständen und Wirtschaftsvertretern gegenüber der Einführung einer strikten Neutralitätspflicht juristisch artikuliert wurde, mussten die vor einer strengen Neutralitätspflicht zurückschreckenden Akteure im Gesetzgebungsprozess nicht mehr gegen die herrschende Lehre argumentieren, sondern konnten zumindest auf eine umstrittene Situation verweisen.

Unter dem Eindruck eines wachsenden Unbehagens der Vorstände angesichts der Möglichkeit feindlicher Übernahmen und der innerhalb des juristischen Feldes erfolgenden Infragestellung des marktliberalen Konsenses weichte der Finanzausschuss in seiner Beschlussempfehlung vom 14. November 2001 die vom Referentenentwurf vorgesehene Regelung zu den Verhaltenspflichten des Vorstands der Zielgesellschaft auf (siehe den Bericht des Finanzausschusses im Anhang von Fleischer/Kalss 2002). Erstens ermöglichte das 2002 in Kraft getretene *Übernahmegesetz* sogenannte *Vorratsbeschlüsse*, durch die die Hauptversammlung die Verwaltung im Voraus für einen Zeitraum von achtzehn Monaten dazu ermächtigt, Abwehrmaßnahmen zu ergreifen (Möller/Pötzsch 2001: 1260).[13] Vor allem aber bedarf der Vorstand nach der endgültigen Fassung des Übernahmegesetzes für die Ergreifung von Abwehrmaßnahmen nicht mehr der Genehmigung der Hauptversammlung, sondern kann *bereits auf der Basis der Zustimmung des Aufsichtsrates* Abwehrmaßnahmen einleiten.

Auch wenn die Aufweichung des Vereitelungsverbotes eine umfassende Ausweitung von Aktionärsrechten in diesem Bereich verhinderte, kommt selbst das eingeschränkte Stillhalteverbot den Aktionärsinteressen weiter entgegen

13 Die Übernahmekommission hatte demgegenüber nur einen Vorratsbeschluss *für Kapitalerhöhungen* vorgesehen (Pötzsch/Möller 2000: 38).

als die Entwicklung des US-amerikanischen Übernahmerechts in den 1980er-Jahren. Viele der den US-amerikanischen Managern zur Verfügung stehenden Abwehrmöglichkeiten sind in Deutschland nicht erlaubt. Während die große Mehrzahl der US-Aktiengesellschaften beispielsweise über die *poison pill* verfügt, stellt eine solche Maßnahme nach deutschem Aktienrecht einen nicht rechtmäßigen Bezugsrechtsausschluss dar (Höpner/Jackson 2006). Die Einschränkung der managerialen Gestaltungsspielräume gilt umso mehr, als die umstrittene Ermächtigung durch den Aufsichtsrat nur dann möglich ist, wenn die infrage stehende Abwehrmaßnahme nicht der Zustimmung der Hauptversammlung bedarf (Hirte 2002: 641; Hopt 2002). Zudem wird der Aufsichtsrat von dem Verhinderungsverbot ebenso erfasst wie der Vorstand, sofern er als Verwaltungsorgan handelt.

3.2.9 Das 10-Punkte-Programm und das UMAG

Die Rot-Grüne Bundesregierung setzte ihre Bemühungen zur Reform des Aktienrechts bereits wenige Monate nach der Veröffentlichung des Kodexes fort. Im Februar 2003 veröffentlichte sie ein *10-Punkte-Programm zur Stärkung der Unternehmensintegrität und des Anlegerschutzes* (Seibert 2003). Zum großen Teil handelte es sich hierbei um eine Umsetzung derjenigen Vorschläge der Baums-Kommission, die mit dem TransPuG und dem Kodex noch nicht realisiert worden waren. Gleich als ersten Punkt sieht das 10-Punkte-Programm eine weitere Absenkung der Klageschwellen für die Organhaftungsklage vor. Die im Kontroll- und Transparenzgesetz getroffene Regelung zur Erleichterung der Geltendmachung von Schadenersatzansprüchen war vielen Juristen, insbesondere aus der Rechtswissenschaft, noch zu restriktiv (siehe zum Beispiel die Stellungnahmen von Theodor Baums und Marcus Lutter für den Rechtsausschuss Deutscher Bundestag 1997b). Im Anschluss an einen Vorschlag Peter Ulmers (1999) und ein Gutachten von Theodor Baums für den Deutschen Juristentag (siehe auch das zustimmende Votum Ständige Deputation des Deutschen Juristentages 2000: O 227), sprach sich die Baums-Kommission für eine weitere Absenkung der für eine Geltendmachung von Schadenersatzansprüchen erforderlichen Schwellenwerte aus (Baums 2001: Rn. 73). Der Kommissionsbericht folgte Ulmer und dem Deutschen Juristentag jedoch auch darin, im Gegenzug hierzu nach dem US-amerikanischen Vorbild eine *business judgment rule* einzuführen, die der Unternehmensleitung einen Ermessensspielraum zuerkennt, innerhalb dessen sie vor Haftungsansprüchen der Aktionäre geschützt ist (ebd.: Rn. 70).

Das 10-Punkte-Programm sowie der diesem zugrunde liegende Kommissionsbericht wurden bis zum Regierungswechsel im Jahre 2005 zu weiteren Gesetzen ausgearbeitet, die zu einer erheblichen Ausweitung der Rechte von

Minderheitsaktionären führten. Hierbei ist vor allem das 2005 verabschiedete *Gesetz zur Unternehmensintegrität und Modernisierung des Anfechtungsrechts (UMAG)* zu nennen. Dieses ermöglichte den Aktionären, unter bestimmten Bedingungen bereits ab einer Kapitalbeteiligung von 100.000 Euro eine Schadenersatzklage gegen Organmitglieder einzureichen. Im Gegenzug wurde jedoch die *business judgment rule* eingeführt (§ 93 AktG). Auch wenn die Einführung der *business judgment rule* ein Entgegenkommen gegenüber den Vorstandsinteressen zu erkennen ist, wurde die Maßnahme in einem späteren Kommentar aufgrund der im Gesetzestext gewählten Formulierung als Beleg für eine veränderte Auffassung des Gesetzgebers zu den Pflichten des Vorstands interpretiert. In einem Kommentar zur *business judgment rule* heißt es hierzu:

> Mit dem Tatbestandsmerkmal des Wohls der Gesellschaft nuanciert der Gesetzgeber des UMAG die Ausrichtung der Pflichtenstellung der Vorstandsmitglieder gegenüber dem traditionell zugrundeliegenden Unternehmensinteresse. Die sich aus dem Unternehmensinteresse ergebenden Ermessenspielräume werden gemindert und der Fokus auf die Aktionärsinteressen wird gestärkt. (Hüffer 2006: Rn. 27)

Nachdem das KonTraG und der Kodex den Aktionären bereits die Möglichkeit zur Einsetzung marktförmiger Kontrollinstrumente verschafft hatten, erhielten sie durch das UMAG zusätzlich die Möglichkeit, die Unternehmensleitungen auf gerichtlichem Wege zu disziplinieren. Auch wenn eine Klageflut im Bereich der Organhaftung, anders als im Bereich der Anfechtungsklagen, bis heute ausgeblieben ist, trug dieses Instrument doch dazu bei, dass die erhöhte Aufmerksamkeit der Vorstände deutscher Aktiengesellschaften für die Interessen der Minderheitsaktionäre ein aktienrechtliches Fundament erhielt. Wie beim KonTraG und dem Kodex waren es auch beim UMAG Aktienrechtsexperten, die sich in ihrem Handeln an den veränderten ökonomischen Interessen der Unternehmensvorstände ausrichteten und den auf eine Ausweitung von Aktionärsrechten dringenden politischen Kräften das notwendige Ideenmaterial lieferten, um diese im politischen Prozess durchzusetzen.

3.3 Fazit

Während die Prädominanz unternehmensrechtlicher Auffassungen noch in den 1980er-Jahren durch die unverändert schwache Stellung der Minderheitsaktionäre im Machtgefüge der deutschen Aktiengesellschaften bestätigt zu werden schien, begannen sich die äußeren Bedingungen des aktienrechtlichen Diskurses während der 1990er-Jahre durch die Transformation unternehmensinterner

Kräfteverhältnisse sowie die Veränderung managerialer Präferenzen radikal zu verändern. Als Reaktion auf eine Reihe endogener und exogener Faktoren trennten sich die Großbanken von ihren Unternehmensbeteiligungen und zogen sich aus den meisten Aufsichtsräten zurück. Infolge ihrer Hinwendung zum Wertpapierhandel gaben sie ihren bisherigen Widerstand gegen die Schaffung eines zentralstaatlichen Kapitalmarktrechts auf und setzten sich dafür ein, den Anlegerschutz zu verbessern. Infolge der Veränderung ökonomischer Interessen konnte sich die Fraktion juristischer Experten, die sich bereits in den 1970er-Jahren für die Schaffung eines eigenständigen Kapitalmarktrechts eingesetzt hatte, aus ihrer Isolation im juristischen Feld befreien und eine zunehmende Anzahl von Juristen von der Relevanz ihrer Vorstellungen überzeugen. Die Kapitalmarktrechtler konnten die Vergrößerung ihrer Deutungsmacht dazu nutzen, das Kapitalmarktrecht im juristischen Feld als eigenständige Disziplin zu etablieren. Indem sie die politischen Entscheidungsträger beim Ausbau des Kapitalmarktrechts mit juristischen Ideen versorgten, trugen die Kapitalmarktrechtler dazu bei, das Recht an die veränderten ökonomischen Interessen der Großbanken anzupassen.

Die verstärkte Aufmerksamkeit wirtschaftlicher Akteure für die Interessen der Minderheitsaktionäre war nicht auf die großen Finanzunternehmen beschränkt, sondern verbreitete sich Mitte der 1990er-Jahre auch in einer Reihe großer Industrieunternehmen. Durch die Einführung von Shareholder-Value-Praktiken ließen die Vorstände deutscher Großunternehmen erkennen, dass sie den Interessen der Minderheitsaktionäre einen größeren Stellenwert einräumten, als sie es bislang getan hatten. Innerhalb des juristischen Feldes führten die Veränderung managerialer Präferenzen und der ihr zugrunde liegende Machtgewinn der Minderheitsaktionäre zu einer Vergrößerung der Deutungsmacht aktionärsorientierter Experten. Die Vertreter der bislang herrschenden Lehre sahen sich während der zweiten Hälfte der 1990er-Jahre einer zunehmenden Anzahl von Aktienrechtlern gegenüber, die das Unternehmensinteresse als Richtschnur des Vorstandshandelns als zu vage empfanden und für eine stärkere Akzentuierung der Interessen von Minderheitsaktionären eintraten. Mit der aktionärsorientierten Reinterpretation des Begriffs der Aktiengesellschaft schlossen diese an die um 1900 verbreitete Auffassung von der Aktiengesellschaft als Anlegerverband an. Insbesondere die im Zuge der Etablierung der ökonomischen Analyse des Rechts aufkommenden effizienztheoretischen Vorstellungen zeigen zugleich den starken Einfluss des US-amerikanischen Diskurses auf das diskursive Geschehen in Deutschland. Aufgrund des von vielen Juristen so empfundenen Vorbildcharakters der US-amerikanischen Rechtsordnung trug die Möglichkeit, auf das in den USA während der 1990er-Jahre durchgesetzte aktionärszentrierte Rechtsverständnis zu verweisen, dazu bei, dass aktionärsorientierte Auffassungen auch in Deutschland an Überzeugungskraft gewannen. Wie das Beispiel der Unternehmensmitbestimmung jedoch zeigt, wurden die Vertreter aktionärsorientierter Auffassungen *politisch* an der vollständigen Durchsetzung ihrer Auffassungen gehindert. Nachdem sich die Rot-Grüne Bundesregierung im Zusammenhang mit der Einsetzung der Corporate-Governance-Kommission eindeutig dafür ausgesprochen hatte, die Unternehmensmitbestimmung beizubehalten, erhielt die am Begriff des Unternehmensinteresses festhaltende Fraktion wieder größeren Zuspruch. Wenn sich der aktienrechtliche Diskurs während der 1990er-Jahre also insgesamt stärker an den *ökonomischen* Interessen der Vorstände ausrichtete, als dies noch in den 1970er-Jahren der Fall gewesen war, zeigt das Beispiel der Mitbestimmung die fortexistierende Relevanz *politischer* Interessen für die Entwicklung des aktienrechtlichen Diskurses.

Nichtsdestoweniger wurden die im juristischen Feld produzierten Ideen zur Stärkung der Rechte von Minderheitsaktionären von der Bundestagsfraktion der SPD aufgegriffen und im politischen Prozess dazu genutzt, die Ausweitung von Aktionärsrechten durchzusetzen. Nachdem sie die Kohl-Regierung zum Kontroll- und Transparenzgesetz getrieben hatte, führte die SPD-Bundestagsfraktion den Reformprozess ab 1998 im Rahmen der eigenen Regierungstätigkeit fort. In dieser Phase stützte sich die Bundesregierung auf den von der Baums-Kommission entwickelten Reformkatalog, der sich in vielen Bereichen an den Vorstandspräferenzen orientiert. Auf der Basis des Kommissionsberichts verabschiedete die Rot-Grüne Bundesregierung bis 2005 eine Reihe weiterer Gesetze, die zu einer weitreichenden Ausweitung des Einflussbereiches von Minderheitsaktionären geführt haben. Aufgrund der Konvergenz managerialer Präferenzen, des rechtswissenschaftlichen Diskurses sowie der Ziele politischer Unternehmer wurden wichtige rechtliche Voraussetzungen für die Befreiung einer ausschließlich an der Maximierung von Renditen orientierten Wirtschaftspraxis von gesellschaftlichen Beschränkungen und die Zurückdrängung sämtlicher der reinen Profitlogik entgegenstehenden oder durch diese benachteiligten Interessen geschaffen.

Kapitel 4
Aktienrechtlicher Diskurs, manageriale Präferenzen und unternehmensinterne Machtkonstellationen

Zum Abschluss der Studie werden die empirischen Ergebnisse zusammengefasst und in Beziehung zu dem im ersten Kapitel gespannten Theorierahmen gesetzt. Die nachfolgende Darstellung ist in drei Teile eingeteilt. Der erste Teil fasst die Hauptergebnisse zur Entwicklung des aktienrechtlichen Diskurses in den USA und Deutschland zusammen. Gleichzeitig wird die Art der Beziehung zwischen der diskursiven Entwicklung und der Entwicklung in den Aktiengesellschaften einer näheren Betrachtung unterzogen. Zum einen soll deutlich werden, dass der aktienrechtliche Diskurs sowohl in den USA als auch in Deutschland eng mit der Entwicklung der Kräfteverhältnisse in den Aktiengesellschaften verknüpft war. Zum anderen soll geklärt werden, woraus diese Verknüpfung resultiert. Vor allem der Fall USA lässt sich dahin gehend interpretieren, dass der Einfluss unternehmensinterner Kräfteverhältnisse auf den Aktienrechtsdiskurs aus der Orientierung der Aktienrechtler an den Präferenzen der Manager resultiert. Da diese selbst eine Funktion unternehmensinterner Machtsverhältnisse sind, trägt die Orientierung juristischen Handelns an den managerialen Präferenzen zur Verknüpfung der Rechtsentwicklung mit den wirtschaftlichen Kräfteverhältnissen bei. Während sich die Aktienrechtler in den USA während des gesamten 20. Jahrhunderts primär an wirtschaftlichen Interessen orientierten, unterstanden sie in Deutschland vor 1945 die längste Zeit dem Primat politischer Interessen. Erst nach 1945 lösten sich die deutschen Aktienrechtler aus der Umklammerung durch die Regierung und begannen, ihr Handeln verstärkt an wirtschaftlichen Interessen auszurichten. Wie in den USA gaben auch hier die *Präferenzen der Manager* den Ausschlag (4.1). Im zweiten Abschnitt werden mögliche Ursachen für die Orientierung von Aktienrechtsexperten an den Präferenzen der Manager erörtert. In einem ersten Schritt wird zunächst unter Rückgriff auf die Soziologie der Eliten diskutiert, inwieweit sich der starke Einfluss managerialer Präferenzen auf das aktienrechtliche Handeln als Resultat einer *Integration zwischen aktienrechtlichen und managerialen Eliten* interpretieren lässt. Im Anschluss hieran wird untersucht, inwieweit die institutionellen Eigenschaften des politischen Systems einerseits und die in den jeweiligen juristischen Feldern vorherrschenden materiellen Ordnungen andererseits die Annäherung der beiden Teileliten ermöglicht haben (4.2). Der abschließende dritte Abschnitt kommt auf die im Theoriekapitel hervorgehobene Bedeutung der *Eigenlogik juristischer* Ideen zurück und erörtert die Frage, wie sich die Ausrichtung des aktienrechtlichen Handelns zu den internen Anforderungen des juristischen Feldes verhielt. Dabei soll deutlich gemacht werden, dass die Oszillation des aktienrechtlichen Diskurses zwischen einem vertragstheoretischen und einem institutionalistischen Denkansatz die Berücksichtigung materialer Anforderungen an den aktienrechtlichen Diskurs ermöglicht, ohne die dem Prinzip der formalen Rationalität immanente Rekursivität des aktienrechtlichen Diskurses zu unterlaufen (4.3).

4.1 Die Koevolution von aktienrechtlichem Diskurs und unternehmensinternen Machtverhältnissen

Anhand einer Analyse der in der aktienrechtlichen Fachliteratur beobachtbaren Ausprägungen aktienrechtlicher Schlüsselbegriffe (Begriff der Aktiengesellschaft, Ziel der Aktiengesellschaft), der normativen Grundannahmen (Ziel des Aktienrechts), Strukturprinzipien (Verhältnis von zwingendem und dispositivem Recht) sowie der jeweils vorherrschenden Auffassungen zur Legalität von Maßnahmen zur Abwehr feindlicher Übernahmen wurde die Entwicklung des aktienrechtlichen Diskurses während des 20. Jahrhunderts für die USA (Kapitel 2) sowie für Deutschland (Kapitel 3) rekonstruiert. Gemäß der im ersten Kapitel entwickelten Annahme, dass das juristische Handeln *potenziell* unter dem Einfluss partikularer Klasseninteressen steht, wurde zugleich die Entwicklung der innerhalb der Aktiengesellschaften vorherrschenden Interessenkonstellationen nachgezeichnet. Auf dieser Basis wurde versucht zu klären, in welchem Zusammenhang die Entwicklung des aktienrechtlichen Diskurses zu den innerhalb der Aktiengesellschaften vorherrschenden Partikularinteressen stand. Die nachfolgende Darstellung beginnt mit den Ergebnissen zu den USA und kommt anschließend auf die Entwicklung in Deutschland zu sprechen.

4.1.1 Die Diskurs-Macht-Kopplung in den USA

Während der Etablierung der Managerherrschaft, also zwischen den 1920er- und 1970er-Jahren, trat innerhalb des aktienrechtlichen Diskurses eine *Verschiebung von einer aktionärszentrierten zu einer institutionalistischen Rechtsdoktrin* ein. Hatte der Michigan Supreme Court im Fall Dodge v. Ford 1919 noch die finanziellen Ansprüche der Aktionäre zur Richtschnur für das Vorstandshandeln erklärt, bildete sich im Laufe der 1930er-Jahre eine institutionalistische Rechtsvorstellung heraus, die in den 1950er-Jahren auch in der Rechtsprechung wirksam und in den 1960er-Jahren zur herrschenden Meinung wurde. Im Gegensatz zur bislang vorherrschenden Doktrin betrachtete die institutionalistische Sichtweise die Aktiengesellschaft als eine *öffentliche Institution*, die nicht nur zur Erwirtschaftung von Aktionärsrenditen bestimmt ist, sondern auch gegenüber einer Reihe nicht finanzieller Interessen Verantwortung zu tragen hat. Die Etablierung des Institutionalismus im aktienrechtlichen Diskurs stellt insofern eine *Parallele zur Entwicklung der Aktiengesellschaften* dar, als deren Größenwachstum einer unternehmensinternen Schwächung der Aktionäre gleichkam und sich die Manager einer wachsenden Anzahl von Stakeholdern gegenübersahen.

Der aktienrechtliche Diskurs blieb auch in der in den 1970er-Jahren einsetzenden Phase eng an die Entwicklung auf der Unternehmensebene gekoppelt. Als Mitte der 1970er-Jahre die Gewinne einbrachen und das Wirtschaftswachstum stagnierte, versuchte eine der institutionalistischen Sichtweise verhaftete Gruppe von Aktienrechtlern, die Managerherrschaft durch einen bundesstaatlichen Eingriff zu begrenzen. Parallel hierzu entstand jedoch zunächst innerhalb der Finanzökonomik eine *marktliberale Gegenbewegung,* welche sich vom institutionalistischen Verständnis absetzte und die Aktiengesellschaften als einen »nexus of contracts« betrachtete. Die Kontraktualisten stellten sowohl die manageriale Verantwortung gegenüber nicht finanziellen Interessen als auch die Notwendigkeit bundesstaatlicher Eingriffe radikal infrage. Da das Ziel der Renditemaximierung nach ihrer Einschätzung allein durch die Disziplinierungswirkung der Finanzmärkte erreicht werden könne, betrachteten die Vertreter des Kontraktualismus regulatorische Eingriffe als unnötig. Indem sie im Kongress ein intellektuelles Gegengewicht gegenüber den Befürwortern eines bundesstaatlichen Eingriffs bildeten, trugen sie zu dessen Verhinderung bei. Das seit den späten 1970er-Jahren auch im aktienrechtlichen Diskurs sichtbare Vordringen aktionärszentrierter und marktliberaler Ideen lässt sich insofern als Begleiterscheinung der Entwicklung in den Unternehmen interpretieren, als sich die unternehmensinterne Position der Aktionäre durch die Institutionalisierung des Aktienbesitzes und die wachsende Abhängigkeit der Unternehmen von den Finanzmärkten allmählich zu verbessern begann. Zur vergrößerten Relevanz finanzieller Interessen trug vor allem eine Welle feindlicher Übernahmen bei, die in den späten 1970er-Jahren einsetzte und an Fahrt gewann, nachdem die Reagan-Administration das Kartellrecht liberalisiert hatte.

Die inhaltliche Bedeutung, welche die juristischen Experten dem Aktienrecht zuschrieben, blieb auch während der 1980er-Jahre an die Entwicklung in den Unternehmen gekoppelt: Trotz der anfänglichen Erfolge der Kontraktualisten gewannen die Vertreter institutionalistischer Auffassungen wieder die Oberhand. Unter Berufung auf den Institutionalismus entwickelte die Kanzlei von Martin Lipton in der ersten Hälfte der 1980er-Jahre verschiedene juristische Konstruktionen zur Abwehr feindlicher Übernahmen. Die bekannteste hiervon war die *poison pill*. Angesichts der unklaren Rechtslage mussten die Gerichte entscheiden, inwieweit die den Abwehrinstrumenten zugrunde liegenden Rechtsauslegungen korrekt waren. In einer Vielzahl von Urteilen – der Fall Paramount von 1989 ragt hier in seiner Bedeutung heraus – schlossen sich die zuständigen Gerichte der der Schaffung von Abwehrinstrumenten zugrunde liegenden Interpretation des Aktienrechts an und erteilten den Kontraktualisten, die sich für ein Verbot von Abwehrmaßnahmen einsetzten, eine Niederlage. Zudem löste ein Urteil des Supreme Court in den Einzelstaaten eine Diffusion von Anti-Übernahmegesetzen aus. Die Stärkung des Institutionalismus steht insoweit im Zusammenhang mit der Entwicklung der Macht- und Interessenkonstellation innerhalb der Aktiengesellschaften, als sich im Zuge der Ausweitung der Übernahmewelle eine zunehmende Anzahl von Managern als potenzielle Opfer von Übernahmeversuchen sah und sich vor Übernahmen zu schützen versuchte. Begleitet wurden die Bestrebungen vieler Unternehmen zur Beschränkung des Marktes für Unternehmenskontrolle durch einen öffentlichen Diskurs, der feindliche Übernahmen als Ausprägungen eines ungezügelten Aktionärskapitalismus geißelte und die soziale Verantwortungslosigkeit der »raider« kritisierte. Die Reetablierung des Institutionalismus koinzidierte also mit einer sozialen Gegenbewegung, die sich angesichts der desaströsen sozialen Auswirkungen feindlicher Übernahmen gegen einen auf der Marktlogik und dem Primat der Renditemaximierung basierenden Aktionärskapitalismus zur Wehr setzte (Davis/Vogus 2005; Gordon 1991).

In den durch eine boomende Wirtschaft und scheinbar unbegrenzte Gewinnmöglichkeiten gekennzeichneten 1990er-Jahren gerieten diese Bedenken jedoch schnell wieder ins Hintertreffen. Eine wachsende Zahl von Aktienrechtlern erklärte den *Shareholder-Value* zur Leitmaximine des Vorstandshandelns und sprach die Vorstände von allen (anderen) sozialen Verantwortungen frei. Der Kontraktualismus bestimmte immer mehr die Lehrinhalte an den Law Schools, und der Primat des Shareholder-Value wurde für die nachfolgende Generation von Aktienrechtlern zur Selbstverständlichkeit. Wenn der Institutionalismus die Etablierung des Kontraktualismus nur verzögern, nicht jedoch verhindern konnte, so ist auch diese Entwicklung eine Parallelerscheinung zur Entwicklung der Kräfteverhältnisse in den Aktiengesellschaften. Nachdem die Aktionäre den Kampf um den Markt für Unternehmenskontrolle verloren hatten, nutzten sie das politische Klima der Reagan-Administration, um sich zu einer sozialen Bewegung zu formieren (Davis/Thompson 1994). Zudem trug die Verbreitung von Aktienoptionen dazu bei, die Vorstände für den Aktienkurs zu sensibilisieren und den finanziellen Interessen der Minderheitsaktionäre ein größeres

Gewicht zuzumessen. Wenn sich die Aktienrechtler in den 1990er-Jahren wieder vom institutionalistischen Rechtsverständnis abwandten und die aktienrechtlichen Bestimmungen sowie das Handeln der Manager in den Dienst der Renditemaximierung stellten, so blieb der aktienrechtliche Diskurs auch in dieser Phase an die Entwicklung innerhalb der Aktiengesellschaften gekoppelt.

4.1.2 Die Diskurs-Macht-Kopplung in Deutschland

Auch im deutschen Fall war die Entwicklung des Aktienrechtsdiskurses eng mit der Entwicklung der unternehmensinternen Machtkonstellation verknüpft. Solange die Aktionäre noch mehr oder weniger direkt auf das Handeln der Vorstände einzuwirken vermochten und die Ansprüche der Nicht-Aktionäre sich in Grenzen hielten, betrachteten die Aktienrechtler die Aktiengesellschaft als ein den Interessen der Aktionäre dienendes Rechtsgewand. Da die Aktionäre den Aktienrechtlern als die einzigen Mitglieder der Aktiengesellschaften erschienen, sahen sie das Ziel des Unternehmens in der Bedienung von Aktionärsinteressen. Diese unter anderem von Karl Lehmann formulierte Betrachtungsweise begann sich mit der durch den Ersten Weltkrieg erfolgten Umwälzung unternehmensinterner Kräfteverhältnisse zu ändern. Auf der Basis von Walter Rathenaus Lehre vom Unternehmen an sich schrieben die Aktienrechtler den Aktiengesellschaften während der Weimarer Republik den Charakter von *Unternehmen* zu. Anders als zur Jahrhundertwende erschien die Aktiengesellschaft im aktienrechtlichen Diskurs der 1920er- und 1930er-Jahre als eine über die Aktionäre hinausgehende Entität. Hierdurch wurde das Vorstandshandeln in den Kontext einer Pluralität gesellschaftlicher Ansprüche gestellt. Die Etablierung der Lehre vom Unternehmen an sich spiegelt die Entwicklung der Aktiengesellschaften insofern wider, als sich diese mit wachsender Größe dem direkten Einfluss der Minderheitsaktionäre entzogen und umgekehrt die von außen an die Aktiengesellschaften herangetragenen Ansprüche deutlicher hervortraten. In Deutschland war hierfür vor allem die *staatliche Vereinnahmung der Aktiengesellschaften* während der beiden Weltkriege ausschlaggebend. War die Lehre vom Unternehmen an sich ein Versuch, die Vereinnahmung der Aktiengesellschaften durch die Kriegswirtschaft des Ersten Weltkrieges juristisch zu verarbeiten, sind die während des Nationalsozialismus entwickelte Lehre vom Sozialverband sowie das 1937 ins Aktiengesetz aufgenommene Führerprinzip juristische Rekonstruktionen der Entmachtung der Aktionäre durch die Nationalsozialisten.

Auch nach dem Zweiten Weltkrieg billigten die Aktienrechtler den Minderheitsaktionären keine maßgebende Bedeutung für das Unternehmensziel zu. In Fortführung der seit der Weimarer Republik vorherrschenden Auffassungen betrachteten sie die Aktiengesellschaft als eine über die Aktionärsinteressen hinausgehende Einheit. Dementsprechend wurden die Vorstände im aktienrechtlichen Diskurs nicht als Repräsentanten der Aktionärsinteressen beschrieben, sondern als Schiedsrichter zwischen finanziellen und einer Reihe nicht finanzieller Interessen dargestellt. Im Vergleich zur Situation vor Ende des Zweiten Weltkriegs traten die politischen Interessen im aktienrechtlichen Diskurs jedoch in den Hintergrund. Im Gegenzug hierzu wurden die Interessen der Arbeitnehmer stärker betont. Die diskursive Entwicklung nach dem Zweiten Weltkrieg passt insofern mit der Entwicklung der Aktiengesellschaften zusammen, als die Alliierten in der Montanindustrie die Unternehmensmitbestimmung einführten und sich der unternehmensinterne Einfluss der Arbeitnehmer durch ihre Aufsichtsratspräsenz vergrößerte. Die sektorübergreifende Einführung der Unternehmensmitbestimmung im Jahre 1976 und das diese bestätigende Urteil des Bundesverfassungsgerichts aus dem Jahre 1979 zwangen die Vorstände zu einer stärkeren Berücksichtigung von Arbeitnehmerinteressen und schwächten den Einfluss der Aktionäre hierdurch ab.

Die Diskurs-Macht-Kopplung lässt sich insofern bis in die 1990er-Jahre verfolgen, als die in dieser Phase im aktienrechtlichen Diskurs aufkommenden Bemühungen, den Begriff der Aktiengesellschaft vertragstheoretisch umzudeuten und den Shareholder-Value zum Leitprinzip des Vorstandshandelns zu erklären, mit der verstärkten Neigung der Vorstandsmitglieder zusammentrafen, den finanziellen Interessen der Minderheitsaktionäre die oberste Priorität zuzuerkennen. Der Hintergrund für die Hinwendung der deutschen Großunternehmen zum Shareholder-Value war eine durch die Internationalisierung der Finanzmärkte hervorgerufene Umorientierung der Großbanken, die im deutschen Corporate-Governance-System bislang eine marktbegrenzende Funktion eingenommen hatten. Die durch den Strategiewandel der Großbanken mitbedingte Auflösung der Deutschland AG erzeugte ein Kontrollvakuum, das von den Minderheitsaktionären genutzt wurde, um die Manager für ihre Interessen zu gewinnen (Höpner 2003). Auch hier waren die Einführung von Aktienoptionen und die von diesen ausgehenden finanziellen Anreize mit dafür verantwortlich, dass sich der Shareholder-Value unter den deutschen Vorständen als neue Leitvorstellung etablieren konnte (vgl. Beyer 2006b).

Der aktienrechtliche Diskurs war sowohl in den USA als auch in Deutschland insofern mit der Machtkonstellation innerhalb der Aktiengesellschaften verknüpft, als die unter Aktienrechtsexperten vorherrschenden Auffassungen über Wesen und Ziel der Aktiengesellschaften das Kräfteverhältnis zwischen Renditeinteressen und nicht finanziellen Interessen zum Ausdruck brachten: Während die institutionalistische Rechtsauffassung in denjenigen Phasen der Entwicklung der Aktiengesellschaften am erfolgreichsten war, in denen die Minderheitsaktionäre strukturell geschwächt waren, erhielt die aktionärszentrierte

Betrachtungsweise in dem Moment Auftrieb, als die Minderheitsaktionäre ihre Interessen in den Unternehmen durchzusetzen vermochten.

4.1.3 Zur Orientierungsfunktion politischer und wirtschaftlicher Interessen für den aktienrechtlichen Diskurs

Aus dem bisher Gesagten ergibt sich die Frage, wodurch die Konnexität zwischen diskursiver Entwicklung und der Unternehmensentwicklung hervorgerufen wurde. Rückbezogen auf die Diskussion der juristischen Handlungsorientierungen in Kapitel 1 lässt die Kopplung der wirtschaftlichen und diskursiven Entwicklung darauf schließen, dass das Handeln der Aktienrechtler weder in den USA noch in Deutschland allein durch rechtsimmanente Kriterien bestimmt wurde, sondern auch unter dem Einfluss rechtsexterner Anforderungen stand. Hierfür spricht auch die zeitliche Reihenfolge der Entwicklungen.[1] In der Terminologie Max Webers war sowohl das Handeln der amerikanischen als auch das der deutschen Aktienrechtler nicht ausschließlich an der *formalen Rationalität*, sondern in hohem Maße am Prinzip der *materialen Rationalität* orientiert. Insofern sich weder die hier untersuchte Bestimmung des Begriffs der Aktiengesellschaft noch die Spezifizierung des Unternehmensziels eindeutig aus dem Recht selbst ergeben, lässt sich die Orientierung von Aktienrechtsexperten an außerrechtlichen Faktoren als Reaktion auf die Unbestimmtheit aktienrechtlicher Normen und die hieraus für die Auslegungstätigkeit resultierende Insuffizienz formal rationaler Handlungskriterien deuten.

Wenn die mangelnde Determinationsfähigkeit der rechtsinternen Bestimmungsgründe aktienrechtlichen Handelns einen Rekurs auf materiale Rationalität notwendig erscheinen lässt, ist zu klären, worin diese in den vorliegenden Fällen bestand. Zu Beginn des ersten Kapitels wurde erwähnt, dass prinzipiell *sowohl politische als auch wirtschaftliche Interessen* als außerrechtliche Determinanten juristischen Handelns infrage kommen. Wie groß der aktienrechtliche Einfluss politischer Akteure gegenüber wirtschaftlichen Akteuren ist, hängt unter anderem davon ab, wie stark die Gewaltenteilung innerhalb des politischen Systems verankert ist. In den USA verfügten die Justiz und der Juristenstand über den betrachteten Zeitraum hinweg insgesamt über mehr Unabhängigkeit gegenüber der Regierung als in Deutschland. Bis zum Sarbanes-Oxley Act war der relative Einfluss wirtschaftlicher Interessen in den USA daher insgesamt größer

---

1 Wenn die Richtung der Kausalität von den Verhältnissen in den Unternehmen zu der Entwicklung des aktienrechtlichen Diskurses zeigt, so sind Rückkopplungen hierdurch selbstverständlich nicht ausgeschlossen. So kann die rechtliche Etablierung bislang umstrittener Unternehmenspraktiken zu deren Diffusion beitragen (siehe vor allem Sanders/Tuschke 2007).

als in Deutschland. Mit Ausnahme einer Phase zwischen den beiden Weltkriegen orientierten sich die Aktienrechtler in Deutschland vor Ende des Zweiten Weltkriegs insgesamt eher an den Interessen der jeweiligen Regierungen als an den Interessen wirtschaftlicher Akteure. Während der Kaiserzeit fühlten sich die Juristen sehr stark an die Weisungen des Kaisers gebunden. Nach dem Ersten Weltkrieg gingen sie auf Distanz zu den politischen Interessen der Regierung und näherten sich den wirtschaftlichen Interessen der Vorstände großer Unternehmen an (Fraenkel [1929]1968). Mit der Machtergreifung Hitlers wurde die Justiz wieder unter das Primat der politischen Interessen der regierenden Gewalt gestellt (vgl. Rüthers 1988).[2] Die Orientierung der Aktienrechtler an den jeweiligen Interessen der Regierung führte deshalb zu einer Verknüpfung des aktienrechtlichen Diskurses mit den Kräfteverhältnissen in den Unternehmen, weil der Einfluss von Regierungsvertretern auf die Präferenzen und das Handeln der Unternehmensvorstände größer als der aller anderen Interessengruppen war.

Nach 1945 erlangten die Justiz und die juristische Profession insgesamt mehr Unabhängigkeit gegenüber den politischen Interessen der Bundesregierung. In dem Maße, in dem die Juristen ihre Unabhängigkeit von der Regierung vergrößerten, gewannen die Interessen wirtschaftlicher Akteure an Bedeutung für die juristische Deutungspraxis. Dies bedeutet jedoch nicht, dass politische Interessen ihre Relevanz für das Handeln von Aktienrechtlern völlig verloren. Obwohl diese durch die Vorarbeiten der Aktienrechtler mitbedingt war, lässt sich die sektorübergreifende Einführung der Unternehmensmitbestimmung als eine primär politische Initiative betrachten, an der die Aktienrechtler ihr Handeln anschließend ausrichteten. Abgesehen von vereinzelten politischen Interventionen ließ die Bedeutung politischer Interessen nach dem Zweiten Weltkrieg jedoch stark nach und eröffnete den Aktienrechtlern die Möglichkeit, sich stärker an den Interessen wirtschaftlicher Akteure zu orientieren. Im Vergleich zu Deutschland war die Bedeutung politischer Interessen für den aktienrechtlichen Diskurs in den USA insgesamt geringer. Allerdings gibt es auch hier mit dem Sarbanes-Oxley Act ein wichtiges Beispiel für einen *politischen* Eingriff in die unternehmensinternen Kräfteverhältnisse, der die Bedingungen, unter denen die Aktienrechtler das Recht auslegen, stark veränderte.

Hinsichtlich des Einflusses wirtschaftlicher Interessen auf das Handeln der Aktienrechtler ist eine nähere Differenzierung notwendig. Die Darstellung

---

2 Damit wird selbstverständlich nicht behauptet, dass wirtschaftliche Akteure nicht vom Nationalsozialismus profitierten. Wenn hier den politischen Interessen gegenüber den wirtschaftlichen Interessen der Primat zugewiesen wird, so wird keine Interessenharmonie zwischen wirtschaftlichen und politischen Akteuren ausgeschlossen, sondern lediglich behauptet, dass politische Interessen juristisch *im Zweifelsfall* den Vorrang gegenüber den Interessen wirtschaftlicher Akteure hatten.

in Kapitel 2 und 3 hat verdeutlicht, dass die in den Unternehmen agierenden Akteure zum Teil gegensätzliche Interessen verfolgen. Weil Manager, Aktionäre und Arbeitnehmer in einen Machtkampf verwickelt sind, sehen sich die Aktienrechtler mit einer Pluralität inkompatibler Partikularinteressen konfrontiert. Aufgrund der Widersprüchlichkeit wirtschaftlicher Interessen müssen die Aktienrechtler sich entscheiden, wessen Interessen sie bei der Auslegung des Rechts den Vorzug geben. Im Folgenden gehe ich daher der Frage nach, welche Aussagen das empirische Material über die *Art der maßgeblich wirksamen Partikularinteressen* zulässt, inwieweit sich hier also eine systematische Bevorzugung spezifischer Interessen feststellen lässt. Die Ergebnisse deuten darauf hin, dass die führenden Aktienrechtler ihr Handeln innerhalb des ihnen politisch gewährten Spielraums *primär* an den Interessen der Manager ausrichteten. Insoweit die Präferenzen sowie das Rollenverständnis der Manager selbst unter dem Einfluss unternehmensinterner Kräfteverhältnisse stehen, hat ihr Einfluss auf das Handeln der führenden Aktienrechtler die Entwicklung des Aktienrechts mit der Machtkonstellation in den Unternehmen verknüpft. Zieht man nämlich in Betracht, dass sich die relative Macht unternehmenspolitischer Akteure daran bemisst, ob es ihnen möglich ist, gegen den Widerstand anderer Interessen auf die Präferenzen und das Handeln der Unternehmensleitungen einzuwirken, stellen sich die Präferenzen der Manager als Funktion der Machtverhältnisse in den Unternehmen dar.

Für die Orientierung der Aktienrechtler an den Interessen der Manager spricht zunächst die Beobachtung, dass die Aktienrechtler nur dann die soziale Verantwortung der Aktiengesellschaften oder die Notwendigkeit der Begrenzung von Märkten herausstellten, wenn dies den managerialen Präferenzen entsprach. Dies war in denjenigen Phasen der wirtschaftlichen Entwicklung der Fall, in denen die Aktiengesellschaften ein großes Maß an Unabhängigkeit gegenüber den Finanzmärkten besaßen und die Vorstände die Interessen der Minderheitsaktionäre vernachlässigten. Ein Beispiel für die Orientierung eines Aktienrechtlers an managerialen Präferenzen aus dieser Phase ist ein Text des Rechtswissenschaftlers Henry Dodd (1932). In diesem Text versuchte Dodd, den von ihm verfochtenen Institutionalismus unter Bezugnahme auf die Veränderung des Rollenverständnisses der Manager zu rechtfertigen. Dodd zitierte den damaligen General Electric-Manager Owen D. Young, weil sich dieser selbst mehr als Repräsentant einer Institution begriff denn als ein Angestellter der Aktionäre und sich nach seiner Aussage neben den Aktionären einer Vielzahl gesellschaftlicher Interessen verpflichtet fühlte. Das im Zitat zum Ausdruck kommende Rollenverständnis Youngs ist durch die Tatsache bedingt, dass die Aktionäre zu der Zeit, als Dodd seinen Text verfasste, über keine nennenswerten Möglichkeiten verfügten, auf die Präferenzen und das Handeln der Manager einzuwirken. Zudem wurden die Abhängigkeiten nicht finanzieller Stakeholder infolge der Großen Depression immer sichtbarer. Da die Präferenzen der Manager somit selbst eine Funktion der unternehmensinternen Kräfteverhältnisse sind, ließ die Orientierung der Aktienrechtler an den Vorstellungen der Manager die Entwicklung des Aktienrechts mit der Entwicklung der Machtverhältnisse in den Unternehmen koevoluieren.

Analog hierzu lässt sich das in den 1980er-Jahren beginnende Vordringen marktliberaler und aktionärszentrierter Ideen als juristische Reaktion auf ein verändertes Selbstverständnis der Manager sowie einer dieser Veränderung zugrunde liegenden Verschiebung in den unternehmensinternen Kräfteverhältnissen interpretieren. Die Einwirkungsmöglichkeiten der Minderheitsaktionäre haben sich infolge der wachsenden Abhängigkeit der Aktiengesellschaften von den Finanzmärkten vergrößert und die Manager für die Renditeinteressen der Aktionäre sensibilisiert. Wenn ein wachsender Teil der Aktienrechtler sich die Sichtweise der Finanzökonomen aneignete und das Aktienrecht effizienztheoretisch umdeutete, so kann diese Veränderung als Reaktion auf die Etablierung der »shareholder value conception of control« (Fligstein 2001: 148) als neue manageriale Leitvorstellung interpretiert werden, die ihrerseits aus der vergrößerten Abhängigkeit der Unternehmen von den Finanzmärkten und dem Bedeutungsgewinn der Agency-Theorie in der Managementausbildung resultierte.

Im deutschen Fall wurde deutlich, dass die Verknüpfung des aktienrechtlichen Diskurses mit den Kräfteverhältnissen in den Unternehmen vor 1945 im Wesentlichen durch die Tatsache zustande kam, dass die politischen Machthaber sowohl die Kontrolle über die Unternehmen an sich rissen als auch die Aktienrechtler zur Orientierung an politischen Interessen zwangen. Nach 1945 wurde die Vermittlung zwischen den Kräfteverhältnissen in den Unternehmen und dem aktienrechtlichen Diskurs immer mehr durch die managerialen Präferenzen hergestellt. Wie in den USA wurden die Arbeitnehmerinteressen nur so lange diskursiv berücksichtigt, wie sich die Manager gemeinsam mit diesen gegen die finanziellen Ansprüche der Minderheitsaktionäre zur Wehr setzten. In dem Maße aber, in dem sich die Großbanken und ein Teil der restlichen Unternehmen den Interessen der Minderheitsaktionäre aussetzten, verringerte sich die Relevanz der Arbeitnehmerinteressen für die Vorstände. Wenn einflussreiche Aktienrechtler in dieser Situation die Interessen der Arbeitnehmer sowie die öffentliche Verantwortung der Aktiengesellschaft infrage stellten und stattdessen die finanziellen Interessen der Minderheitsaktionäre zur neuen Richtschnur des Vorstandshandelns erklärten, reagierten sie auf die Veränderung managerialer Präferenzen sowie auf die dieser zugrunde liegenden Machtverschiebung in den Unternehmen. Auch wenn die Aktienrechtler sich für eine Ausweitung des rechtlichen Einflussbereichs der Minderheitsaktionäre einsetzten, so entsprachen die meisten Maßnahmen den Interessen der Manager. Tatsächlich haben die Wirtschafts- und Finanzverbände bei den meisten Reformen zwischen 1998 und 2005 eine aktionärsorientierte Haltung eingenommen und sehr viel Verständnis für die Belange der Minderheitsaktionäre aufgebracht. Offenbar war es den auf die Finanzmärkte zustrebenden Vorständen in dieser Phase wichtig, ein Committment an die Finanzmärkte auszusenden und durch die Verbesserung der rechtlichen Situation der Minderheitsaktionäre an Glaubwürdigkeit zu gewinnen.

Zwei Einschränkungen müssen an dieser Stelle gemacht werden. Wenn den managerialen Präferenzen hier eine Orientierungsfunktion für das aktienrechtliche Handeln zugeschrieben wird, so wird damit *nicht behauptet*, dass sich *alle Aktienrechtler* im Zweifelsfall an den Interessen der Manager orientieren. Zweifelsohne gibt es sowohl Rechtsanwälte, Richter als auch Rechtswissenschaftler, die sich ernsthaft darum bemühen, den Interessen der Aktionäre oder anderer Stakeholder auch dann gerecht zu werden, wenn sich die Manager hierdurch benachteiligt fühlen.[3] Dieser Punkt kann hinsichtlich der USA sowohl durch das Engagement der SEC für den Aktionärsschutz als auch durch die sich in den 1970er-Jahren für die Schaffung eines nationalen Aktienrechts einsetzende Gruppe von Reformern um Ralf Nader und William Cary illustriert werden. Auch im deutschen Fall lassen sich Aktienrechtler finden, die sich bei einer Interessenkollision zwischen Managern und Aktionären für die Interessen der Aktionäre eingesetzt haben. Ein Beispiel hierfür ist das Votum des Deutschen Juristentages für die Herabsetzung der Schwellenwerte bei der Geltendmachung von Haftungsansprüchen gegenüber der Unternehmensleitung. Obwohl die Finanz- und Wirtschaftsverbände diese Regelung kritisierten, plädierten die Experten mehrheitlich für deren Einführung. Auch im Bereich des Übernahmerechts gingen die Auffassungen der Aktienrechtler und die ökonomischen Interessen der Vorstände zum Teil auseinander. So gab es eine bemerkenswerte Anzahl von Rechtswissenschaftlern, die aufgrund ihrer marktliberalen Überzeugungen auch dann noch für die Einführung der Neutralitätspflicht eintraten, als die Wirtschaftsverbände Ablehnung signalisiert hatten. Dieses Beispiel macht zugleich deutlich, dass weder die Manager noch die Aktienrechtler eine homogene Gruppe bilden. Kapitel 3 hat gezeigt, dass die Vorstände in der Frage der Neutralitätspflicht gespalten waren. Während die Unternehmen mit einem hohen Marktwert der Einführung der Neutralitätspflicht eher gelassen gegenüberstanden, ging von den Unternehmen, die sich aufgrund einer relativ niedrigen Bewertung vor Übernahmen sorgen mussten, ein größerer Widerstand gegen

---

3 Ein aktuelles Beispiel aus den USA sind die Bemühungen Lucian Bebchuks, die Vorstandsvergütung der Manager zu reformieren (2009; Bebchuk/Fried 2006).

die Einführung der Neutralitätspflicht aus. Konflikte zwischen verschiedenen Unternehmen oder Managern werden innerhalb des juristischen Diskurses in Form von Expertenstreitigkeiten ausgetragen und können die Aktienrechtler in einzelnen Fragen spalten. Wessen Interessen sich dabei letztlich durchsetzen, ist von der konkreten Situation abhängig und kann nicht generell, sondern nur für den Einzelfall beantwortet werden.

Die zweite Einschränkung betrifft die Tatsache, dass die Aktienrechtler *nicht in jedem einzelnen Detail* ausschließlich an den Präferenzen der Vorstände orientiert waren. Vielfach wurde tatsächlich ein Ausgleich zwischen den Aktionärsinteressen und den managerialen Interessen gesucht. Wenn das Aktienrecht von Delaware beispielsweise überwiegend auf die Interessen der Manager zugeschnitten ist, so lassen sich doch im Vergleich zu anderen Gliedstaaten Bereiche finden, in denen die Regelungen in Delaware den unmittelbaren Interessen der Manager zuwiderzulaufen scheinen. Im Bereich der gesetzlichen Vorkehrungen gegen feindliche Übernahmen hat Delaware in den 1980er-Jahren lange gewartet, bis es ein entsprechendes Gesetz verabschiedete. Das 1988 verabschiedete Übernahmegesetz ist im Vergleich zu den Gesetzen in anderen Staaten vergleichsweise aktionärsfreundlich. Auch in Delaware lassen sich mit den selbst an Übernahmen interessierten Unternehmen und den in erster Linie um Schutzvorkehrungen gegen feindliche Übernahmen bemühten Unternehmen zwei Lager identifizieren, die innerhalb des aktienrechtlichen Diskurses jeweils unterschiedliche Fürsprecher finden. Da die Unternehmensvorstände gerade in Einzelfragen häufig heterogene Interessen haben, müssen sich die Aktienrechtler entscheiden, welchen managerialen Präferenzen sie den Vorzug geben.

Auch wenn nicht alle Aktienrechtler ihr Handeln im gleichen Maße an den Präferenzen der Unternehmensvorstände ausrichten und es in Detailfragen auch zu Abweichungen von den Präferenzen der Manager kommen kann, deutet doch die Gesamtrichtung der aktienrechtlichen Entwicklung auf die Prädominanz managerialer Interessen hin. Diese Beobachtung lässt sich als Hinweis interpretieren, dass das juristische Feld sowohl in den USA als auch in Deutschland von einer den Managern nahestehenden juristischen Fraktion dominiert wurde.

4.2 Die Rolle managerialer Präferenzen

In den bisherigen Ausführungen wurde zunächst dargelegt, welche *Hinweise* es auf die Orientierung der führenden Aktienrechtler an den Präferenzen der Manager gibt. Im nun folgenden Abschnitt werden *mögliche Ursachen* für den Einfluss managerialer Präferenzen identifiziert. Unter Rückgriff auf die Elitensoziologie wird zunächst erörtert, inwieweit der Einfluss managerialer Präferenzen auf den aktienrechtlichen Diskurs durch die Integration zwischen aktienrechtlichen und managerialen Eliten hervorgerufen wurde. Im Anschluss hieran wird diskutiert, welchen Einfluss die institutionellen Eigenschaften des politischen und rechtlichen Systems auf die Beziehung zwischen managerialen Präferenzen und aktienrechtlichem Handeln haben. Abschließend gehe ich der Frage nach, warum die Rechtswissenschaftler in Deutschland *entgegen der in Kapitel 1 formulierten Erwartung* keineswegs fernab vom wirtschaftlichen Interessenbetrieb standen, sondern ähnlich flexibel auf die Veränderung managerialer Präferenzen reagierten wie die amerikanischen Rechtspraktiker.

4.2.1 Integration aktienrechtlicher und wirtschaftlicher Eliten?

Um zu klären, weshalb die einflussreichen Aktienrechtler vor allem die Präferenzen der Manager zur Richtschnur der Fortbildung des Aktienrechts genommen haben, erscheint ein Rückgriff auf die Elitensoziologie angebracht. Die Frage, die sich stellt, ist, inwieweit die Affinität der führenden Aktienrechtler zu den Präferenzen der Manager durch eine *Integration* zwischen aktienrechtlichen und managerialen Eliten hervorgerufen worden sein könnte (zur Elitenintegration siehe zum Beispiel Hartmann 2007, 2008; Mills 1956; Moore 1979). Der Begriff der Elitenintegration ist hier im Sinne von C. Wright Mills (1956: 278–283) *Machtelite* zu verstehen. Mills zufolge existieren die Entscheidungsträger aus Politik, Wirtschaft und Militär nicht isoliert voneinander, sondern bilden eine Machtelite, die auf *gemeinsamer sozialer Herkunft* basiert und sich durch *häufige Interaktion*, eine *gemeinsame Weltsicht* sowie *geteilte Interessen* auszeichnet. Juristen, insbesondere die in großen Rechtsberatungsfirmen tätigen Anwälte, betrachtet Mills als einen wichtigen Bestandteil der Machtelite (Mills 1956: 289).

Der Homologieannahme Bourdieus zufolge korreliert die von Juristen in der Feldhierarchie mit der von ihnen im sozialen Raum eingenommenen Position. Die mit einem hohen Maß an Deutungsmacht ausgestatteten Aktienrechtler müssten demnach der Oberschicht angehören und den managerialen Eliten im sozialen Raum näherstehen als den Arbeitnehmern. Im deutschen Fall trifft Bourdieus Homologieannahme tatsächlich zu (vgl. Kapitel 1). Bei allen Einschränkungen, die hier zu machen sind – das juristische Feld ist intern differenziert und die Unterschiede in der symbolischen und materiellen Macht zwischen den Repräsentanten unterschiedlicher Rechtsgebiete sind beträchtlich – lässt doch zumindest die ähnliche soziale Herkunft von Managern und den einflussreichen Aktienrechtlern darauf schließen, dass hier ein größeres Potenzial für eine gemeinsame Weltsicht sowie eine Konvergenz von Interessen gegeben ist, als dies beispielsweise für das Arbeitsrecht gilt.

4.2.2 Zum Einfluss des institutionellen Kontextes auf das aktienrechtliche Handeln

Da die soziale Herkunft allein weder die Wahrnehmung noch das Handeln sozialer Akteure vollständig determiniert, müssen noch weitere Faktoren hinzutreten, damit eine Interessenkonvergenz zwischen aktienrechtlichen und wirtschaftlichen Eliten zustande kommt. Die Überführung einer »Klasse-an-sich« in eine »Klasse-für-sich« kann auf unterschiedlichen Wegen erfolgen. Im Folgenden gehe ich der Frage nach, inwieweit der *institutionelle Kontext*, innerhalb dessen sich die Aktienrechtler bewegen, eine Integration aktienrechtlicher und managerialer Eliten erleichtert. Im Folgenden werden zwei Merkmale des institutionellen Kontextes betrachtet. Das erste Merkmal besteht in der *Struktur des politischen Systems*, das zweite bezieht sich auf die im *juristischen Feld* vorherrschende *materielle Ordnung*.

Das politisch-institutionelle Umfeld der US-amerikanischen Aktienrechtspolitik begünstigt vor allem deshalb eine Ausrichtung aktienrechtlichen Handelns an den Interessen der Unternehmensvorstände, weil es eine föderative Struktur hat. Anders als in Deutschland, wo das Aktienrecht in die Kompetenz des Bundes fällt, liegt die aktienrechtliche Zuständigkeit in den USA primär bei den Einzelstaaten. Hierdurch wird nicht ausgeschlossen, dass der Kongress wie im Falle des Sarbanes-Oxley Act von seinem verfassungsmäßigem Recht Gebrauch macht, in das Aktienrecht einzugreifen (Roe 2005). Die primäre Zuständigkeit für das Aktienrecht liegt in den USA jedoch bei den Einzelstaaten. Während es in Deutschland somit nur eine für alle Bundesländer gleichermaßen geltende Aktienrechtsordnung gibt, hat in den USA jeder Einzelstaat sein eigenes Aktienrecht. Verbunden hiermit ist die Tatsache, dass die US-amerikanischen Aktiengesellschaften die Möglichkeit besitzen, *unabhängig von der Lokalisierung ihres Hauptgeschäftssitzes* unter den einzelstaatlichen Aktienrechten jenes als ihren *rechtlichen* Sitz auszuwählen, welches am ehesten ihren Bedürfnissen entspricht (Merkt 1995: 560ff.). Gegenüber den Einzelstaaten dient die den amerikanischen Aktiengesellschaften zur Verfügung stehende Exit-Option als Druckmittel, um ihre aktienrechtlichen Vorstellungen politisch durchzusetzen. Da die Entscheidung über den rechtlichen Sitz von den Managern getroffen wird (Macey/Miller 1987: 485), stellen ihre Präferenzen die Richtschnur für die Aktienrechtspolitik der Einzelstaaten dar (Brandeis 1933; Cary 1974; Nader/Green/Seligman 1976). Insbesondere eine Reihe kleinerer Einzelstaaten, bei denen das Aufkommen an Inkorporierungs- und Konzessionssteuern einen vergleichsweise großen Anteil des gesamten Steueraufkommens darstellt, haben ihre Aktienrechte in wechselseitiger Konkurrenz im Laufe des 20. Jahrhunderts stark liberalisiert, um eine möglichst große Zahl von Aktiengesellschaften aus anderen Staaten abzuwerben. Der Wettbewerb um Inkorporierungen wird als eine Ursache für die relativ geringe Anzahl rechtlich zwingender Vorschriften und das hohe Maß an Satzungsfreiheit betrachtet (Cary 1974). Als Gewinner aus dem *race to the bottom* ging der Bundesstaat Delaware hervor, wo etwa die Hälfte der Fortune-500-Unternehmen ihren rechtlichen Sitz haben (Merkt 1995). Gemessen am Ausmaß *zwingender* Regeln ist der Schutz der Minderheitsaktionäre dort schwächer als in Deutschland ausgeprägt (Lele/Siems 2007).

Die auf der Bundesebene operierenden Aktienrechtler sind unabhängiger von den Managern (Cary 1974; Roe 2005). Wie am Beispiel des Sarbanes-Oxley Act deutlich geworden ist, hat die bundesstaatliche einen weniger managerfreundlichen Charakter als die einzelstaatliche Aktienrechtspolitik (vgl. Roe 2003a). Ein weiteres Beispiel dafür, wie die auf der Bundesebene agierenden Aktienrechtler von den managerialen Partikularinteressen abweichen, sind die Bemühungen von Ralf Nader und William Cary in den 1970er-Jahren, bundesstaatliches Aktienrecht auszuweiten. Da Nader und Cary nicht im gleichen Maße den Zwängen des einzelstaatlichen Gesetzgebungswettbewerbs ausgesetzt waren wie die Anwaltsfirmen in Delaware, konnten sich die Manager in diesem Fall nicht auf eine allein auf gemeinsamer Klassenlage basierende Elitenintegration verlassen. Hätten sie den aktienrechtlichen Diskurs auf der Bundesebene einfach sich selbst überlassen, hätte der Kongress womöglich bereits in den 1970er-Jahren die Entscheidungsfreiheit der Manager drastisch eingeschränkt. Tatsächlich aber haben die Unternehmen, vermittelt über das American Enterprise Institute und die Olin Foundation, eine marktliberale Gegenbewegung aufgebaut (Teles 2008: 124–132), die den diskursiven Einfluss Naders und Carys abschwächte und hierdurch zur Abwendung eines bundesstaatlichen Eingriffs beitrug. Die finanzielle Förderung managernaher Aktienrechtler wie Henry Manne, Ralf Winter oder Robert Hessen verdeutlicht, dass sich die Unternehmensvertreter nicht auf die diskursive Berücksichtigung ihrer Interessen verließen, sondern in das Diskursgeschehen eingriffen, um dem Autonomieinteresse der Manager zur Durchsetzung zu verhelfen.

Da die Kompetenz für das Aktienrecht, anders als etwa beim Kapitalmarktrecht, jedoch primär bei den Einzelstaaten liegt, sind die politisch-institutionellen Bedingungen für den Einfluss der Manager auf das Handeln der Aktienrechtler in den USA eher gegeben als in Deutschland. Weil das Aktienrecht in Deutschland einen nationalstaatlichen Charakter hat und die Manager nicht gleichermaßen mit Abwanderung drohen können wie in den USA (Siems 2005: 413), ist diese Voraussetzung im deutschen Fall nicht im selben Maße gegeben.[4]

4 Dies hat sich seit 2001 insofern etwas geändert, als der Europäische Gerichtshof den europäischen Aktiengesellschaften durch die Aufgabe der Sitztheorie eine größere Bewegungsfreiheit innerhalb der EU verschafft hat. In eine ähnliche Richtung wirkt die Schaffung der Rechtsform

Als weiteres Kennzeichen der institutionellen Struktur, innerhalb derer sich die Aktienrechtler bewegen, dient die *Struktur des juristischen Feldes*: Während die materielle Ordnung des juristischen Feldes in den USA durch die Dominanz der Rechtspraktiker gekennzeichnet ist, liegt die Deutungshoheit in Deutschland bei den Rechtswissenschaftlern. Diese Annahme hat sich im Hinblick auf die Entwicklung des Aktienrechts in den USA und Deutschland bestätigt (für den Bereich des Aktienrechts vgl. Hopt 2006). Tatsächlich wird die aktienrechtliche Entwicklung in den USA primär durch die Tätigkeit von Rechtsanwälten bestimmt. In Delaware trägt die Tätigkeit der Rechtsanwaltsfirmen maßgeblich zur Integration aktienrechtlicher und managerialer Eliten bei. Die Aktiengesellschaften sind für die Anwaltsfirmen in Delaware eine wichtige Einnahmequelle im Geschäft mit Rechtsberatungen. Die Unternehmensvertreter und die Anwälte arbeiten hier eng zusammen und stehen häufig in Kontakt. Mit Ausnahme der Klagerechte verfolgen die Anwälte und Manager gemeinsame Interessen. Da sich die Richter für die Zeit nach dem Ausscheiden aus ihrem Richteramt eine Anwaltskarriere erhoffen, sind auch die Gerichte maßgeblich an den managerialen Präferenzen orientiert (Cary 1974). Zudem tragen die Anwälte durch ihre starke Präsenz im Abgeordnetenhaus und dem für die Ausarbeitung des Aktiengesetzes zuständigen Ausschuss die Interessen der Manager in die Gesetzgebung hinein (Cary 1974; Macey/Miller 1987). Im Vergleich zu den Rechtsanwälten hält sich der Einfluss der Rechtswissenschaftler in den USA insgesamt stark in Grenzen.[5] Umgekehrt hat sich die für Deutschland theoretisch konstatierte Prädominanz der Rechtswissenschaftler für den Bereich des Aktienrechts bewahrheitet.[6] Wie gezeigt wurde, erfolgten die Reformen zwischen 1998

---

der Europäischen Aktiengesellschaft (SE). Diese Situation hat sich jedoch erst nach Ende des Untersuchungszeitraums voll bemerkbar gemacht und kann deshalb im vorliegenden Zusammenhang vernachlässigt werden.

5 Wenn die Entwicklung des amerikanischen Aktienrechts dem im Theorieteil unterstellten Vorrang der Rechtspraktiker entspricht, so bedeutet dies nicht, dass die Rechtswissenschaftler in den USA keinerlei Einfluss gehabt haben. Die Rechtswissenschaftler waren insofern wichtig, als sie in den 1970er-Jahren ein intellektuelles Gegengewicht gegenüber der Gruppe von Reformern um Ralf Nader bildeten und hierdurch zur Abwendung regulatorischer Eingriffe auf der Bundesebene beitrugen. Vor allem das Engagement Henry Mannes und Richard Posners ist in diesem Zusammenhang erwähnenswert. Auch die Rolle Melvin Eisenbergs bei der Ausarbeitung der Principles of Corporate Governance des American Law Instituts, welche der Rechtsprechung zur Orientierung dienen, deutet darauf hin, dass auch die amerikanischen Rechtswissenschaftler ein gewisses Maß an Einfluss auf die Entwicklung des Aktienrechts ausüben.

6 Selbstverständlich haben auch die Gerichte ihren Anteil an der Fortbildung des Aktienrechts gehabt. Der Bundesgerichtshof hat sich immer wieder zu aktienrechtlichen Fragen geäußert und auch im Zusammenhang mit den Aktienrechtsreformen zwischen 1998 und 2005 Impulse für die Gesetzgebung gegeben. Dies war beispielsweise bei der *business judgment rule* der Fall (Hopt/Roth 2006).

und 2005 in enger Abstimmung mit rechtswissenschaftlichen Experten. Die von dem Rechtswissenschaftler Theodor Baums geleitete Kommission, auf deren Grundlage die nachfolgenden Gesetzesänderungen erfolgten, legt hiervon ebenso Zeugnis ab wie die Orientierung politischer Entscheidungsträger an den (im Regelfall von Rechtswissenschaftlern erstellten) Gutachten des Deutschen Juristentages. Für die Prädominanz der Rechtswissenschaftler im Bereich des deutschen Aktienrechts sprechen schließlich die engen Verbindungen zwischen dem Bundesministerium für Justiz und den rechtswissenschaftlichen Akteuren. Die im Bundesministerium mit der Ausarbeitung von Gesetzentwürfen beauftragten Verwaltungsjuristen nehmen selbst durch die Veröffentlichung von Aufsätzen in juristischen Fachzeitschriften am rechtswissenschaftlichen Diskurs teil (siehe zum Beispiel Seibert/Schütz 2004) und lassen anhand von Zitaten rechtswissenschaftlicher Artikel in Gesetzentwürfen das Bemühen erkennen, letztere im Einklang mit der herrschenden Meinung zu formulieren. Während die Rechtswissenschaftler in Deutschland mit dem Bundesministerium für Justiz über eine direkte Schnittstelle verfügen, über die sie die von ihnen produzierten Ideen in den Gesetzgebungsprozess einspeisen, wird der Einfluss der US-amerikanischen Rechtswissenschaftler durch die Fragmentiertheit des Institutionensystems abgeschwächt.

Hinsichtlich des Einflusses wirtschaftlicher Interessen auf die Rechtsentwicklung hätte der zwischen dem deutschen und dem amerikanischen Fall bestehende Unterschied in der materiellen Ordnung des juristischen Feldes erwarten lassen, dass die amerikanische Aktienrechtsentwicklung stärker dem Einfluss wirtschaftlicher Interessen ausgesetzt ist als die deutsche. Diese Erwartung basiert auf der Annahme, dass die Rechtswissenschaftler in höherem Maß den Anforderungen der formalen Rationalität unterliegen und sich im juristischen Feld weiter am autonomen Pol befinden als die Rechtsanwälte. Wie wir jedoch gesehen haben, war die Entwicklung des deutschen Aktienrechts gleichermaßen an die Präferenzen der Manager sowie an die ihnen zugrunde liegenden Kräfteverhältnisse gekoppelt wie die Entwicklung des amerikanischen Aktienrechts. Die Annahme, die deutschen Rechtswissenschaftler seien von der Sphäre wirtschaftlicher Interessen abgeschirmt, hat sich somit nicht bestätigt. Um diesen überraschenden Befund zu erklären, wird im Folgenden die Beziehung, in der die Rechtswissenschaftler zu wirtschaftlichen Interessen im Allgemeinen sowie zu den Interessen der Manager im Besonderen stehen, näher erörtert.

Zunächst einmal sind auch die Rechtswissenschaftler von dem Problem der Unbestimmtheit des Rechts, das zum Rückgriff auf materiale Rationalität führt, ebenso betroffen wie die Rechtspraktiker. Auch für sie gilt, dass sich die Art der Interpretationen sowie die dabei vorzunehmende Gewichtung zwischen Partikularinteressen nicht zwingend aus den bereits vorhandenen Rechtsnormen und juristischen Ideen ergeben. Wenn die formal rationalen Verhaltensanforderungen bei den Rechtswissenschaftlern relativ stark ausgeprägt sind, so gehen der Charakter rechtswissenschaftlicher Auslegungen sowie die Art der diesen maßgeblich zugrunde liegenden Partikularinteressen weder aus dem vorgegebenen Normenmaterial noch aus den internen Anforderungen des juristischen Diskurses zwingend hervor. Das Prinzip der formalen Rationalität lässt auch den Rechtswissenschaftlern ein Residuum an Entscheidungskontingenz und veranlasst sie, sich an materialer Rationalität zu orientieren. Auch für die Rechtswissenschaftler kommen grundsätzlich sowohl politische als auch wirtschaftliche Interessen als Mechanismen zur Reduzierung der Handlungskontingenz infrage. In die Theoriesprache Pierre Bourdieus übersetzt bedeutet dies, dass die Rechtswissenschaftler dem weltlichen Pol des juristischen Feldes näher stehen und für Einflüsse aus der Wirtschaft offener sind, als vielfach angenommen wurde.

Die Orientierung rechtswissenschaftlicher Ideen an wirtschaftlichen Interessen erscheint insofern naheliegend, als die Wahrscheinlichkeit ihrer richterlichen oder gesetzgeberischen Rezeption in dem Maße zunimmt, in dem diese sich an den wirtschaftlichen Interessen, mit denen Gesetzgebung und Rechtsprechung konfrontiert werden, orientiert. Wie gezeigt wurde, adressieren die rechtswissenschaftlichen Akteure die von ihnen hervorgebrachten Ideen an Richter und Gesetzgeber. Insofern die richterliche Rezeption rechtswissenschaftlicher Aufsätze oder Kommentare die Deutungsmacht der zitierten Autoren vergrößert, kann den Rechtswissenschaftlern ein Streben nach Zitierungen in wichtigen Urteilen unterstellt werden. Dieses Rezeptionsstreben ist eine mögliche Ursache für das Bemühen der Rechtswissenschaftler, die soziale Wirklichkeit und die diese kennzeichnenden Interessen bei der Interpretation des Rechts mit zu berücksichtigen. Insofern die Rechtsprechung nämlich mit den Interessen von Rechtssubjekten konfrontiert wird und an der Bewahrung des Rechtsfriedens interessiert ist, richtet sich die Brauchbarkeit rechtswissenschaftlicher Ideen nach dem Maße, in dem sie diese Interessen berücksichtigt. In diesem Sinne erblickte Philipp Heck die Aufgabe der Rechtswissenschaft darin, »dem Richter sein Amt dadurch zu erleichtern, daß sie durch Erforschung des Gesetzes und der Lebensverhältnisse die sachgerechte Entscheidung vorbereitet« (zitiert nach Damm 1976: 225). Aus diesem Grunde kennzeichnete Heck die rechtswissenschaftliche Tätigkeit durch den »Primat der Lebensforschung und Lebenswertung« (ebd.). Ähnliches gilt für die Beziehung der Rechtswissenschaftler zur Gesetzgebung. Wie bei der richterlichen Urteilsfindung gilt auch hier, dass sich ein mit den Interessen mächtiger Rechtsinteressenten im Einklang befindender Reformvorschlag eher mit seiner politischen Verwirklichung rechnen kann als eine einflussreichen Interessen entgegenstehende Idee. Insofern sowohl die Rechtsprechung als auch die Gesetzgebung selbst an wirtschaftlichen Interessen orientiert sind, lässt sich die Orientierung rechtswissenschaftlichen Handelns an wirtschaftlichen Interessen als Bemühen um die Erhöhung der Rezeptionschancen rechtswissenschaftlicher Ideen interpretieren.

Wenn somit die Annahme, dass die Rechtswissenschaftler in ihrem Handeln ausschließlich an formal rationalen Kriterien orientiert sind, revidiert werden muss, ist hiermit noch nicht geklärt, weshalb sich die auf dem Gebiet des Aktienrechts tätigen Rechtswissenschaftler in Deutschland während der 1990er-Jahre primär an den *managerialen* Präferenzen – und nicht etwa an den Interessen der Arbeitnehmer – orientiert haben. An dieser Stelle sind die zu Beginn des Abschnitts angestellten Überlegungen zur Elitenintegration aufzugreifen. Oben wurde festgestellt, dass gerade die mit viel Deutungsmacht ausgestatteten Juristen mehrheitlich aus der Oberschicht stammen und den managerialen Eliten im sozialen Raum weitaus näher stehen als den Arbeitnehmern. Für die deutschen Rechtswissenschaftler gilt dies in noch größerem Maße als für die Angehörigen der restlichen juristischen Berufe. Laut einer Studie von Ekkehard Klausa (1981: 141) liegt der Anteil der Rechtslehrer, deren Väter aufgrund ihres Berufes den oberen Schichten zugerechnet werden können, bei circa 66 Prozent, während dieser bei den Anwälten etwas weniger als 60 Prozent, bei den Ministerialdirektoren etwa 50 Prozent und bei den Oberlandesrichtern etwas mehr als 40 Prozent beträgt (ebd.: 146).[7] Bezieht man diese Beobachtung auf die Klassentheorie Pierre Bourdieus, kann argumentiert werden, dass die Rechtswissenschaftler bereits aufgrund ihrer Klassenlage den Managern im sozialen Raum näher stehen als alle anderen juristischen Berufsgruppen. Das Potenzial einer aus ähnlicher Klassenlage resultierenden Integration mit managerialen Eliten ist für die Rechtswissenschaftler somit noch größer als für die Angehörigen der übrigen juristischen Berufsgruppen. Wenn die führenden Rechtswissenschaftler sich primär an den Interessen der Manager orientiert haben, so scheint die gemeinsame soziale Herkunft eine wichtige Basis zu sein, auf der diese Orientierung erfolgt ist. Wie im ersten Kapitel jedoch argumentiert wurde, macht die Klassenlage eine Affinität gegenüber partikularen Klasseninteressen zwar wahrscheinlich. Ein sicherer Prädiktor für das tatsächliche Zustandekommen einer Integration aktienrechtlicher und managerialer Eliten ist diese allein jedoch nicht.

Ähnlich wie im Fall der in den USA auf der Bundesebene operierenden Aktienrechtler lassen sich auch im Hinblick auf die deutschen Rechtswissenschaftler Bemühungen wirtschaftlicher Akteure beobachten, das aufgrund einer ähnlichen sozialen Herkunft für eine Elitenintegration bestehende Potenzial durch den Aufbau eines jurido-ökonomischen Netzwerkes zu realisieren. Dieses Netz-

7 Zur oberen Schicht gehören in diesem Fall Beamte des höheren Dienstes, leitende Angestellte, Unternehmer und freie Berufe (Klausa 1981: 142).

werk ist aus den Versuchen der Vertreter managerialer Interessen heraus entstanden, Verbindungen zu den führenden deutschen Aktienrechtlern herzustellen und die Kontakte zu diesen zu intensivieren. Vor allem die Wirtschafts- und Bankenverbände sowie einzelne Unternehmen haben solche Verbindungen zu einzelnen Rechtswissenschaftlern aufgebaut. Wie aus Interviews mit Verbandsvertretern zu erfahren war, stehen sowohl der BDI als auch der BdB in engem Austausch mit den auf das Aktienrecht spezialisierten Rechtswissenschaftlern. Das als Interessenverband der börsennotierten Gesellschaften fungierende DAI hat eine Reihe renommierter Rechtswissenschaftler in seinen wissenschaftlichen Beirat aufgenommen. Der vor allem im Bereich des Kapitalmarktrechts rechtspolitisch aktive Rechtswissenschaftler Klaus Hopt erhielt von der Deutschen Börse AG ein Aufsichtsratsmandat. Der der Regierungskommission Corporate Governance vorstehende Rechtswissenschaftler Theodor Baums hält seit 2006 eine Stiftungsprofessur an dem der Goethe Universität Frankfurt angegliederten Institute for Law and Finance inne, an dessen Finanzierung sich zahlreiche Unternehmen aus der Finanzbranche beteiligen.

Die Verbände und Unternehmen nutzen die von ihnen zu den Rechtswissenschaftlern hergestellten Verbindungen dazu, diesen die Bedürfnisse der Unternehmensvorstände näherzubringen und sie hierdurch in den aktienrechtlichen Diskurs einzuschleusen. Zu diesem Netzwerk gehört nur ein kleiner Teil aller Aktienrechtler. Andere juristische Fraktionen sind stärker den Aktionärsinteressen oder den Arbeitnehmerinteressen zugeneigt. Die wirklich einflussreichen Aktienrechtler waren insgesamt jedoch nahezu ausnahmslos Teil des Netzwerkes und vertraten deshalb innerhalb des aktienrechtlichen Diskurses überwiegend die Interessen der Manager. Weil die managernahe juristische Fraktion innerhalb des aktienrechtlichen Feldes in Deutschland mit einem Maximum an Deutungsmacht ausgestattet ist und sich an der Spitze der Feldhierarchie befindet, hat sich die Gesamtrichtung der deutschen Aktienrechtsentwicklung nach dem Zweiten Weltkrieg in dieselbe Richtung entwickelt wie die Interessen der Manager. (Eine wichtige Ausnahme bildet die Einführung der Mitbestimmung). Auch wenn das institutionelle Umfeld sowie die Art der Verteilung juristischer Deutungsmacht zunächst einen geringeren Einfluss managerialer Interessen als in den USA erwarten lassen, hat die gemeinsame soziale Herkunft rechtswissenschaftlicher und wirtschaftlicher Eliten die Versuche dieser, jene für ihre Interessen zu gewinnen, auf fruchtbaren Boden fallen lassen und unter ungünstigen institutionellen Bedingungen eine Kopplung des aktienrechtlichen Diskurses an die managerialen Präferenzen herbeigeführt.

4.3 Zur internen Logik der Entwicklung juristischer Ideen

Im ersten Kapitel wurde argumentiert, dass die juristische Handlungslogik durch einen Widerstreit zwischen rechtsinternen und rechtsexternen Anforderungen gekennzeichnet ist. Da das Recht seine eigene Auslegung nicht selbst enthält, ist ein Rekurs auf materiale Rationalität notwendig. Diese wurde dahin gehend spezifiziert, dass die Kontingenz juristischen Handelns durch eine Orientierung an politischen oder wirtschaftlichen Interessen reduziert wird. Mit zunehmender Unabhängigkeit juristischer Akteure gegenüber der Regierung verstärkt sich der Einfluss wirtschaftlicher Interessen auf das juristische Geschehen. Von den Interessen der Rechtsinteressenten waren es vor allem die Interessen der Manager, die von den Aktienrechtlern herangezogen wurden, um die aus der Unbestimmtheit des Rechts resultierenden Entscheidungsproblematik in den Griff zu bekommen. Während sich die Orientierung der Aktienrechtler an den Interessen der Unternehmensvorstände in den USA vor allem durch gemeinsame soziale Herkunft und die Abhängigkeit der Einzelstaaten von den Aktiengesellschaften erklärt, resultiert sie in Deutschland vor allem aus der sozialen Herkunft der Rechtswissenschaftler und deren Integration in ein jurido-ökonomisches Elitennetzwerk.

Da sich die Aktienrechtler jedoch in einem relativ autonomen juristischen Feld befinden, wird der Einfluss wirtschaftlicher und politischer Interessen auf das juristische Handeln durch *feldinterne Handlungsanforderungen* beschränkt. In der Terminologie Max Webers konfrontieren die fachjuristischen Verhaltensstandards sowie die Eigengesetzlichkeit moderner Rechtsordnungen die modernen Fachjuristen mit den Anforderungen *formaler Rationalität.* Bourdieu zufolge ist die Auslegungstätigkeit der im juristischen Feld operierenden Akteure nicht nur auf dessen symbolische Ordnung bezogen, sondern wird zugleich durch diese strukturiert. Zu dieser Ordnung gehören die im Laufe der beruflichen Sozialisation internalisierten Verhaltensstandards. Selbst wenn sich die Interessen mächtiger Rechtssubjekte fundamental verändern, können sie juristisch doch nur innerhalb der Grenzen der dem Feld immanenten Spielregeln berücksichtigt werden.

Wenn wirtschaftliche Interessen die Triebkräfte sind, die den juristischen Diskurs dynamisieren, so werden die rechtlichen Bahnen, in die sie im Laufe ihrer diskursiven Verarbeitung gelenkt werden, durch das bestehende System rechtlicher Regeln und juristischer Ideen bestimmt. Entscheidend hierbei ist die *Rekursivität juristischer Ideen.* Weil jeder Auslegungsbeitrag innerhalb eines bestehenden Systems juristischer Ideen stattfindet, ist er notwendig auf die zu früheren Zeitpunkten entstandenen Ideen bezogen. Insoweit der Kern formaler Rationalität in der Autoreferenzialität der juristischen Ideenproduktion liegt, müssen von außen kommende Impulse in eine juristische Form gebracht werden, die sich widerspruchslos in das bereits vorgegebene System juristischer Ideen einfügt. Die Beschränkung des Einflusses von außen kommender Interessen durch die Anforderungen formaler Rationalität verleiht dem Recht ein hohes Maß an *Beharrungskraft*. In der Empirie zeigt sich diese beispielsweise an der Persistenz der Unternehmensmitbestimmung. Da die Unternehmensmitbestimmung ein integraler Bestandteil des aktienrechtlichen Normen- und Ideensystems ist, waren die Möglichkeiten, diese durch interpretative Veränderungen zu beseitigen, äußerst begrenzt. Wo der politische Wille zu tief greifenden strukturellen Veränderungen nicht vorhanden ist, bleiben die Aktienrechtsexperten an die überlieferte Rechtsmaterie und das diese symbolisierende Ideenmaterial gebunden und werden hierdurch in ihren Handlungsspielräumen stark eingeschränkt.

Wenn die interne Logik der juristischen Ideenproduktion den Einfluss rechtsexterner Faktoren auch abschwächt und das Recht vor willkürlichen Manipulationen schützt, so werden langfristig weitreichende Veränderungen hierdurch nicht ausgeschlossen. Das bestehende System juristischer Ideen wirkt nämlich nicht nur beschränkend, sondern kann die interpretative Anpassung an eine Verschiebung unternehmensinterner Macht auch ermöglichen. Ermöglicht wird die autoreferenzielle Verarbeitung von außen kommender Änderungsimpulse durch die *Koexistenz verschiedenartiger Deutungsmuster* innerhalb des juristischen Ideenkosmos. Neben der herrschenden Lehre gibt es alternative Denkrichtungen, die zwischenzeitlich in den Hintergrund treten, jedoch im Bedarfsfall reaktiviert werden können. Auch wenn sich gewisse Ideen über bestimmte Zeiträume als herrschende Meinung etablieren, bleiben die hierdurch verdrängten Ideen existent. Diskursive Veränderungen führen demnach nicht zur Auslöschung von Ideen, sondern kumulieren sich im Laufe der rechtshistorischen Entwicklung zu einem Deutungsschatz, der unterschiedliche Interpretationsansätze in sich vereint. Letztere bleiben auf diese Art als symbolische Repräsentationen unterschiedlicher Machtkonstellationen interpretativ verfügbar. Getrieben durch eine Veränderung politischer oder wirtschaftlicher Interessen können vorübergehend verdrängte Ansätze innerhalb des juristischen Diskurses zu einem späteren Zeitpunkt reaktiviert werden. Die Möglichkeit der Wiederentdeckung *schlafender Alternativen* verschafft den juristischen Akteuren die Fähigkeit, rechtsexterne Veränderungen zu verarbeiten, ohne die formal rationalen Anforderungen an die Rekursivität der Ideenproduktion zu vernachlässigen.

So lässt sich die in den 1990er-Jahren im aktienrechtlichen Diskurs der USA vorgedrungene *Shareholder-Primacy*-Norm als Reaktivierung des mit dem Dodge-v.-Ford-Urteil formulierten Primats der Aktionärsinteressen interpretieren. Umgekehrt war die institutionalistische Doktrin verfügbar, als das manageriale Interesse an einer Einhegung des Marktes für Unternehmenskontrolle juristisch aufgegriffen wurde. Auch die deutschen Vertreter aktionärsorientierter Auffassungen fanden in der Geschichte des Aktienrechts mit Lehmanns Lehre vom Anlegerverband einen Vorläufer vor, der in den 1990er-Jahren in abgewandelter Form reaktiviert wurde (Klages 2007).

Die Entwicklung des aktienrechtlichen Diskurses stellt sich in ihrem Kern somit als eine Oszillation zwischen der *vertragstheoretischen und der institutionalistischen Sichtweise* dar (für die USA siehe Allen 1992). Diese beiden Denkrichtungen repräsentieren zwei entgegengesetzte Interessenlagen, die im Verlauf der Entwicklung der Aktiengesellschaften mit jeweils unterschiedlicher Durchsetzungskraft ausgestattet waren. Während der vertragstheoretische Denkansatz eine juristische Artikulation des reinen Profitstrebens darstellt, repräsentiert der Institutionalismus jene Interessen, die eine ausschließlich an den finanziellen Interessen der Minderheitsaktionäre ausgerichtete Unternehmensführung zu begrenzen versuchen. Je nachdem, welche Machtkonstellationen in den Unternehmen vorherrschten und welches Gewicht die Unternehmensvorstände diesen beiden Interessen zumaßen, lösten sich innerhalb des aktienrechtlichen Diskurses die vertragstheoretische und die institutionalistische Aktienrechtslehre einander als herrschende Lehre ab. Durch die Oszillation des aktienrechtlichen Diskurses zwischen diesen beiden Denkrichtungen konnte die Pendelbewegung zwischen Profitstreben und der Errichtung gesellschaftlicher Schutzvorkehrungen in die autoreferenzielle Logik des juristischen Diskurses übersetzt werden. Auch wenn sich formale und materiale Rationalität in vielerlei Hinsicht widersprechen und der Gegensatz zwischen diesen beiden Prinzipien letztlich unauflösbar bleibt, lässt die Entwicklung des deutschen und amerikanischen Aktienrechts erkennen, in welcher Weise sie miteinander verknüpft werden können.

Abkürzungen

ABA	American Bar Association
AG	Die Aktiengesellschaft (Zeitschrift)
ALF-CIO	American Federation of Labor and Congress of Industrial Organizations
ALI	American Law Institute
BAWe	Bundesaufsichtsamt für den Wertpapierhandel
BDA	Bundesvereinigung der Deutschen Arbeitgeberverbände
BdB	Bundesverband Deutscher Banken
BDI	Bundesverband der Deutschen Industrie
BGH	Bundesgerichtshof
BMF	Bundesministerium der Finanzen
BMJ	Bundesministerium der Justiz
BVerfG	Bundesverfassungsgericht
DAI	Deutsches Aktieninstitut
DAX	Deutscher Aktienindex
DCGK	Deutscher Corporate Governance Kodex
DGB	Deutscher Gewerkschaftsbund
DJT	Deutscher Juristentag
DSW	Deutsche Schutzvereinigung für Wertpapierbesitz
DTB	Deutsche Terminbörse
IOSCO	International Organization of Securities Commissions
KonTraG	Gesetz zur Kontrolle und Transparenz im Unternehmensbereich
PCAOB	Public Company Accounting Oversight Board
SOA	Sarbanes-Oxley Act
TransPuG	Transparenz- und Publizitätsgesetz
UMAG	Gesetz zur Unternehmensintegrität und Modernisierung des Anfechtungsrechts
WpHG	Wertpapierhandelsgesetz
ZGR	Zeitschrift für Unternehmens- und Gesellschaftsrecht
ZHR	Zeitschrift für das gesamte Handels- und Wirtschaftsrecht
ZIP	Zeitschrift für Wirtschaftsrecht
ZKA	Zentraler Kreditausschuss

Literatur

Adams, Michael, 1990a: Höchststimmrechte, Mehrfachstimmrechte und sonstige wundersame Hindernisse auf dem Markt für Unternehmenskontrolle. In: *Die Aktiengesellschaft* 35, 63–78.

——, 1990b: Was spricht gegen eine unbehinderte Übertragbarkeit der in Unternehmen gebundenen Ressourcen durch ihre Eigentümer? In: *Die Aktiengesellschaft 35*, 243–252.

——, 1991: *Eigentum, Kontrolle und Beschränkte Haftung*. Wirtschaftsrecht und Wirtschaftspolitik, Band 113. Baden-Baden: Nomos.

——, 1994: Die Usurpation von Aktionärsbefugnissen mittels Ringverflechtungen in der Deutschland-AG: Vorschläge für Reformen im Wettbewerbs-, Steuer- und Unternehmensrecht. In: *Die Aktiengesellschaft* 39, 148–156.

Alchian, Armen A./Harold Demsetz, 1972: Production, Information Costs, and Economic Organization. In: *The American Economic Review* 62, 777–795.

Allen, William T., 1992: Our Schizophrenic Conception of the Business Corporation. In: *Cardozo Law Review* 14, 261–281.

Allen, William T./Leo E. Jr. Strine, 2005: When the Existing Economic Order Deserves a Champion: The Enduring Relevance of Martin Lipton's Vision of the Corporate Law. In: *The Business Lawyer* 60, 1383–1398.

Allen, William T./Reinier Kraakman/Guhan Subramanian, 2007: *Commentaries and Cases on the Law of the Business Organization*. 2. Auflage. New York: Aspen.

American Bar Association (ABA), 1985: *Revised Model Business Corporation Act: Adopted by Committee on Corporate Laws of the Section of Corporation, Banking and Business Law of the American Bar Association, Spring 1984: Official Text with Official Comments and Statutory Cross-References*. New York: Law and Business/Harcourt Brace Jovanovich.

——, Committee on Corporate Laws of the Section of Business Law, 2005: *Model Business Corporation Act Annotated*. Vol. 2, Supplement. 3. Auflage. Chicago: American Bar Association.

American Law Institute (ALI), 1994: *Principles of Corporate Governance: Analysis and Recommendations*. St. Paul, MN: American Law Institute Publishers.

Assmann, Heinz-Dieter, [1992]2004: Einleitung. In: Klaus J. Hopt/Herbert Wiedemann (Hg.), *Aktiengesetz Großkommentar*. Berlin: de Gruyter.

Assmann, Heinz-Dieter/Friedrich Bozenhardt, 1990: Übernahmeangebote als Regelungsproblem zwischen gesellschaftsrechtlichen Normen und zivilrechtlich begründeten Verhaltensgeboten. In: *Zeitschrift für Unternehmens- und Gesellschaftsrecht* Sonderheft 9, 1–156.

Assmann, Heinz-Dieter/Christian Kirchner/Erich Schanze, 1978: *Ökonomische Analyse des Rechts*. Kronberg: Athenäum.

Barca, Fabrizio/Marco Becht, 2001: *The Control of Corporate Europe.* Oxford: Oxford University Press.

Baums, Theodor, 1989: Übernahmeregeln in der Europäischen Gemeinschaft. In: *Zeitschrift für Wirtschaftsrecht*, 1376–1381.

——, 1990: Höchststimmrechte. In: *Die Aktiengesellschaft* 35, 221–242.

——, 1997a: *Aktienoptionen für Vorstandsmitglieder.* Arbeitspapier 41. Osnabrück: Universität Osnabrück, Institut für Handels- und Wirtschaftsrecht.

——, 1997b: Vorschlag eines Gesetzes zu öffentlichen Übernahmeangeboten. In: *Zeitschrift für Wirtschaftsrecht*, 1310–1315.

——, 2001: *Bericht der Regierungskommission Corporate Governance: Unternehmensführung – Unternehmenskontrolle – Modernisierung des Aktienrechts.* Köln: Schmidt.

Baums, Theodor/Bernd Frick, 1998: Co-Determination in Germany: The Impact of Court Decisions on the Market Value of Firms. In: *Economic Analysis* 1, 144–161.

Baysinger, Barry D./Henry M. Butler, 1985: The Role of Corporate Law in the Theory of the Firm. In: *Journal of Law and Economics* 28, 179–191.

Bebchuk, Lucian A., 1982a: The Case for Facilitating Competing Tender Offers: A Reply and Extension. In: *Stanford Law Review* 35, 23–50.

——, 1982b: Comment: The Case for Facilitating Competing Tender Offers. In: *Harvard Law Review* 95, 1028–1056.

——, 1989a: The Debate on Contractual Freedom in Corporate Law. In: *Columbia Law Review* 89, 1395–1415.

——, 1989b: Limiting Contractual Freedom in Corporate Law: The Desirable Constraints on Charter Amendments. In: *Harvard Law Review* 102, 1820–1860.

——, 1992: Federalism and the Corporation: The Desirable Limits on State Competition in Corporate Law. In: *Harvard Law Review* 105, 1435–1510.

Bebchuk, Lucian A./Jesse Fried, 2006: *Pay without Performance: The Unfulfilled Promise of Executive Compensation.* Cambridge, MA: Harvard University Press.

Bebchuk, Lucian A./Assaf Hamandi, 2002: Vigorous Race or Leisurely Walk: Reconsidering the Competition over Corporate Charters. In: *Yale Law Journal* 112, 553–615.

——, 2006: Federal Corporate Law: Lessons From History. In: *Columbia Law Review* 106, 1773–1838.

Bebchuk, Lucian A./John C. Coates/Guhan Subramanian, 2002: The Powerful Antitakeover Force of Staggered Boards: Further Findings and a Reply to Symposium Participants. In: *Stanford Law Review* 55, 887–917.

Becht, Marco/Ekkehart Böhmer, 2002: Ownership and Voting Power in Germany. In: Fabrizio Barca/Marco Becht (Hg.), *The Control of Corporate Europe.* Oxford: Oxford University Press, 128–153.

Behrens, Peter, 1975: Rechtspolitische Grundsatzfragen zu einer Europäischen Regelung für Übernahmeangebote. In: *Zeitschrift für Unternehmens- und Gesellschaftsrecht* 4, 433–458.

Berle, Adolf A., 1931: Corporate Powers as Powers of Trust. In: *Harvard Law Review* 44, 1049–1074.

——, 1932: For Whom Are Corporate Managers Trustees: A Note. In: *Harvard Law Review* 45, 1365–1372.

——, 1954: *The 20th Century Capitalist Revolution.* 1. Auflage. New York: Harcourt Brace.

Berle, Adolf A., 1960: Foreword to The Corporation in Modern Society. In: Edward S. Mason (Hg.), *The Corporation in Modern Society*. Cambridge: Harvard University Press, ix–xv.

——, 1965: *The American Economic Republic*. New York: Harcourt, Brace & World, Inc.

Berle, Adolf A./Gardiner C. Means, [1932]2007: *The Modern Corporation & Private Property*. 9. Auflage. New Brunswick: Transaction.

Beyer, Jürgen, 1999: Unternehmensverflechtung und Managerherrschaft in Deutschland. In: *Leviathan* 27, 518–536.

——, 2003: »Deutschland AG« a.D.: Deutsche Bank, Allianz und das Verflechtungszentrum großer deutscher Unternehmen. In: Wolfgang Streeck/Martin Höpner (Hg.), *Alle Macht dem Markt? Fallstudien zur Abwicklung der »Deutschland AG«*. Frankfurt a.M.: Campus, 118–146.

——, 2006a: *Pfadabhängigkeit: Über institutionelle Kontinuität, anfällige Stabilität und fundamentalen Wandel*. Frankfurt a.M.: Campus.

——, 2006b: Vom Netzwerk zum Markt? Zur Kontrolle der Managementelite in Deutschland. In: Herfried Münkler (Hg.), *Eliten in der Berliner Republik: Gesellschaft, Politik, Ökonomie*. Frankfurt a.M.: Campus, 177–198.

Beyer, Jürgen/Anke Hassel, 2002: The Effects of Convergence: Internationalisation and the Changing Distribution of Net Value Added in Large German Firms. In: *Economy and Society* 30, 309–332.

Blair, Margaret M./Lynn A. Stout, 1999: A Team Production Theory of Corporate Law. In: *Virginia Law Review* 85, 247–328.

Bonin, Gregor von, 2004: *Die Leitung der Aktiengesellschaft zwischen Shareholder Value und Stakeholder-Interessen*. Baden-Baden: Nomos.

Bourdieu, Pierre, 1983: Ökonomisches Kapital, kulturelles Kapital, soziales Kapital. In: Reinhard Kreckel (Hg.), *Soziale Ungleichheiten*. Göttingen: Schwartz, 183–198.

——, 1985: *Sozialer Raum und »Klassen«. Zwei Vorlesungen*. Frankfurt a.M.: Suhrkamp.

——, 1987: The Force of Law: Towards a Sociology of the Juridical Field. In: *Hastings Law Journal* 38, 805–853.

——, 1992: *Homo academicus*. Frankfurt a.M.: Suhrkamp.

——, 1993: Über einige Eigenschaften von Feldern. In: Pierre Bourdieu (Hg.), *Soziologische Fragen*. Frankfurt a.M.: Suhrkamp, 107–114.

——, 1998a: *Gegenfeuer: Wortmeldungen im Dienste des Widerstands gegen die neoliberale Invasion*. Konstanz: UVK.

——, 1998b: *Praktische Vernunft: Zur Theorie des Handelns*. Frankfurt a.M.: Suhrkamp.

——, 1999: *Die Regeln der Kunst: Genese und Struktur des literarischen Feldes*. Frankfurt a.M.: Suhrkamp.

——, 2000: *Das religiöse Feld: Texte zur Ökonomie des Heilsgeschehens*: UVK.

Bourdieu, Pierre/Loic Wacquant, 2006: *Reflexive Anthropologie*. Frankurt a.M.: Suhrkamp.

Brandeis, Louis D., 1933: *(dissenting opinion) Louis K. Liggett Co. et al. v. Lee, Comptroller, et al.*: Supreme Court of the United States. (13.3.1933)

Bratton, William W., 1989: The New Economic Theory of the Firm: Critical Perspectives from History. In: *Stanford Law Review* 41, 1471–1527.

——, 1993: Self-Regulation, Normative Choice, and the Structure of Corporate Fiduciary Law. In: *George Washington Law Review* 61, 1084–1129.

Brenner, Wolfgang, 2006: *Walther Rathenau: Deutscher und Jude*. München: Piper.

Breuer, Stefan/Hubert Treiber, 1984: *Zur Rechtssoziologie Max Webers: Interpretation, Kritik, Weiterentwicklung.* Opladen: Westdeutscher Verlag.

Brewster, Kingman Jr., 1960: The Corporation and Economic Federalism. In: Edward Sagendorph Mason (Hg.), *The Corporation in Modern Society.* Cambridge, MA: Harvard University Press, 72–84.

Brudney, Victor, 1983: Eighth Annual Baron de Hirsch Meyer Lectures Series: ALI Corporate Governance Project. The Role of the Board of Directors: The ALI and its Critics. In: *University of Miami Law Review* 37, 223–242.

Brüggemeier, Gert, 1979: *Entwicklung des Rechts im organisierten Kapitalismus. Materialien zum Wirtschaftsrecht,* Bd. 2: *Vom Faschismus bis zur Gegenwart.* Frankfurt a.M.: Syndikat.

Bundesverfassungsgericht, 1979: BVerfGE 50, 290. (1.3.1979)

Bundesverband der Deutschen Industrie, 1998: *Rundschreiben an den Rechtsausschuss: Zur Information: Kontroll- und Transparenzgesetz; hier unsere Stellungnahme zum Regierungsentwurf.* Rechtsausschuss. Berlin: BDI.

Bundesverband der Deutschen Industrie/Bundesvereinigung der Deutschen Arbeitgeberverbände, 2004: *Mitbestimmung Modernisierung. Bericht der Kommission Mitbestimmung.* Berlin: BDI.

Bundesverband der Deutschen Industrie et al., 2001: *Stellungnahme zum Regierungsentwurf eines Wertpapiererwerbs- und Übernahmegesetzes – WpÜG.* Berlin: BDI.

Butler, Henry N., 1989: The Contractual Theory of the Corporation. In: *George Mason University Law Review* 11, 99–123.

Butler, Henry N./Larry E. Ribstein, 1990: Opting Out of Fiduciary Duties: A Response to the Anti-Contractarians. In: *Washington Law Review* 65, 1–72.

——, 1995: *The Corporation and the Constitution.* Washington, DC: AEI Press.

Caenegem, R. C. van, 1987: *Judges, Legislators and Professors: Chapters in European Legal History. Goodhart Lectures 1984–1985.* Cambridge: Cambridge University Press.

Callaghan, Helen, 2006: *European Integration and the Clash of Capitalisms: British, French and German Disagreement over Corporate Governance.* Dissertation. Evanston, IL: Northwestern University.

——, 2009: Insiders, Outsiders, and the Politics of Corporate Governance. In: *Comparative Political Studies* 42, 733–762.

Carruthers, Bruce/Terence C. Halliday, 2003: *Rescuing Business: The Making of Corporate Bankruptcy Law in England and the United States.* Oxford: Clarendon Press.

Cary, William L., 1974: Federalism and Corporate Law: Reflections Upon Delaware. In: *The Yale Law Journal* 83, 663–705.

Cerny, Philip G., 1994: The Dynamics of Financial Globalization: Technology, Market Structure, and Policy Response. In: *Policy Sciences* 27, 319–342.

Chayes, Abraham, 1960: The Modern Corporation and the Rule of Law. In: Edward Sagendorph Mason (Hg.), *The Corporation in Modern Society.* Cambridge, MA: Cambridge University Press, 25–45.

Chen, Ronald/Jon Hanson, 2004: The Illusion of Law: The Legitimating Schemas of Modern Policy and Corporate Law. In: *Michigan Law Review* 103, 1–149.

Cheung, Steven N.S., 1983: The Contractual Nature of the Firm. In: *Journal of Law and Economics* 26, 1–21.

Cioffi, John W., 2002a: *Public Law and Private Power: The Comparative Political Economy of Corporate Governance in the United States and Germany*. Dissertation. Berkeley, CA: University of California.

——, 2002b: Restructuring »Germany Inc.«. In: *Law & Policy* 24, 355–402.

——, 2006a: Building Finance Capitalism. In: Jonah D. Levy (Hg.), *The State After Statism*. Cambridge, MA: Harvard University Press, 185–229.

——, 2006b: Corporate Governance Reform, Regulatory Politics, and the Foundations of Finance Capitalism in the United States and Germany. In: *German Law Journal* 7, 533–562.

——, 2006c: *Irresistible Forces and Political Obstacles: Securities Litigation Reform and the Structural Regulation of Corporate Governance*. Comparative Research in Law & Political Economy (CLPE) Research Paper 7/2006. Toronto: York University, Osgoode Hall Law School.

Cioffi, John W./Martin Höpner, 2006a: Das parteipolitische Paradox des Finanzmarktkapitalismus: Aktionärsorientierte Reformen in Deutschland, Frankreich, Italien und den USA. In: *Politische Vierteljahresschrift* 47, 419–440.

——, 2006b: The Political Paradox of Finance Capitalism. Interests, Preferences, and Center-Left Party Politics in Corporate Governance Reform. In: *Politics & Society* 34, 463–502.

Coase, Ronald H., 1937: The Nature of the Firm. In: *Economica* 4, 386–405.

——, 1960: The Problem of Social Costs. In: *Journal of Law and Economics* 3, 1–44.

——, 1988: *The Firm, the Market and the Law*. Chicago: Chicago University of Chicago Press.

Coates, John C., 1989: Note: State Takeover Statutes and Corporate Theory. In: *New York University Law Review* 64, 806–876.

Coffee, John, 1984: Regulating the Market for Corporate Control: A Critical Assessment of the Tender Offer's Role in Corporate Governance. In: *Columbia Law Review* 84, 1145–1296.

——, 1988: No Exit? Opting Out, the Contractual Theory of the Corporation, and the Special Case for Remedies. In: *Brooklyn Law Review* 53, 919–974.

——, 1989: The Mandatory/Enabling Balance in Corporate Law: An Essay on the Judicial Role. In: *Columbia Law Review* 89, 1618–1691.

——, 1991: Liquidity versus Control. In: *Columbia Law Review* 91, 1277–1368.

——, 2004: What Caused Enron? A Capsule Social and Economic History. In: *Cornell Law Review* 89, 269–309.

Cohen, Manuel F., 1967: *Take-Over Bids*. Speech before the Association of the Bar of the City of New York, 14. April 1967, New York City.

Conard, Alfred F., 1977: Reflections on Public Interest Directors. In: *Michigan Law Review* 75, 941–961.

Court of Chancery of Delaware, 1985: *Moran et al. v. Household International et al.* 490 A.2d 1059. (25.1.1985)

——, 1989: *Paramount Communications et al. v. Time Incorporated et al.* 1989 Del. Ch. LEXIS 77; Fed. Sec. L. Rep. (CCH) P94, 514. (14.7.1989)

Dahrendorf, Ralf, 1960: Bemerkungen zur sozialen Herkunft und Stellung der Richter an Oberlandesgerichten: Ein Beitrag zur Soziologie der deutschen Oberschicht. In: *Hamburger Jahrbuch für Wirtschafts- und Gesellschaftspolitik* 5, 260–275.

——, 1965: *Gesellschaft und Freiheit: Zur soziologischen Analyse der Gegenwart*. München: Piper.

Damm, Reinhard, 1976: Norm und Faktum in der historischen Entwicklung der juristischen Methodenlehre. In: *Rechtstheorie* 7, 213–248.

Davis, Gerald, 1991: Agents without Principles? The Spread of Poison Pill through the Intercorporate Network. In: *Administrative Science Quarterly* 36, 583–613.

——, 2009: *Managed by the Markets: How Finance Reshaped America.* Oxford: Oxford University Press.

Davis, Gerald/Mark Mizruchi, 1999: The Money Center Cannot Hold: Commercial Banks in the U.S. System of Corporate Governance. In: *Administrative Science Quarterly* 44, 215–239.

Davis, Gerald F./Tracy A. Thompson, 1994: A Social Movement Perspective on Corporate Control. In: *Administrative Science Quarterly* 39, 141–173.

Davis, Gerald/Timothy J. Vogus, 2005: Elite Mobilization for Antitakeover Legislation. In: Gerald Davis et al. (Hg.), *Social Movements and Organization Theory.* Cambridge: Cambridge University Press, 96–121.

Davis, Gerald F./Kristina A. Diekmann/Catherine H. Tinsley, 1994: The Decline and Fall of the Conglomerate Firm in the 1980s: The Deinstitutionalization of an Organizational Form. In: *American Sociological Review* 59, 547–570.

Deeg, Richard, 2005: Change From Within: German and Italian Finance in the 1990s. In: Wolfgang Streeck/Kathleen Thelen (Hg.), *Beyond Continuity.* New York: Oxford University Press, 169–202.

Deutscher Bundestag, 1988: *Bundestagsdrucksache* 11/2017 *vom* 16.3.1988. Bonn: Deutscher Bundestag.

——, 1989: *Bundestagsdrucksache* 11/4553 vom 18.5.1989. Bonn: Deutscher Bundestag.

——, 1992: *Bundestagsdrucksache* 12/7200 vom 27.5.1992. Bonn: Deutscher Bundestag.

——, 1994a: *Bundestagsdrucksache* 12/6679 vom 27.1.1994. Bonn: Deutscher Bundestag.

——, 1994b: *Bundestagsdrucksache* 12/7350 vom 21.4.1994. Bonn: Deutscher Bundestag.

——, 1994c: *Plenarprotokoll* 12/231 vom 27.5.1994. Bonn: Deutscher Bundestag.

——, 1995: *Bundestagsdrucksache* 13/367 vom 13.1.1995. Bonn: Deutscher Bundestag.

——, 1997a: *Öffentliche Anhörung zu dem a) Gesetzentwurf der Abgeordneten Hans Martin Bury, Dr. Uwe Jens, Anke Fuchs, weiterer Abgeordneter und der Fraktion der SPD: Entwurf eines Gesetzes zur Verbesserung der Transparenz und Beschränkung von Machtkonzentration in der deutschen Wirtschaft (Transparenz- und Wettbewerbsgesetz); b) Referentenentwurf des Bundesministeriums der Justiz: Entwurf eines Gesetzes zur Kontrolle und Transparenz im Unternehmensbereich (KonTraG).* Rechtsausschuß; Deutscher Bundestag, 74. Sitzung. Bonn: Deutscher Bundestag. (29.1.1997)

——, 1997b: *Plenarprotokoll* 13/195 vom 2.10.1997. Bonn: Deutscher Bundestag.

——, 1998a: *Bundestagsdrucksache* 13/9712 vom 28.1.1998. Bonn: Deutscher Bundestag.

——, 1998b: *Bundestagsdrucksache* 13/10038 vom 4.3.1998. Bonn: Deutscher Bundestag.

——, 1998c: *Plenarprotokoll* 13/222 vom 5.3.1998. Bonn: Deutscher Bundestag.

Deutscher Gewerkschaftsbund, 2000: *Stellungnahme zum Entwurf eines Gesetzes zur Regelung von Unternehmensübernahmen (Übernahmegesetz – ÜG).* Berlin: Deutscher Gewerkschaftsbund.

Deutsches Aktieninstitut e.V., 1997: *Stellungnahme für die Anhörung im Bundesministerium der Justiz am 23. Januar 1997 zum Entwurf eines Gesetzes zur Kontrolle und Transparenz im Unternehmensbereich (KonTraG).* Frankfurt a.M.: Deutsches Aktieninstitut.

——, 2006: *DAI-Factbook 2006: Statistiken, Analysen und Graphiken zu Aktionären, Aktiengesellschaften und Börsen.* Frankfurt a.M.: Deutsches Aktieninstitut.

——, 2000: *Stellungnahme zum Entwurf eines Gesetzes zur Regelung von Unternehmensübernahmen.* Frankfurt a.M.: Deutsches Aktieninstitut.

Dobbin, Frank, 2009: *Inventing Equal Opportunity.* Princeton: Princeton University Press.

Dobbin, Frank/Dirk Zorn, 2005: Corporate Malfeasance and the Myth of Shareholder Value. In: *Political Power and Social Theory* 17, 179–198.

Dodd, Merrick E., 1932: For Whom Are Corporate Managers Trustees? In: *Harvard Law Review* 45, 1145–1163.

Dodd, Peter/Richard Leftwich, 1980: The Market for Corporate Charters: »Unhealthy Competition« versus Federal Regulation. In: *The Journal of Business* 53, 259–283.

Drucker, Peter Ferdinand, 1946: *Concept of the Corporation.* New York: The John Day Company.

Durkheim, Emile, [1893]1992: *Über soziale Arbeitsteilung: Studie über die Organisation höherer Gesellschaften.* Frankfurt a.M.: Suhrkamp.

Dworkin, Ronald M., 1980: Is Wealth a Value? In: *The Journal of Legal Studies* 9, 191–226.

Dyck, Alexander/Luigi Zingales, 2004: Private Benefits of Control: An International Comparison. In: *Journal of Finance* 59, 537–600.

Easterbrook, Frank H./Daniel R. Fischel, 1981: The Proper Role of Target's Management in Responding to Tender Offers. In: *Harvard Law Review* 94, 1161–1204.

——, 1982a: Auctions and Sunk Costs in Tender Offers. In: *Stanford Law Review* 35, 1–21.

——, 1982b: Corporate Control Transactions. In: *Yale Law Journal* 91, 689–737.

——, 1983: Voting in Corporate Law. In: *Journal of Law and Economics* 26, 395–427.

——, 1989: The Corporate Contract. In: *Columbia Law Review* 89, 1416–1448.

——, 1991: *The Economic Structure of Corporate Law.* Cambridge, MA: Harvard University Press.

Ehrlich, Eugen, 1967: *Grundlegung der Soziologie des Rechts.* Berlin: Duncker & Humblot.

——, 1986: Soziologie des Rechts. In: Eugen Ehrlich (Hg.), *Gesetz und lebendes Recht. Vermischte kleinere Schriften.* Berlin: Duncker & Humblot, 179–194.

Eidenmüller, Horst, 2001: Kapitalgesellschaftsrecht im Spiegel der ökonomischen Theorie. In: *Juristenzeitung* 56, 1041–1096.

——, 2005: *Effizienz als Rechtsprinzip: Möglichkeiten und Grenzen der ökonomischen Analyse des Rechts.* 3. Auflage. Tübingen: Mohr Siebeck.

Eisenberg, Melvin A., 1976: *The Structure of the Corporation: A Legal Analysis.* Little, Brown and Company: Boston.

——, 1983: Eighth Annual Baron de Hirsch Meyer Lecture Series: ALI Corporate Governance Project: The Modernization of Corporate Law: An Essay for Bill Cary. In: *University of Miami Law Review* 37, 187–212.

——, 1989: The Structure of Corporation Law. In: *Columbia Law Review* 89, 1461–1525.

——, 1993: An Overview of the Principles of Corporate Governance. In: *Business Lawyer* 48, 1271–1296.

Engel, Christoph, 1998: *Rechtswissenschaft als angewandte Sozialwissenschaft.* Preprints aus der Max-Planck-Projektgruppe Recht der Gemeinschaftsgüter 1998/1. Bonn: Max-Planck-Projektgruppe Recht der Gemeinschaftsgüter.

Epp, Charles R., 1998: *The Rights Revolution: Lawyers, Activists, and Supreme Court in Comparative Perspective.* Chicago: The University of Chicago Press.

Escher-Weingart, Christina, 2001: *Reform durch Deregulierung des Kapitalgesellschaftsrechts.* Tübingen: Mohr Siebeck.

Esser, Josef/Erwin Stein, 1966: *Werte und Wertewandel in der Gesetzesanwendung.* Frankfurt a.M.: Verlag Evangelischer Presseverband für Hessen und Nassau.

Fama, Eugene F., 1970: Efficient Capital Markets: A Review of Theory and Empirical Work. In: *The Journal of Finance* 25, 383–417.

——, 1980: Agency Problems and the Theory of the Firm. In: *Journal of Political Economy* 88, 288–307.

Fama, Eugene F./Michael C. Jensen, 1983: Agency Problems and Residual Claims. In: *Journal of Law and Economics* 26, 327–349.

Feest, Johannes, 1965: Die Bundesrichter: Herkunft, Karriere und Auswahl der juristischen Elite. In: Wofgang Zapf (Hg.), *Beiträge zur Analyse der deutschen Oberschicht.* München: Piper, 95–113.

Fischel, Daniel, 1978: Efficient Market Theory, the Market for Corporate Control, and the Regulation of Cash Tender Offers. In: *Texas Law Review* 57, 1–46.

——, 1982a: The Corporate Governance Movement. In: *Vanderbilt Law Review* 35, 1259–1292.

——, 1982b: The »Race to the Bottom« Revisited: Reflections on Recent Developments in Delaware's Corporation Law. In: *Northwestern University Law Review* 76, 913–945.

Fischel, Daniel R./Michael Bradley, 1986: The Role of Liability Rules and the Derivative Suit in Corporate Law: A Theoretical and Empirical Analysis. In: *Cornell Law Review* 71, 261–283.

Fleischer, Holger, 2001: Grundfragen der ökonomischen Theorie im Gesellschafts- und Kapitalmarktrecht. In: *Zeitschrift für Unternehmens- und Gesellschaftsrecht* 30, 2–32.

——, 2002: Shareholders vs. Stakeholders: Aktien- und übernahmerechtliche Fragen. In: Peter Hommelhoff/Klaus J. Hopt/Axel von Werder (Hg.), *Handbuch Corporate Governance: Leitung und Überwachung börsennotierter Unternehmen in der Rechts- und Wirtschaftspraxis.* Köln: Schmidt, 129–155.

——, 2004: Der Einfluß der Societas Europae auf die Dogmatik des deutschen Gesellschaftsrechts. In: *Archiv für Civilistische Praxis* 204, 502–543.

——, 2007: Gesellschafts- und Kapitalmarktrecht als wissenschaftliche Disziplin. In: Christoph Engel/Wolfgang Schön (Hg.), *Das Proprium der Rechtswissenschaft.* Tübingen: Mohr Siebeck, 50–76.

Fleischer, Holger/Susanne Kalss, 2002: *Das neue Wertpapiererwerbs- und Übernahmegesetz. Einführende Gesamtdarstellung.* München: Beck.

Fligstein, Neil, 1990: *The Transformation of Corporate Control.* Cambridge, MA: Harvard University Press.

——, 2001: *The Architecture of Markets: An Economic Sociology of Twenty-First-Century Capitalist Societies.* Princeton: Princeton University Press.

Fligstein, Neil/Taekjin Shin, 2007: Shareholder Value and the Transformation of the U.S. Economy, 1984–2000. In: *Sociological Forum* 22, 399–424.

Flume, Werner, 1978: Die Mitbestimmung – Ideologie und Recht. In: *Zeitschrift für Unternehmens- und Gesellschaftsrecht* 7, 678–697.

——, 1979: Unternehmen und juristische Person. In: Otto Sandrock (Hg.), *Festschrift für Günther Beitzke zum 70. Geburtstag.* Berlin: de Gruyter, 43–66.

Fraenkel, Ernst, [1929]1968: *Zur Soziologie der Klassenjustiz und Aufsätze zur Verfassungskrise 1931–1932.* Darmstadt: Wissenschaftliche Buchgesellschaft.

Freye, Saskia, 2009: *Führungswechsel in der Deutschland AG: Die Wirtschaftselite und das Ende der Deutschland AG.* Frankfurt a.M.: Campus.

Frick, Bernd/Norbert Kluge/Wolfgang Streeck, 1999: *Die wirtschaftlichen Folgen der Mitbestimmung*. Frankfurt a.M.: Campus.

Friedman, Lawrence M., 1973: *A History of American Law*. New York: Simon & Schuster.

Friedman, Milton, 1970: The Social Responsibility of Business is to Increase its Profits. In: *The New York Times Magazine*, 13. September 1970.

Gall, Lothar, 2005: *Der Bankier Hermann Josef Abs*. 2. Auflage. München: Beck.

Geiler, Karl, 1933: *Beiträge zum modernen Recht: Aufsätze und Vorträge*. Mannheim: Bensheimer.

Gephart, Werner, 1993: *Gesellschaftstheorie und Recht: Das Recht im soziologischen Diskurs der Moderne*. Frankfurt a.M.: Suhrkamp.

——, 2006: *Recht als Kultur: Zur kultursoziologischen Analyse des Rechts*. Frankfurt a.M.: Klostermann.

Gilson, Ronald J., 1981: A Structural Approach to Corporations: The Case Against Defensive Tactics in Tender Offers. In: *Stanford Law Review* 33, 819–891.

——, 1982a: The Case Against Shark Repellent Amendments: Structural Limitations on the Enabling Concept. In: *Stanford Law Review* 34, 775–836.

——, 1982b: Seeking Competitive Bids versus Pure Passivity in Tender Offer Defense. In: *Stanford Law Review* 35, 51–67.

Glendon, Mary Ann/Michael Wallace Gordon/Paolo G. Carozza, 1999: *Comparative Legal Traditions*. 2. Auflage. St. Paul, MN: West Group.

Gordon, Jeffrey N., 1989: The Mandatory Structure of Corporate Law. In: *Columbia Law Review* 89, 1549–1598.

——, 1991: Corporations, Markets, and Courts. In: *Columbia Law Review* 91, 1931–1988.

——, 2002: What Enron Means for the Management and Control of the Modern Business Corporation: Some Initial Reflections. In: *The University of Chicago Law Review* 69, 1233–1250.

Gourevitch, Peter A./James Shinn, 2005: *Political Power & Corporate Control: The New Global Politics of Corporate Governance*. Princeton: Princeton University Press.

Grunewald, Barbara, 1996: *Gesellschaftsrecht*. 2. Auflage. Tübingen: Mohr Siebeck.

——, 2005: *Gesellschaftsrecht*. 6. Auflage. Tübingen: Mohr Siebeck.

Hall, Peter A./David Soskice, 2001: An Introduction to Varieties of Capitalism. In: Peter A. Hall/David Soskice (Hg.), *Varieties of Capitalism: Institutional Foundations of Comparative Advantage*. Oxford: Oxford University Press, 1–68.

Halliday, Terence C./Bruce Carruthers, 2007: The Recursivity of Law: Global Norm Making and National Lawmaking in the Globalization of Corporate Insolvency Regimes. In: *American Journal of Sociology* 112, 1135–1212.

Hamilton, Robert W., 1985: Reflections of a Reporter. In: *Texas Law Review* 63, 1455–1470.

Hartmann, Michael, 2002: *Der Mythos von den Leistungseliten*. Frankfurt a.M.: Campus.

——, 2007: *Eliten und Macht in Europa: Ein internationaler Vergleich*. Frankfurt a.M.: Campus.

——, 2008: *Elitensoziologie: Eine Einführung*. Frankfurt a.M.: Campus.

Hassel, Anke, et al., 2000: Zwei Dimensionen der Internationalisierung: Eine empirische Analyse deutscher Großunternehmen. In: *Kölner Zeitschrift für Soziologie und Sozialpsychologie* 52, 500–519.

Haussmann, Fritz, 1928: *Vom Aktienwesen und vom Aktienrecht*. Mannheim: Bensheimer.

Heck, Philipp, 1932: *Das Problem der Rechtsgewinnung*. Tübingen: Mohr Siebeck.

Heinze, Thomas, 2003: Zwischen Stabilität und Wandel: Empirische Befunde zur institutionellen Dynamik im System der Corporate Governance. In: Jürgen Beyer (Hg.), *Vom Zukunfts- zum Auslaufmodell?* Wiesbaden: Westdeutscher Verlag, 108–131.

Helleiner, Eric, 1994: *States and the Emergence of Global Finance: From Bretton Woods to the 1990s.* Ithaca: Cornell University Press.

Hessen, Robert, 1979a: *In Defense of the Corporation.* Stanford, CA: Hoover Institution Press.

——, 1979b: A New Concept of Corporations: A Contractual and Private Property Model. In: *Hastings Law Journal* 30, 1327–1350.

Hilferding, Rudolf, [1910]1947: *Das Finanzkapital.* Berlin: Dietz.

Hirsch, Paul M., 1986: From Ambushes to Golden Parachutes: Corporate Takeovers as an Instance of Cultural Framing and Institutional Integration. In: *The American Journal of Sociology* 91, 800–837.

Hirte, Heribert, 1998: Die aktienrechtliche Satzungsstrenge: Kapitalmarkt und sonstige Legitimation versus Gestaltungsfreiheit. In: *Zeitschrift für Unternehmens- und Gesellschaftsrecht* Sonderheft 13, 61–98.

——, 2002: Verteidigung gegen Übernahmeangebote und Rechtsschutz des Aktionärs gegen die Verteidigung. In: *Zeitschrift für Unternehmens- und Gesellschaftsrecht*, 623–658.

Hirte, Heribert/Albert A. Schander, 1999: Die Organpflichten bei Unternehmensübernahmen. In: Rüdiger von Rosen/Werner G. Seifert (Hg.), *Die Übernahme börsennotierter Unternehmen.* Frankfurt a.M.: Deutsches Aktieninstitut, 341–376.

Hommelhoff, Peter/Detlef Kleindiek, 1990: Takeover-Richtlinie und Euopäisches Konzernrecht. In: *Die Aktiengesellschaft 35*, 106–111.

Höpner, Martin, 2000: Unternehmensverflechtung im Zwielicht: Hans Eichels Plan zur Auflösung der Deutschland AG. In: *WSI-Mitteilungen* 53, 655–663.

——, 2003: *Wer beherrscht die Unternehmen? Shareholder Value, Managerherrschaft und Mitbestimmung in Deutschland.* Frankfurt a.M.: Campus.

——, 2004a: *Sozialdemokratie, Gewerkschaften und organisierter Kapitalismus, 1880–2002.* MPIfG Discussion Paper 04/10. Köln: Max-Planck-Institut für Gesellschaftsforschung. <www.mpifg.de/pu/mpifg_dp/dp04-10.pdf>

——, 2004b: Unternehmensmitbestimmung unter Beschuss: Die Mitbestimmungsdebatte im Licht der sozialwissenschaftlichen Forschung. In: *Industrielle Beziehungen* 11, 347–379.

——, 2007a: *Coordination and Organization: The Two Dimensions of Nonliberal Capitalism.* MPIfG Discussion Paper 07/12. Köln: Max-Planck-Institut für Gesellschaftsforschung. <www.mpifg.de/pu/mpifg_dp/dp07-12.pdf>

——, 2007b: Corporate Governance Reform and the German Party Paradox. In: *Comparative Politics* 39, 401–420.

Höpner, Martin/Gregory Jackson, 2003: Entsteht ein Markt für Unternehmenskontrolle? Der Fall Mannesmann. In: Wolfgang Streeck/Martin Höpner (Hg.), *Alle Macht dem Markt? Fallstudien zur Abwicklung der »Deutschland AG«.* Frankfurt a.M.: Campus, 147–168.

——, 2006: Revisiting the Mannesmann Takeover: How Markets for Corporate Control Emerge. In: *European Management Review* 3, 142–155.

Höpner, Martin/Lothar Krempel, 2004: The Politics of the German Company Network. In: *Competition and Change* 8, 339–356.

——, 2006: *Ein Netzwerk in Auflösung: Wie die Deutschland AG zerfällt.* Köln: Max-Planck-Institut für Gesellschaftsforschung.

Hopt, Klaus J., 1976a: Inwieweit empfiehlt sich eine allgemeine gesetzliche Regelung des Anlegerschutzes? In: Ständige Deputation des Deutschen Juristentages (Hg.), *Verhandlungen des Einundfünfzigsten Deutschen Juristentages,* Band 1, Gutachten G. München: Beck.

——, 1976b: Vom Aktien- und Börsenrecht zum Kapitalmarktrecht? Teil 1: Der international erreichte Stand des Kapitalmarktrechts. In: *Zeitschrift für das gesamte Handels- und Wirtschaftsrecht* 140, 201–235.

——, 1977: Vom Aktien- und Börsenrecht zum Kapitalmarktrecht? Teil 2: Die deutsche Entwicklung im internationalen Vergleich. In: *Zeitschrift für das gesamte Handels- und Wirtschaftsrecht* 141, 389–441.

——, 1993: Aktionärskreis und Vorstandsneutralität. In: *Zeitschrift für Unternehmens- und Gesellschaftsrecht* 22, 534–566.

——, 1997: Europäisches und deutsches Übernahmerecht. In: *Zeitschrift für das gesamte Handels- und Genossenschaftsrecht* 161, 368–420.

——, 1998: Gestaltungsfreiheit im Gesellschaftsrecht in Europa: Generalbericht. In: Marcus Lutter/Herbert Wiedemann (Hg.), *Gestaltungsfreiheit und Gesellschaftsrecht.* Berlin: de Gruyter, 123–147.

——, 2000: Verhaltenspflichten des Vorstands der Zielgesellschaft bei feindlichen Übernahmen. In: Uwe H. Schneider/Peter Hommelhoff/Karsten Schmidt (Hg.), *Festschrift für Marcus Lutter.* Köln: Schmidt, 1361–1400.

——, 2002: Grundsatz- und Praxisprobleme nach Wertpapiererwerbs- und Übernahmegesetz. In: *Zeitschrift für das gesamte Handels- und Wirtschaftsrecht* 166, 383–432.

——, 2006: *Comparative Company Law.* ECGI Law Working Paper 77/2006. Brüssel: European Corporate Governance Institute (ECGI).

Hopt, Klaus J./Markus Roth, 2006: Nachtrag zu § 93. In: Klaus J. Hopt/Herbert Wiedemann (Hg.), *Aktiengesetz. Großkommentar.* Berlin: de Gruyter.

Horn, Norbert, 1979: Aktienrechtliche Unternehmensorganisation in der Hochindustrialisierung (1860–1920). Deutschland, England, Frankreich und die USA im Vergleich. In: Norbert Horn/Jürgen Kocka (Hg.), *Recht und Entwicklung der Großunternehmen im 19. und frühen 20. Jahrhundert: Wirtschafts-, sozial- und rechtshistorische Untersuchungen zur Industrialisierung in Deutschland, Frankreich, England und den USA.* Göttingen: Vandenhoeck & Ruprecht, 123–189.

Horwitz, Morton J., 1992: *The Transformation of American Law, 1870–1960.* Oxford: Oxford University Press.

Hueck, Alfred, 1975: *Gesellschaftsrecht: Ein Studienbuch.* 17. Auflage. München: Beck.

Hüffer, Uwe, 2006: *Aktiengesetz.* Beck'sche Kommentare. 7. Auflage. München: Beck.

Huffschmid, Jörg, 1999: *Politische Ökonomie der Finanzmärkte.* Hamburg: VSA-Verlag.

Hurst, James Willard, [2004]1970: *The Legitimacy of the Business Corporation in the Law of the United States 1780–1970.* Charlottesville: The University Press of Virginia.

Jackson, Gregory, 2000: Comparative Corporate Governance: Sociological Perspectives. In: Andrew Gamble/Gavin Kelly/John Parkinson (Hg.), *The Political Economy of the Company.* Oxford: Hart Publishing, 265–287.

Jackson, Gregory, 2001: The Origins of Nonliberal Corporate Governance in Germany and Japan. In: Wolfgang Streeck/Kozo Yamamura (Hg.), *The Origins of Nonliberal Capitalims: Germany and Japan in Comparison.* Ithaca: Cornell University Press, 121–170.

Jackson, Gregory, 2003: Corporate Governance in Germany and Japan: Liberalization Pressures and Responses During the 1990s. In: Wolfgang Streeck/Kozo Yamamura (Hg.), *The End of Diversity? Prospects for German and Japanese Capitalism.* Ithaca: Cornell University Press, 261–305.

——, 2005: Contested Boundaries. In: Wolfgang Streeck/Kathleen Thelen (Hg.), *Beyond Continuity.* Oxford: Oxford University Press, 229–254.

Jackson, Gregory/Hideaki Miyajima, 2007: *Varieties of Capitalism, Varieties of Markets: Mergers and Acquisitions in Japan, Germany, France, the UK and the USA.* RIETI Discussion Paper Series 07-E-054. Tokio: The Research Institute of Economy, Trade and Industry (RIETI).

Jensen, Michael C., 1983: Agency Costs of Free Cash Flow, Corporate Finance, and Takeovers. In: *The American Economic Review* 761, 323–329.

——, 1989: Eclipse of the Public Corporation. In: *Harvard Business Review* 67, 61–73.

Jensen, Michael/William H. Meckling, 1976: Theory of the Firm: Managerial Behavior, Agency Costs and Ownership Structure. In: *Journal of Financial Economics* 3, 305–360.

Jhering, Rudolf von, [1877]1923: *Der Zweck im Recht.* Band 1. Leipzig: Breitkopf und Härtel.

Jürgens, Ulrich/Joachim Rupp, 2002: *The German System of Corporate Governance. Characteristics and Changes.* WZB Working Paper FS II 02-203. Berlin: Wissenschaftszentrum Berlin für Sozialforschung.

Jürgens, Ulrich/Joachim Rupp/Katrin Vitols, 2000: *Corporate Governance und Shareholder Value in Deutschland.* WZB Working Paper FS II 00-202. Berlin: Wissenschaftszentrum Berlin für Sozialforschung.

Karmel, Roberta S., 1984: The Independent Corporate Board: A Means to What End? In: *George Washington Law Review* 52, 534–556.

Kaupen, Wolfgang, 1969: *Die Hüter von Recht und Ordnung: Die soziale Herkunft, Erziehung und Ausbildung der deutschen Juristen. Eine soziologische Analyse.* Neuwied: Luchterhand.

Kieserling, André, 2008: Felder und Klassen: Pierre Bourdieus Theorie der modernen Gesellschaft. In: *Zeitschrift für Soziologie* 37, 3–24.

Kirchner, Christian, 1997: *Ökonomische Theorie des Rechts.* Schriftenreihe der Juristischen Gesellschaft zu Berlin, Heft 151. Berlin: de Gruyter.

——, 1999: Neutralitäts- und Stillhaltepflicht des Vorstands der Zielgesellschaft im Übernahmerecht. In: *Die Aktiengesellschaft* 44, 481–492.

——, 2000: Managementpflichten bei »feindlichen« Übernahmeangeboten. In: *Wertpapiermitteilungen. Zeitschrift für Wirtschafts- und Bankrecht* 54, 1821–1872.

Kirchner, Christian/Richard W. Painter, 2002: Takeover Defenses under Delaware Law, the Proposed Thirteenth EU Directive and the New German Takeover Law: Comparison and Recommendations for Reform. In: *The American Journal of Comparative Law* 50, 451–476.

Klages, Philipp, 2006: Zwischen institutioneller Innovation und Reproduktion: Zum Wandel des deutschen Corporate Governance-Systems in den 1990ern In: *Berliner Journal für Soziologie* 16, 41–58.

——, 2007: Die Wiederentdeckung schlafender Alternativen in der Rechtslehre. In: *Berliner Debatte Initial* 18, 75–82.

Klausa, Ekkehard, 1981: *Deutsche und amerikanische Rechtslehrer.* Schriften der Vereinigung für Rechtssoziologie, Band 5. Baden-Baden: Nomos.

Klein, William A., 1982: The Modern Business Organization. In: *Yale Law Journal* 91, 1521–1564.

Kocka, Jürgen, 1981: The Rise of the Modern Industrial Enterprise in Germany. In: Alfred Chandler/Herman Daems (Hg.), *Managerial Hierarchies: Comparative Perspectives on the Rise of the Modern Industrial Enterprise.* Cambridge, MA: Harvard University Press, 77–116.

Kommission zur Modernisierung der deutschen Unternehmensmitbestimmung, 2006: *Bericht der wissenschaftlichen Mitglieder der Kommission.* Berlin: Bundesregierung.

Kraakman, Reinier, et al., 2004: *The Anatomy of Corporate Law: A Comparative and Functional Approach.* New York: Oxford University Press.

Kropff, Bruno, 2007: 16. Kapitel: Reformbestrebungen im Nachkriegsdeutschland und die Aktienrechtsreform von 1965. In: Walter Bayer/Mathias Habersack (Hg.), *Aktienrecht im Wandel.* Tübingen: Mohr Siebeck, 670–888.

Kübler, Friedrich, 1981: *Gesellschaftsrecht: Die privatrechtlichen Ordnungsstrukturen und Regelungsprobleme von Verbänden und Unternehmen. Ein Lehrbuch.* 1. Auflage. Heidelberg: Müller.

——, 1998: *Gesellschaftsrecht: Die privatrechtlichen Ordnungsstrukturen und Regelungsprobleme von Verbänden und Unternehmen.* Heidelberg: Müller.

——, 1999: Shareholder Value: Eine Herausforderung für das deutsche Recht. In: Manfred Lieb/Ulrich Noack/Harm Peter Westermann (Hg.), *Festschrift für Wolfgang Zöllner.* Köln: Heymanns, 321–335.

Kuhner, Christoph, 2004: Unternehmensinteresse vs. Shareholder Value als Leitmaxime kapitalmarktorientierter Aktiengesellschaften. In: *Zeitschrift für Unternehmens- und Gesellschaftsrecht* 33, 244–279.

La Porta, Rafael/Florencio Lopez-de Silanes/Andrei Shleifer, 1999: Corporate Ownership Around The World. In: *Journal of Finance* 54, 471–517.

La Porta, Rafael, et al., 1998: Law and Finance. In: *Journal of Political Economy* 106, 1113–1155.

Ladinsky, Jack, 1963: Careers of Lawyers, Law Practice, and Legal Institutions. In: *American Sociological Review* 28, 47–54.

Landes, William M./Richard A. Posner, 1993: The Influence of Economics on Law: A Quantitative Study. In: *Journal of Law and Economics* 36, 385–424.

Laske, Stephan, 1979: Unternehmensinteresse und Mitbestimmung. In: *Zeitschrift für Unternehmens- und Gesellschaftsrecht* 8, 173–200.

Laux, Frank, 1998: *Die Lehre vom Unternehmen an sich: Walter Rathenau und die aktienrechtliche Diskussion in der Weimarer Republik.* Berlin: Duncker & Humblot.

Lehmann, Karl, [1898]1964: *Das Recht der Aktiengesellschaften.* Band 1. Aalen: Scientia.

——, [1904]1964: *Das Recht der Aktiengesellschaften.* Band 2. Aalen: Scientia.

Lele, Priya P./Matthias Siems, 2007: Shareholder Protection: A Leximetric Approach. In: *Journal of Corporate Law Studies* 7, 17–50.

LG Frankfurt, 1997: *Az: 3/1 O 119/96, 3-01 O 119/96.* (10.2.1997)

LG Stuttgart, 1997: *Az: 5 KfH o 96/97.* (30.10.1997)

Lipton, Martin, 1979: Takeover Bids in the Target's Boardroom. In: *The Business Lawyer* 35, 101–134.

Lipton, Martin/Andrew R. Brownstein, 1985: Takeover Responses and Directors' Responsibilities – An Update. In: *Business Lawyer* 40, 1403–1430.

Lowenstein, Louis, 1983: Pruning Deadwood in Hostile Takeovers: A Proposal for Legislation. In: *Columbia Law Review* 83, 249–334.

Luhmann, Niklas, 1974: *Rechtssystem und Rechtsdogmatik.* Stuttgart: Kohlhammer.

Luhmann, Niklas, 1981: Die Profession der Juristen: Kommentare zur Situation in der Bundesrepublik Deutschland. In: Niklas Luhmann (Hg.), *Ausdifferenzierung des Rechts. Beiträge zur Rechtssoziologie und Rechtstheorie.* Frankfurt a.M.: Suhrkamp, 308–325.

——, 1993: *Das Recht der Gesellschaft.* Frankfurt a.M.: Suhrkamp.

Lutter, Marcus, 1996: *Europäisches Unternehmensrecht.* Zeitschrift für Unternehmens- und Gesellschafsrecht, Sonderheft 1. 4. Auflage. Berlin: de Gruyter.

——, 1997: Aktienoptionen für Führungskräfte – de lege lata und de lege ferenda. In: *Zeitschrift für Wirtschaftsrecht* 18, 1–9.

——, 2006: Das (feste Grund-)Kapital der Aktiengesellschaft in Europa. In: Marcus Lutter (Hg.), *Das Kapital der Aktiengesellschaften in Europa.* Zeitschrift für Unternehmens- und Gesellschaftsrecht, Sonderheft Nr. 17. Berlin: de Gruyter, 1–14.

Lütz, Susanne, 2002: *Der Staat und die Globalisierung von Finanzmärkten: Regulative Politik in Deutschland, Großbritannien und den USA.* Frankfurt a.M.: Campus.

Macey, Jonathan R., 1984: From Fairness to Contract: The New Direction of the Rules Against Insider Trading. In: *Hofstra Law Review* 13, 9–63.

——, 1989: Courts and Corporations: A Comment on Coffee. In: *Columbia Law Review* 89, 1692–1702.

——, 1993a: The Transformation of the American Law Institute. In: *George Washington Law Review* 61, 1212–1232.

——, 1993b: Corporate Law and Corporate Governance: A Contractual Perspective. In: *Journal of Corporation Law* 18, 185–211.

Macey, Jonathan R./Geoffrey P. Miller, 1987: Towards an Interest Group Theory of Delaware Corporate Law. In: *Texas Law Review* 65, 469–523.

Manne, Henry G., 1962: The »Higher Criticism« of the Modern Corporation. In: *Columbia Law Review* 62, 399–432.

——, 1965: Mergers and the Market for Corporate Control. In: *Journal of Political Economy* 73, 110–120.

——, 1967a: Cash Tender Offers for Shares: A Reply to Chairman Cohen. In: *Duke Law Journal*, 231–253.

——, 1967b: Our Two Corporation Systems: Law and Economics. In: *Virginia Law Review* 53, 259–284.

——, 1987: Intellectual Styles and the Evolution of American Corporate Law. In: Gerard Radnitzky/Peter Bernholz (Hg.), *Economic Imperialism: The Economic Method Applied Outside the Field of Economics.* New York: Paragon, 219–241.

——, 2005: How Law and Economics was Marketed in a Hostile World. In: Francesco Parisi/Charles K. Rowley (Hg.), *The Origins of Law and Economics.* Northhampton, MA: Elgar, 309–327.

Manne, Henry G./Henry C. Wallich, 1972: *The Modern Corporation and Social Responsibility.* Rational Debate Series. Washington, DC: American Enterprise Institute for Public Policy Research.

Manning, Bayless, 1958: The American Stockholder. By J. A. Livingston. Book Review. In: *Yale Law Journal* 67, 1477–1496.

——, 1960: Corporate Power and Individual Freedom: Some General Analysis and Particular Reservations. In: *Northwestern University Law Review* 55, 38–53.

Mason, Edward Sagendorph, [1960]1966: *The Corporation in Modern Society*. Atheneum paperbacks 86. New York: Atheneum.

McChesney, Fred S., 1990: Contractarians without Contract? Yet Another Critique of Eisenberg. In: *Columbia Law Review* 90, 1332–1339.

Meier-Schatz, Christian, 1985: Managermacht und Marktkontrolle. In: *Zeitschrift für das gesamte Handels- und Wirtschaftsrecht* 149, 76–108.

Merkt, Hanno, 1995: Das Europäische Gesellschaftsrecht und die Idee des »Wettbewerbs der Gesetzgeber«. In: *Rabels Zeitschrift für ausländisches und internationales Privatrecht* 59, 545–568.

——, 2001: Verhaltenspflichten des Vorstands der Zielgesellschaft bei feindlichen Übernahmen. In: *Zeitschrift für das gesamte Handels- und Wirtschaftsrecht* 165, 224–257.

Mertens, Hans-Joachim, 1988: §§ 76–117 und Mitbestimmung im Aufsichtsrat. In: Wolfgang Zöllner (Hg.), *Kölner Kommentar zum Aktiengesetz*. Köln: Heymanns.

——, 1990: Förderung von, Schutz vor, Zwang zu Übernahmeangeboten. In: *Die Aktiengesellschaft 35*, 252–259.

——, 1994: Satzungs- und Organisationsautonomie im Aktien- und Konzernrecht. In: *Zeitschrift für Unternehmens- und Gesellschaftsrecht* 23, 426–441.

Mestmäcker, Ernst-Joachim, 1958: *Verwaltung, Konzerngewalt und Rechte der Aktionäre*. Karlsruhe: Müller.

Millon, David, 1990: Theories of the Corporation In: *Duke Law Journal* 1990, 2201–2262.

Mills, C. Wright, 1956: *The Power Elite*. New York: Oxford University Press.

Mintz, Beth/Michael Schwarz, 1985: *The Power Structure of American Business*. Chicago: University of Chicago Press.

Mishler, William/Reginald S. Sheehan, 1993: The Supreme Court as a Countermajoritarian Institution? The Impact of Public Opinion on Supreme Court Decisions. In: *American Political Science Review* 87, 87–101.

——, 1994: Popular Influence on Supreme Court Decisions: Response. In: *American Political Science Review* 88, 716–724.

Mitchell, Lawrence E., 1995: *Progressive Corporate Law*. New Perspectives on Law, Culture, and Society. Boulder, CO: Westview Press.

Mizruchi, Mark/Howard Kimeldorf, 2005: The Historical Context of Shareholder Value Capitalism. In: *Political Power and Social Theory* 17, 213–221.

Möller, Andreas/Thorsten Pötzsch, 2001: Das neue Übernahmerecht: Der Regierungsentwurf vom 11. Juli 2001. In: *Zeitschrift für Wirtschaftsrecht* 22, 1256–1300.

Moore, Gwen, 1979: The Structure of a National Elite Network. In: *American Sociological Review* 44, 673–692.

Morgan, Glenn/Sigrid Quack, 2005: Institutional Legacies and Firm Dynamics: The Growth and Internationalization of UK and German Law Firms. In: *Organization Studies* 26, 1765–1785.

Mülbert, Peter O., 1997: Shareholder Value aus rechtlicher Sicht. In: *Zeitschrift für Unternehmens- und Gesellschaftsrecht* 26, 129–172.

Mülbert, Peter O./Max Birke, 2001: Das übernahmerechtliche Behinderungsverbot: Die angemessene Rolle der Verwaltung einer Zielgesellschaft in einer feindlichen Übernahme. In: *Wertpapiermitteilungen. Zeitschrift für Wirtschafts- und Bankrecht* 55, 705–752.

Müller, Hans-Peter, 1992: *Sozialstruktur und Lebensstile*. Frankfurt a.M.: Suhrkamp.

Münch, Richard, 1984: *Die Struktur der Moderne: Grundmuster und differentielle Gestaltung des institutionellen Aufbaus der modernen Gesellschaften.* Frankfurt a.M.: Suhrkamp.

——, 1986: *Die Kultur der Moderne.* 2 Bände. Frankfurt a.M.: Suhrkamp.

Nader, Ralph/Mark J. Green/Joel Seligman, 1976: *Taming the Giant Corporation.* 1. Auflage. New York: Norton.

Norpoth, Helmut/Jeffrey A. Segal, 1994: Popular Influence on Supreme Court Decisions: Comment. In: *American Political Science Review* 88, 711–716.

Note, 1979: Securities Law and the Constitution: State Tender Offer Statutes Reconsidered. In: *Yale Law Journal* 88, 510–532.

OLG Braunschweig, 1998: *Az: 3 U 75/98.* (29.7.1998)

OLG Stuttgart, 2001: *Az: 20 U 75/00.* (13.6.2001)

Petzke, Martin, 2009: Hat Bourdieu wirklich so wenig Klasse? Replik auf André Kieserlings Aufsatz »Felder und Klassen: Pierre Bourdieus Theorie der modernen Gesellschaft«. In: *Zeitschrift für Soziologie* 38, 514–520.

Pinto, Arthur R., 1987: Takeover Statutes: The Dormant Commerce Clause and State Corporate Law. In: *University of Miami Law Review* 41, 473–504.

Polanyi, Karl, 1978: *The Great Transformation: Politische und ökonomische Ursprünge von Gesellschaften und Wirtschaftssystemen.* Frankfurt a.M.: Suhrkamp.

Posner, Richard, 1986: *Economic Analysis of Law.* 3. Auflage. Boston: Little, Brown.

Pötzsch, Thorsten/Andreas Möller, 2000: Das künftige Übernahmerecht: Der Diskussionsentwurf des Bundesministeriums der Finanzen zu einem Gesetz zur Regelung von Unternehmensübernahmen und der Gemeinsame Standpunkt des Rates zur europäischen Übernahmerichtlinie. In: *Wertpapiermitteilungen. Zeitschrift für Wirtschafts- und Bankrecht* 54(2000), Sonderbeilage Nr. 2/2000, 1–38.

Pound, Roscoe, 1910: Law in the Books and Law in Action. In: *American Law Review* 44, 12–36.

Powell, Michael J., 1993: Professional Innovation: Corporate Lawyers and Private Lawmaking. In: *Law and Inquiry* 18, 423–452.

Pryor, Frederic L., 2002: *The Future of U.S. Capitalism.* Cambridge: Cambridge University Press.

Quack, Sigrid, 2007: Legal Professions and Transnational Lawmaking: A Case of Distributed Institutional Entrepreneurship. In: *Organization* 14, 643–666.

Raisch, Peter, 1976: Zum Begriff und zur Bedeutung des Unternehmensinteresses als Verhaltensmaxime von Vorstands- und Aufsichtsratsmitgliedern. In: Robert Fischer et al. (Hg.), *Strukturen und Entwicklungen im Handels-, Gesellschafts- und Wirtschaftsrecht.* München: Beck, 347–364.

Raiser, Thomas, 1969: *Das Unternehmen als Organisation: Kritik und Erneuerung der juristischen Unternehemenslehre.* Berlin: de Gruyter.

——, 1980: Unternehmensziele und Unternehmensbegriff. In: *Zeitschrift für das gesamte Handels- und Wirtschaftsrecht* 144, 206–231.

——, 1987: *Rechtssoziologie. Ein Lehrbuch.* Frankfurt a.M.: Metzner.

——, 2001: *Recht der Kapitalgesellschaften.* 3. Auflage. München: Vahlen.

——, 2002: *Mitbestimmungsgesetz. Kommentar.* 4. Auflage. Berlin: de Gruyter.

——, 2006: *Unternehmensmitbestimmung vor dem Hintergrund europarechtlicher Entwicklungen. Gutachten B zum 66. Deutschen Juristentag Stuttgart 2006.* München: Beck.

Rathenau, Walter, 1917: *Vom Aktienwesen: Eine geschäftliche Betrachtung.* Berlin: S. Fischer.

Rehbinder, Manfred/Klaus Peter Tieck, 1987: *Max Weber als Rechtssoziologe.* Schriftenreihe zur Rechtssoziologie und Rechtstatsachenforschung. Berlin: Duncker & Humblot.

Rehder, Britta, 2006: Recht und Politik beim Wandel des deutschen Flächentarifs: Juristen als politische Akteure im System der Arbeitsbeziehungen. In: *Politische Vierteljahresschrift* 47, 169–192.

——, 2010: *Die Politik der Rechtsprechung: Der Beitrag des Bundesarbeitsgerichts zum Werden und Wandel des deutschen Kapitalismus.* Habilitationsschrift. Münster: Wesfälische Wilhelms-Universität Münster.

Rheinstein, Max, 1954: *Max Weber on Law in Economy and Society.* Cambridge, MA: Harvard University Press.

Ribstein, Larry E., 1993: The Mandatory Nature of the ALI Code. In: *George Washington Law Review* 61, 984–1033.

Richter, Walther, 1960: Die Richter der Oberlandesgerichte der Bundesrepublik: Eine berufs- und sozialstatistische Analyse. In: *Hamburger Jahrbuch für Wirtschafts- und Gesellschaftspolitik* 5, 241–259.

Ringleb, Henrik-Michael, et al., 2003: *Kommentar zum Deutschen Corporate Governance Kodex.* München: Beck.

Rittner, Fritz, 1973: *Die werdende juristische Person.* Tübingen: Mohr.

Roe, Mark J., 1994: *Strong Managers, Weak Owners: The Political Roots of American Corporate Finance.* Princeton: Princeton University Press.

——, 2003a: Delaware's Competition. In: *Harvard Law Review* 117, 590–646.

——, 2003b: *Political Determinants of Corporate Governance: Political Context, Corporate Impact.* Oxford: Oxford University Press.

——, 2005: Regulatory Competition in Making Corporate Law in the United States and its Limits. In: *Oxford Review of Economic Policy* 21, 232–242.

Roe, Mark J., 2005: The Institutions of Corporate Governance. In: Claude Menard/Mary M. Shirley (Hg.), *Handbook of New Institutional Economics.* Dordrecht: Springer, 371–400.

Romano, Roberta, 1985: Law as a Product: Some Pieces of the Incorporation Puzzle. In: *Journal of Law, Economics, & Organization* 1, 225–283.

——, 1987a: The Political Economy of Takeover Statutes. In: *Virginia Law Review* 73, 111–199.

——, 1987b: The State Competition Debate in Corporate Law. In: *Cardozo Law Review* 8, 709–757.

——, 1989: Answering the Wrong Question: The Tenuous Case for Mandatory Corporate Laws. In: *Columbia Law Review* 89, 1599–1617.

——, 1993: *The Genius of American Corporate Law.* AEI Studies in Regulation and Federalism. Washington, DC: AEI Press.

——, 2005b: The Sarbanes-Oxley Act and the Making of Quack Corporate Governance. In: *The Yale Law Journal* 114, 1521–1611.

Rostow, Eugene V., 1960: To Whom and for What End is Corporate Management Responsible? In: Edward Sagendorph Mason (Hg.), *The Corporation in Modern Society.* Cambridge, MA: Harvard University Press, 46–71.

Rottleuthner, Hubert, 1982: Abschied von der Justizforschung. Für eine Rechtssoziologie »mit mehr Recht«. In: *Zeitschrift für Rechtssoziologie* 3, 82–119.

Rottleuthner, Hubert, 1987: *Einführung in die Rechtssoziologie.* Darmstadt: Wissenschaftliche Buchgesellschaft Darmstadt.

Roy, William G., 1997: *Socializing Capital: The Rise of the Large Industrial Corporation in America.* Princeton: Princeton University Press.

Rucht, Dieter, 2007: Der Deutsche Corporate Governance-Kodex. In: Peter Imbusch/Dieter Rucht (Hg.), *Profit oder Gemeinwohl?* Wiesbaden: VS Verlag für Sozialwissenschaften, 131–160.

Rüschemeyer, Dietrich, 1976: *Juristen in Deutschland und den USA: Eine vergleichende Untersuchung von Anwaltschaft und Gesellschaft.* Stuttgart: Enke.

Rüthers, Bernd, 1988: *Die unbegrenzte Auslegung.* 3. Auflage. Heidelberg: Müller.

——, 2005: *Rechtstheorie. Begriff, Geltung und Anwendung des Rechts.* 2. Auflage. München: Beck.

Saari, Christopher Paul, 1977: The Efficient Capital Market Hypothesis, Economic Theory and the Regulation of the Securities Industry. In: *Stanford Law Review* 29, 1031–1076.

Sanders, Wm. Gerard/Anja Tuschke, 2007: The Adoption of Institutionally Contested Organizational Practices: The Emergence of Stock Option Pay in Germany. In: *Academy of Management Journal* 50, 33–56.

Savigny, Friedrich Carl von, 1840: *System des heutigen Römischen Rechts.* Band 2. Berlin: Veit.

Schäfer, Bernhard/Claus Ott, 2005: *Lehrbuch der ökonomischen Analyse des Zivilrechts.* 4. Auflage. Berlin: Springer.

Schilling, Wolfgang 1980: Das Aktienunternehmen. In: *Zeitschrift für das gesamte Handels- und Wirtschaftsrecht* 144, 136–144.

——, 1997: Shareholder Value und Aktiengesetz. In: *Betriebs-Berater* 52, 373–381.

Schimank, Uwe/Ute Volkmann, 2008: Ökonomisierung der Gesellschaft. In: Andrea Maurer (Hg.), *Handbuch der Wirtschaftssoziologie.* Wiesbaden: VS Verlag für Sozialwissenschaften, 382–393.

Schluchter, Wolfgang, 1979: *Die Entwicklung des okzidentalen Rationalismus: Eine Analyse von Max Webers Gesellschaftsgeschichte.* Tübingen: Mohr.

——, 1998: *Die Entstehung des modernen Rationalismus: Eine Analyse von Max Webers Entwicklungsgeschichte des Okzidents.* Frankfurt a.M.: Suhrkamp.

Schmidt, Karsten, 1991: *Gesellschaftsrecht.* 2. Auflage. Köln: Heymann.

——, 2002: *Gesellschaftsrecht.* 4. Auflage. Köln: Heymann.

Schneider, Uwe H., 1990: Gesetzliches Verbot für Stimmrechtsbeschränkungen bei der Aktiengesellschaft? Zugleich ein Beitrag zur statutarischen Konzerngründungsklausel bei der abhängigen Aktiengesellschaft. In: *Die Aktiengesellschaft* 35, 56–63.

——, 1996: Aktienoptionen als Bestandteil der Vergütung von Vorstandsmitgliedern. In: *Zeitschrift für Wirtschaftsrecht* 17, 1769–1776.

Schön, Wolfgang, 1996: Der Einfluß öffentlich-rechtlicher Zielsetzungen auf das Statut privatrechtlicher Eigengesellschaften der öffentlichen Hand: Gesellschaftsrechtliche Analyse. In: *Zeitschrift für Unternehmens- und Gesellschaftsrecht* 25, 429–457.

Schwark, Eberhard, 1976: Kapitalanlegerschutz im deutschen Gesellschaftsrecht. In: *Zeitschrift für Unternehmens- und Gesellschaftsrecht* 5, 271–306.

Schwartz, Donald, 1984: Federalism and Corporate Governance. In: *Ohio State Law Journal* 45, 545–589.

Schwinn, Thomas, 2004: *Differenzierung und soziale Ungleichheit: Die zwei Soziologien und ihre Verknüpfung.* Frankfurt: Humanities Online.

Scott, Kenneth, 1983: Corporate Law and the American Law Institute Corporate Governance Project. In: *Stanford Law Review* 35, 927–947.

Seibert, Ulrich, 1997: Kontrolle und Transparenz im Unternehmensbereich: Die Aktienrechtsnovelle PRO und KonTraG. In: *Die Aktiengesellschaft*, Sonderheft 1997, 65–69.

——, 2003: Das 10-Punkte-Programm »Unternehmensintegrität und Anlegerschutz«. In: *Betriebsberater* 56, 693–698.

Seibert, Ulrich/Carsten Schütz, 2004: Der Referentenentwurf eines Gesetzes zur Unternehmensintegrität und Modernisierung des Anfechtungsrechts – UMAG. In: *Zeitschrift für Wirtschaftsrecht* 6/2004, 252–258.

Seligman, Joel, 1995: *The Transformation of Wall Street.* Boston: Northeastern University Press.

Shonfield, Andrew, 1965: *Modern Capitalism: The Changing Balance of Public and Private Power.* Oxford: Oxford University Press.

Sidak, Gregory J./Susan E. Woodward, 1990: Corporate Takeovers, the Commerce Clause, and the Efficient Anonymity of Shareholders. In: *Northwestern University Law Review* 84, 1092–1118.

Siems, Matthias M., 2005: *Die Konvergenz der Rechtssysteme im Recht der Aktionäre: Ein Beitrag zur vergleichenden Corporate Governance in Zeiten der Globalisierung.* Tübingen: Mohr Siebeck.

Spindler, Gerald, 1998: Deregulierung des Aktienrechts. In: *Die Aktiengesellschaft* 43, 53–74.

Ständige Deputation des Deutschen Juristentages, 1996: Empfehlen sich gesetzliche Regelungen zur Einschränkung des Einflusses der Kreditinstitute auf Aktiengesellschaften? In: Ständige Deputation des Deutschen Juristentages (Hg.), *Verhandlungen des Einundsechzigsten Deutschen Juristentages.* München: Beck, Teil N.

——, 2000: Empfiehlt sich eine Neuregelung des aktienrechtlichen Anfechtungs- und Organhaftungsrechts? In: Ständige Deputation des Deutschen Juristentages (Hg.), *Verhandlungen des Dreiundsechzigsten Deutschen Juristentages.* München: Beck, Teil O.

Stiglitz, Joseph E., 2003: *The Roaring Nineties: A New History of the World's Most Prosperous Decade.* Norton: New York.

Streeck, Wolfgang, 2001: Introduction: Explorations into the Origins of Nonliberal Capitalism in Germany and Japan. In: Wolfgang Streeck/Kozo Yamamura (Hg.), *The Origins of Nonliberal Capitalism.* Ithaca: Cornell University Press, 1–38.

——, 2009: *Re-Forming Capitalism: Institutional Change in the German Political Economy.* Oxford: Oxford University Press.

Sullivan, Daniel P./Donald E. Conlon, 1997: Crisis and Transition in Corporate Governance Paradigms: The Role of the Chancery Court of Delaware. In: *Law and Society Review* 31, 713–762.

Supreme Court of Delaware, 1985: *John A. Moran et al. v. Household International et al.* 500 A.2d 1346. (19.11.1985)

Supreme Court of Delaware, 1989: *Paramount Communications et al. v. Time Incorporated et al.* 571 A.2d 1140; 1989 Del. (24.7.1989)

Supreme Court of Michigan, 1919: *Dodge v. Ford Co* 204 Mich. 459. (7.2.1919)

Supreme Court of New Jersey, 1953: *A.P. Smith Manufacturing Company v. Ruth F. Barlow et al.* 13. N.J. 145, A.2d 581. (25.6.1953)

Supreme Court of Pennsylvania, 1997: *Cuker v. Mikalauskas* 692 A.2d 1042 (Pa. 1997). (1.4.1997)

Supreme Court of the United States, 1982: *Edgar v. Mite Corp.* 457 U.S. 624. (23.6.1982)

Supreme Court of the United States, 1987: *CTS Corporation v. Dynamics Corporation of America* 481 U.S. 69. (21.4.1987)

Teles, Steven M., 2008: *The Rise of the Conservative Legal Movement.* Princeton: Princeton University Press.

Tiberghien, Yves, 2007: *Entrepreneurial States: Reforming Corporate Governance in France, Japan and Korea.* Ithaca: Cornell University Press.

Trubek, David M., 1972: Towards a Social Theory of Law: An Essay on the Study of Law and Development. In: *The Yale Law Journal* 82, 1–50.

Trubek, David M., et al., 1993: Global Restructuring and the Law: Studies of the Internationalization of the Legal Field and the Creation of Transnational Arenas. In: *Case Western Reserve Law Review* 44, 407–498.

Ulmer, Peter, 1999: Die Aktionärsklage als Instrument zur Kontrolle des Vorstands- und Aufsichtsratshandelns. In: *Zeitschrift für das gesamte Handels- und Wirtschaftsrecht* 163, 290–342.

——, 2002a: Aktienrecht im Wandel. In: *Archiv für die civilistische Praxis* 202, 143–178.

——, 2002b: Paritätische Arbeitnehmermitbestimmung im Aufsichtsrat von Großunternehmen – noch zeitgemäß? In: *Zeitschrift für das gesamte Handels- und Genossenschaftsrecht* 166, 271–272.

United States Congress, 1976: *Corporate Rights and Responsibilities: Hearings Before the Senate Committee on Commerce.* Committee on Commerce, U.S. Government Printing Office. (15., 16., 17., 21., 22., 23.6.1976)

United States Court of Appeals for the Seventh Circuit, 1986: *Dynamics Corporation of America et al. v. CTS Corporation et al.* 794 F.2d 250. (28.5.1986)

United States District Court, N.D. Illinois, Eastern Division, 1980: *Panter v. Marshall Field & Co* 486 F. Supp. 1168. (3.3.1980)

United States House of Representatives, 2009: *Written Testimony Submitted by Professor Lucian A. Bebchuk.* Committee on Financial Services, Hearing on Compensation Structure and Systemic Risk. (11.6.2009)

Useem, Michael, 1993: *Executive Defense: Shareholder Power and Corporate Reorganization.* Cambridge, MA: Harvard University Press.

——, 1996: *Investor Capitalism: How Money Managers are Changing the Face of Corporate America.* New York: Basic.

Vagts, Detlev F., 1998: Gestaltungsfreiheit im amerikanischen Aktienrecht. In: *Zeitschrift für Unternehmens- und Gesellschaftsrecht*, Sonderheft 13, 278–290.

Volkmann, Ute/Uwe Schimank, 2006: Kapitalistische Gesellschaft. In: Michael Florian/Hillebrandt (Hg.), *Pierre Bourdieu: Neue Perspektiven für die Soziologie der Wirtschaft.* Wiesbaden: VS Verlag für Sozialwissenschaften, 221–242.

Walz, Rainer W., 1993: Privatautonomie oder rechtliche Intervention bei der Ausstattung und Änderung von Gesellschaftsrechten? In: Claus Ott/Bernhard Schäfer (Hg.), *Ökonomische Analyse des Unternehmensrechts.* Heidelberg: Physica, 50–75.

Weber, Max, 1972: *Wirtschaft und Gesellschaft. Grundriss der Verstehenden Soziologie.* Tübingen: Mohr Siebeck.

Weiner, Joseph L., 1964: The Berle-Dodd Dialogue on the Concept of the Corporation. In: *Columbia Law Review* 64, 1458–1467.

Weiss, Elliot J./Lawrence J. White, 1987: Of Econometrics and Indeterminacy: A Study of Investors' Reactions to »Changes« in Corporate Law. In: *California Law Review* 75, 551–607.

Wells, Harwell C.A., 2002: The Cycles of Corporate Social Responsibility: An Historical Retrospective for the Twenty-first Century. In: *Kansas Law Review* 51, 77–140.

Werder, Axel von, 1998: Shareholder-Value-Ansatz als (einzige) Richtschnur des Vorstandshandelns? In: *Zeitschrift für Unternehmens- und Gesellschaftsrecht* 27, 69–91.

Werle, Raymund, 1977: *Justizorganisation und Selbstverständnis der Richter.* Athenäum Rechtswissenschaft Justiz und Gesellschaft, Band 4. Kronberg: Athenäum.

Westerburg, Justus, 2002: *Die Kontrolle des Vorstands durch Aufsichtsrat und Abschlussprüfer: Eine Studie anhand von Fallbeispielen (Balsam AG, Bremer Vulkan Verbund AG, Philipp Holzmann AG und Metallgesellschaft AG) zur Rechtslage vor und nach dem KonTraG.* Hamburg: Kovac.

Whitley, Richard, 1986: The Transformation of Business Finance into Financial Economics: The Roles of Academic Expansion and Changes in U.S. Capital Markets. In: *Accounting Organization and Society* 11, 171–192.

Wieacker, Franz, 1967: *Privatrechtsgeschichte der Neuzeit: Unter besonderer Berücksichtigung der deutschen Entwicklung.* 2. Auflage. Göttingen: Vandenhoeck & Ruprecht.

Wiedemann, Herbert, 1975a: Der Kapitalanlegerschutz im deutschen Gesellschaftsrecht. In: *Betriebs-Berater* 30, 1591–1598.

——, 1975b: Grundfragen der Unternehmensverfassung. In: *Zeitschrift für Unternehmens- und Gesellschaftsrecht* 4, 385–432.

——, 1980a: *Gesellschaftsrecht: Ein Lehrbuch des Unternehmens- und Verbandsrechts.* München: Beck.

——, 1980b: Rechtsethische Maßstäbe in Unternehmens- und Gesellschaftsrecht. In: *Zeitschrift für Unternehmens- und Gesellschaftsrecht* 4, 147–176.

Williams, Harold, 1980: *Tender Offers and the Corporate Director.* Speech Before the Seventh Annual Securities Regulation Institute, 17. Januar 1980, San Diego, CA.

Williamson, Oliver E., 1975: *Markets and Hierarchies: Analysis and Antitrust Implications.* New York: Free Press.

Winckelmann, Johannes, 1967: Max Webers Soziologie des Rechts. In: Johannes Winckelmann (Hg.), *Max Weber: Rechtssoziologie.* Neuwied: Luchterhand, 15–49.

Windolf, Paul, 2002a: *Corporate Networks in Europe and the United States.* Oxford: Oxford University Press.

——, 2002b: Die Zukunft des Rheinischen Kapitalismus. In: Jutta Allmendinger/Thomas Hinz (Hg.), *Organisationssoziologie.* Kölner Zeitschrift für Soziologie und Sozialpsychologie, Sonderheft 42. Wiesbaden: Westdeutscher Verlag, 51–78.

Windolf, Paul/Jürgen Beyer, 1995: Kooperativer Kapitalismus: Unternehmensverflechtungen im internationalen Vergleich In: *Kölner Zeitschrift für Soziologie und Sozialpsychologie* 47, 1–36.

Winter, Ralph K., 1977: State Law, Shareholder Protection, and the Theory of the Corporation. In: *The Journal of Legal Studies* 6, 251–292.

——, 1978: *Government and the Corporation.* Studies in Legal Policy. Washington, DC: American Enterprise Institute for Public Policy Research.

——, 1989: The »Race for the Top« Revisited: A Comment on Eisenberg. In: *Columbia Law Review* 89, 1526–1529.

Wójcik, Darius, 2001: Change in the German System of Corporate Governance: Evidence from Blockholdings 1997–2001. In: *Environment and Planning A* 35, 1431–1458.

Wymeersch, Eddy, 2001: Gesellschaftsrecht im Wandel: Ursachen und Entwicklungslinien. In: *Zeitschrift für Unternehmens- und Gesellschaftsrecht* 30, 294–324.

Zeitlin, Maurice, 1974: Corporate Ownership and Control: The Large Corporation and the Capitalist Class. In: *The American Journal of Sociology* 79, 1073–1119.

Zentraler Kreditausschuss, 2001: *Stellungnahme zum Referentenentwurf eines Gesetzes zur Regelung von öffentlichen Angeboten zum Erwerb von Wertpapieren und von Unternehmensübernahmen*. Berlin: Zentraler Kreditausschuss.

Ziegler, Nicholas, 2000: Corporate Governance and the Politics of Property Rights in Germany. In: *Politics & Society* 28, 195–221.

ZIP-Dokumentation, 1996a: Referentenentwurf zur Änderung des Aktiengesetzes (»KonTraG«). In: *ZIP – Zeitschrift für Wirtschaftsrecht* 17(50), 2129–2139.

——, 1996b: Referentenentwurf zur Änderung des Aktiengesetzes (»KonTraG«) – Teil II. In: *ZIP – Zeitschrift für Wirtschaftsrecht* 17(51–52), 2193–2198.

Zöllner, Wolfgang, 1963: *Die Schranken mitgliedschaftlicher Stimmrechtsmacht bei den privatrechtlichen Personenverbänden*. München: Beck.

——, 1984: *Kölner Kommentar zum Aktiengesetz. Einleitungs-Band*. 2. Auflage. Köln: Heymanns.

——, 2000: Zur Problematik der aktienrechtlichen Anfechtungsklage. In: *Die Aktiengesellschaft* 45, 145–157.

——, 2003: Unternehmensinnenrecht: Gibt es das? In: *Die Aktiengesellschaft* 48, 2–12.

Zweigert, Konrad/Heinz Kötz, 1996: *Einführung in die Rechtsvergleichung auf dem Gebiete des Privatrechts*. 3. Auflage. Tübingen: Mohr Siebeck.